U0948705

作者简介

陆世宏 中共广西外国语学院委员会书记，广西民族大学教授。2000年7月获中国人民大学中共党史专业博士学位。主要从事中国共产党历史、马克思主义中国化研究，发表论文50多篇，出版《中国农业现代化道路的探索》（社会科学文献出版社2007年版）和《铸魂工程——中国特色社会主义理论体系进大学生头脑研究》（人民日报出版社2017年版）学术专著2部，编辑出版（第一副主编）《中国东盟交流合作史研究》（含政治、经济、文化三卷）（民族出版社2006年版）一套和《民族院校哲学社会科学与民族院校改革发展》（民族出版社2014年版）1部。主持完成广西哲学社会科学课题1项，主持广西研究生教育改革课题一项；获广西哲学社会科学优秀成果三等奖1项、广西社会科学界优秀成果一等奖1项。2012年被聘为广西哲学社会科学优秀成果评审专家。

广西外国语学院本科教育教学改革发展系列成果之二

广西外国语学院习近平新时代中国特色社会主义思想研究院成果（2018年卷一）

思想引领 立德树人

陆世宏◎著

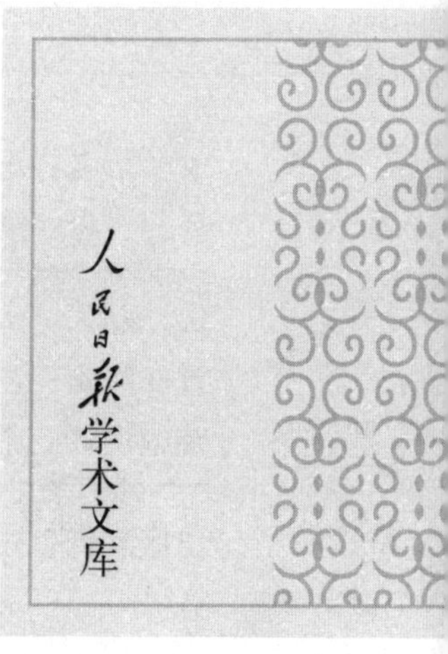

人民日报出版社

图书在版编目（CIP）数据

思想引领　立德树人 / 陆世宏著 . —北京：
人民日报出版社，2018. 10
ISBN 978 -7 -5115 -5705 -6

Ⅰ. ①思… Ⅱ. ①陆… Ⅲ. ①高等学校—思想政治教
育—研究—中国 Ⅳ. ①G641

中国版本图书馆 CIP 数据核字（2018）第 239571 号

书　　名： 思想引领　立德树人
著　　者： 陆世宏

出 版 人： 董　伟
责任编辑： 杨冬絮
装帧设计： 中联学林

出版发行： 人民日报出版社
社　　址： 北京金台西路 2 号
邮政编码： 100733
发行热线：（010）65369509　65369846　65363528　65369512
邮购热线：（010）65369530　65363527
编辑热线：（010）65369518
网　　址： www. peopledailypress. com
经　　销： 新华书店
印　　刷： 三河市华东印刷有限公司

开　　本： 710mm × 1000mm　1/16
字　　数： 369 千字
印　　张： 20
印　　次： 2019 年 1 月第 1 版　　2019 年 1 月第 1 次印刷

书　　号： ISBN 978 -7 -5115 -5705 -6
定　　价： 78. 00 元

序 言

2015 年 9 月，我到广西外国语学院工作。到现在，已经近 3 年时间了。

站在一个应用型、外向型本科大学党委书记的岗位上，探索民办本科高等学校党建思想政治工作的新路子是本人在就职以来努力的方向。现在的这 56 篇文稿就是这一时期的探索成果。

这本论著所涉及的内容涵盖党建、思想政治教育、师德教育、教育教学督导、教书育人等方面的内容。它的形式是我在各种场合的讲话，诸如学习中共中央全会精神的讲话、党课报告、调研即席讲话、座谈会的即席讲话和学校各种活动上的讲话等。这些文稿的内容一方面是学校如何贯彻中央精神，开展党建思想政治工作；另一方面是学校如何贯彻党的教育方针，积极推动教育教学相关工作的经验总结。

这些文稿大多作为学校的新闻已经学校的网页上全文发表过。现在把它集中出版是作为学校本科教学 7 年尤其是近 3 年的在党建思想政治教育方面的总结，为下一步学校党建思想政治工作做铺垫的。

广西外国语学院是一所民办本科大学。她是从 2004 年创办的广西东方外国语职业学院基础上发展而来的。2011 年通过升本的评估，当年就直接招生。学校的党建、思想政治教育、本科的教育教学、学生工作等取得了显著成绩。下面列举几个典型例子。

如学校的党建工作，特色明显。学校早年创建的“委员挂总支，党员挂班级”模式得到自治区高工委的肯定；2016 年，在“两学一做”学习教育中，作为 3 个典型的代表之一在广西高校开展“两学一做”学习教育进行专题视频发言；2016 年 6 月 15 日，时任教育部党组副书记、副部长的杜玉波同志来校考察党建工作,他用“用脑想事”、“用心做事”、“用力成事”来概括学校的党建工作;学校是广西壮族自治区第11次党代会代表单位,这在广西民办教育发展以来是唯一的。等等。

学校的教学工作亮点突出。学校的教师和学生积极参加国内外各级各类的比赛,每赛获得大奖、重奖已经常态化。2017年,学校获得广西壮族自治区教学改革特等奖1项、三等奖3项。2017年,英语专业、越南语专业、泰语专业等语言类专业学生参加全国性、区域性各种大赛均获得重奖、大奖。如2016年12月,王鹏翔同学获得2016年“外研社杯”全国英语写作大赛总决赛的冠军;2017年8月尚新云同学获得国际英语联合会(ESU)第九届China Speaks国际英语大赛(大学组)中国区总决赛巅峰对决一等奖,获得代表中国队备战拥有百年历史的国际英语联合会(ESU)主办的世界公众演讲大赛(IPSC)资格。2017年12月14日,学校的大学生音乐合唱团42名同学走进中央电视台,录制2018年的《合唱春晚》节目,共录制了5首歌曲,其中的《壮族敬酒歌》、《对歌对到日落坡》等演唱节目在中央电视台第一套的除夕之夜以及大年初一、初二和初六播出,这对于一个本科办学时间才7年的本科大学来说,是了不起的成绩。

学校的就业工作成绩显著。就业率均超过同期国家就业率的标准,达到92%以上。连续两年获得广西壮族自治区就业先进单位,并多次作为典型单位在自治区高校毕业生就业工作大会上作经验发言。

学校的科研工作也有优秀表现。2016年自治区社科规划项目获得零突破,2017年更上一层楼,获得全国教育科学基金规划项目1项,实现学校国家课题的零突破,同年还获得自治区社科规划课题2项、自治区教育科学规划课题10多项。这点成绩在老牌、名牌大学中微不足道,但是,对于一个只有13年办学历史的民办高校来说,是很不容易的,学校的科研立项在广西民办高校是独占鳌头的。

此外,其它各专业、各部门的工作都在新征程中向前、向上迈进。

这本册子的内容既包含了本人对如何搞好学校思想政治教育工作的思考,也包含了本人对学校思想政治教育工作的阶段性总结。在此,本人对学校董事会领导、学校党政领导、学校的师生员工积极参与、支持、关怀思想政治教育工作表示感谢！

本册子的编排采用时间顺序进行。以就职演讲的《新岗位，新起点，新作为》为开头，以学习十九大精神的讲话《认识新时代，宣传新时代，服务新时代》为压轴篇。

三年来，我感觉，作为民办大学党委书记必须要有严明的纪律、文明的行为、踏实干练的作风，切实践行为人民服务的根本宗旨，把教育事业当成自己内心的事业，立德树人，这样才不辜负上级党委厚爱！才不辜负学校师生员工期待！

下面，用本人2016年底创作的一首词作为序言的结束语。

南歌子　广外书记情

阳光身上照，月光身边走。
晨跑万米开好头。
一日乾坤阅览，在心口。
内筑中华魂，殷勤岗位守。
立德树人占头筹。
师生同心戮力，广外秀。

陆世宏

2018年1月

目 录

CONTENTS

新岗位，新起点，新作为[①]

2015 年 9 月 25 日

各位领导，老师们：

大家早上好！

刚才，高工委组织部部长宣读了高工委的任命书。我感到，这是一个全新的工作岗位，对于我来说，是一个挑战，更是一个学习锻炼的机会！在这里，首先，感谢自治区高工委的关怀，感谢民族大学的培养，感谢广西外国语学院的接纳、支持和关怀！本人决心在这个岗位上，扎实工作，争取为广西外国语学院的发展做出积极的贡献！

对于我来说，广西外国语学院是一种什么样的感觉呢？是“既熟悉，又陌生”。

所谓熟悉只是初步熟悉，就是指知道广西外国语学院是一所民办的本科高校，这些年发展迅速。表现呢？一是才用 7 年时间就实现从专科升为本科。二是学校的师资力量雄厚，一大批本科高校诸如广西大学、广西民族大学等著名教授在这里担任教育教学工作，学校教学质量提升快。三是学校的名称决定学校应该是以外国语专业作为支柱发展相关专业。四是这些年中，广西外国语学院积极参加高工委、教育厅组织的相关教育教学活动，使得社会进一步加深了对广西外国语学院的认识。比如，思想政治理论课教学，广西外国语学院的思政部与广西民族大学马克思主义学院就有较多联系，等等。

陌生指什么？一是知道有广西外国语学院，但是原来没有直接的工作关系，所以，与广西外国语学院的董事长、副董事长以及董事会成员、学校的领导不熟悉；二是没有来过广西外国语学院，对广西外国语学院学科建设和发展缺乏了解，对这所年轻的有魅力的学校方方面面大多缺乏了解。

今天，承蒙高工委和学校的关怀，来这里担任党委书记。本人秉承一个理念是：要在发挥党委政治核心作用之下，加强思想引领，坚持立德树人，进一步促进

① 2015 年 9 月 25 日在广西外国语学院就职见面会上的讲话。

学校事业发展。于此，上述提到的初步熟悉的部分将是近期工作的基础，“陌生”的部分将是工作的动力。本人将按照党委书记的工作职责，结合学院的实际，努力开展工作，将原来初步熟悉的部分加以提升，将原来陌生的部分加以完善，进而为外国语学院的发展做出贡献！

为了搞好工作，根据多年的管理经验，谈四点感受：

一、加强学习。从个人来讲，学习是进步发展、素质提升的基本要求。从单位来说，办好高等学校，管理团队经常加强学习是提高整体效能的必然要求。我们是社会主义大学，办学的最基本的就是要贯彻党的教育方针，践行社会主义核心价值观。因此，要按照党的教育方针的要求，加强学习。学习什么内容呢？学习党的有关发展高等教育的基本理论、基本路线、方针和政策，学习国家发展教育的法律法规、自治区的发展教育的法律法规、高等学校教育教学管理的相关规定等。当前，本人尽快熟悉广西外国语学院的教育教学的管理规定。

二、搞好团结，讲大局。讲团结、讲大局是一个领导干部最基本的要求，也是事业取得成效的保证。作为党委书记，本人严格按照自治区党委《关于进一步加强我区民办高校党的建设工作的意见》的要求，贯彻党的教育方针，坚决维护学校的团结和统一。按照党章规则和书记岗位的要求，与学校的董事会成员和学校党政领导精诚团结、密切合作，讲大局、讲服务。在党务工作方面，在董事会、学校领导班子的支持下，抓出特色、抓出成效；在学校的教育教学发展方面，尽自己的所能，积极支持董事会、学校行政领导班子的工作，力求学校工作的稳步发展。

三、努力工作，争取为学校的发展做出贡献。来到这里工作，就把这里当成自己的家，真心爱护学校的声誉，做一个真正的广外人！主要是四方面的工作。一是围绕学校的办学定位，认真开展学校的党务工作、思想政治工作、学生工作；二是担当起学校与自治区高校工委、教育厅沟通的桥梁；三是尽自己所能，加强广西外国语学院与区内外相关高校横向的沟通工作；四是积极参加校董事会议、校务会议，为学校的发展建言献策。

四、接受大家的监督和批评。对于一个人来说，自律自觉是成就事业的根本！但是自律自觉不能脱离监督和批评，有监督和批评才有进步！因此，本人热情欢迎和接受大家的监督和批评，在监督和批评中，促进所担负的工作取得成效。

中秋节、国庆节就要到了，在这里，祝愿在座的各位领导、老师们节日愉快！

贯彻发展新理念，做好岗位发展工作[①]

2015 年 11 月 5 日

各位同志：

10 月 26—29 日，中共中央在北京举行十八届五中全会，全会认真审议十三五规划，并认真听取了习近平总书记代表中央政治局所做的关于十三五规划的说明。十八届五中全会是我国社会主义现代化进程中一次意义非凡的会议。

一、充分认识十八届五中全会的重大意义

在党的全国代表大会结束之后，每一年至少要召开一次中央委员举行的全体会议，就国家发展的重大问题交换意见是我党的传统。十八届中央委员会在此之前已经开过了四次全会，今年是第五次全会，这次会议是在中国改革开放面临严峻考验，“能够啃得动的都肯过了，剩下的都是难啃的骨头”。改革开放进入攻坚期时召开的，意义重大。

1. 关键性时期召开的重要会议

立足当下，“十三五”规划的是五年，面向的却是百年。

未来五年，有一些问题始终备受关注：经济保持怎样的增速？发展方式如何转变？产业结构怎么优化？如何寻找创新发展的动力？农业现代化的步伐需要加快？“改革”在体制机制上怎么贯穿始终？如何推动协调发展？“金山银山就是绿水青山”如何实现？民生怎样才能得到改善？扶贫是最后的冲刺，怎样才能闯关？等等。由五年面向百年，中国梦不是更近了吗？

此外，“两个一百年”的第一个一百年目标能否实现的关键时期？现在，很多人忧虑，就是中国能否度过现代化陷阱时期？是否存在着返贫现象？在矛盾多发时期，如何解决城乡、区域、人员之间的收入差别拉大问题等？这些都是问题，问题的答案就在于共产党人要努力探索、辛勤工作才能实现。

---

① 2015 年 11 月 5 日在学校党委学习贯彻十八届五中全会上的讲话。

2. 讨论新常态下第一个五年规划

(1)规划。规划是发展、建设的龙头。习近平总书记指出:“规划科学是最大的效益,规划失误是最大的浪费,规划折腾是最大的忌讳。”在发展之路上,规划的确至关重要。

我认为,规划分为以下几种类型:

最终目标的规划。中国共产党的远大目标是实现共产主义社会制度,在这个基础上奋勇前进,为人类解放和发展做出自己的贡献。这是一个宏大的科学的长远规划。

长远规划。现实中,一般我们讲的长远规划有五十年规划、百年规划等。

中长期规划。主要是指10~20年规划。

五年规划。我国短期规划采用五年制。目前已经进行了十二届。中华人民共和国成立到2015年。这期间分为土地改革3年时期,63~65年调整3年,加上十二个五年计划的60年,共计66年。当然,由于受到当时时代的限制,有些规划短一些,有些规划长一些。但大体是五年。

年度规划等。年度规划就是每一年三月中央召开的人大会议,规划当年的国民经济发展问题,一府两院、财政部、发改委等部门的一把手向全国人大报告工作,并提交代表审议。

(2)“十三五”规划。规划期是2016—2020年。

作为我国经济发展进入新常态后的第一个五年规划,必须适应新常态、把握新常态、引领新常态。

新常态一般是就经济来说的,不是指政治形态。但是在经济新常态指引下,五大建设都有新变化。

政治方面:政治清明、干部清廉、政府清正。

经济方面:经济发展从注重数量到注重质量。

文化方面:注重推进精品,注重社会效益。

社会方面:注重和谐,讲究修为,注重和睦。讲究生活质量,注重养身等。

生态环境方面:注重生态,讲究可持续发展,讲究科学,讲究环保等。

我们在国民经济和社会发展面临的问题不少,但是,应该明确:这些都是前进中的问题,发展中的问题。

3. 中央专门召开贯彻五中全会精神,大力宣讲五中全会精神

党代会闭幕后召开的全会,要进行系统的宣讲,在党的历史上,是没有的。十八大以来的三中、四中和五中都进行宣讲,这在历史上是先例。十八大以来,中国进入了以习近平同志为核心的党中央治国理政时期,这些会议的精神就是新一届

领导集体的治国理念，各行各业都需要认真贯彻和落实才行。怎样才能有效加以贯彻呢？通过宣讲的形式是现实的好方法。

二、认真学习领会“十三五”规划的科学要点

通过这几天的学习，我感觉到“十三五”规划是一个宏大的规划，内容涉及经济社会发展各个方面，内容非常丰富。举几个例子说明。

1. 什么是经济发展？

经济发展是第一要务。那什么是经济发展？建立在对“十二五”发展经验的全面总结上，建立在对中国具体国情的准确体察上，习近平总书记对发展问题进行深入的思考，并做出了深刻的回答——“发展必须是遵循经济规律的科学发展，必须是遵循自然规律的可持续发展，必须是遵循社会规律的包容性发展。”这就是新发展理念。

既要看速度，也要看增量，更要看质量，要着力实现有质量、有效益、没水分、可持续的增长，着力在转变经济发展方式、优化经济结构、改善生态环境、提高发展质量和效益中实现经济增长。

“十三五”时期经济年均增长至少也要达到6.5%。

2. 发展理念的新内涵

以“发展理念”的突破，推动中国发展模式创新。

全会强调，要实现“十三五”规则发展目标，必须牢固树立并切实贯彻创新、协调、绿色、开放、共享的发展理念。这是关系我国发展全局的一场深刻变革。贯彻这“五大”发展理念，即创新、协调、绿色、开放、共享，有助于进一步推动中国未来发展模式的突破和转型创新。“中国在发展过程中的基础设施建设已经较为完备，未来如何突破发展瓶颈，推动在新常态下进一步发展，主要就是靠‘创新’。”

创新发展。处于整个国家发展全局的核心位置，而且创新发展包括理论创新、制度创新、科技创新、文化创新等。

协调发展。五中全会的公报明确地讲协调发展的核心是要正确处理发展中的重大关系。我们党历来都是高度重视在各个时期一些重大关系的研究，比如说毛泽东同志在20世纪50年代提出来的“十大关系”，阐述的是在当时的环境条件下要重点处理的一些关系。十六大以来我们提出的科学发展观，实际上也是要处理好一系列的关系。在十八届五中全会公报里，中央明确地提出协调发展是要正确处理好发展中的相关重大关系，而且还具体地提到了城乡协调发展、经济社会协调发展以及新型工业化、信息化、城镇化、农业现代化等方面的同步发展，还特别提到国家的硬实力和软实力的整体发展。这些都是协调发展的新概括。

绿色发展。在五中全会公报里讲绿色发展是我们的一项基本国策，我们以前也讲到过要保护环境、节约资源，但是在五中全会的公报中已经把它再一次提高到更高、更重要的水平。

开放发展。开放发展有这样几个重点：一是我们中国的经济要更深度融入世界经济中去；二是我们要坚持互利共赢这样一个战略；三是也是提得比较明确的，我们要积极参与全球经济治理，这也是对我们开放发展提出了更高的标准。

共享发展。在公报中占了相当大的部分，讲得比较细致、比较多，它的核心就是两个字：人民。所谓共享发展就是为了人民，为了人民生活得更好，为了人民能够充分地分享我们改革开放、经济发展带来的各项利益。

3. 注重民生

做好经济社会发展工作，民生是“指南针”。

“十三五”规划的是五年，面向的是百年老百姓的期待，这是规划的导向。“更好的教育、更稳定的工作、更满意的收入、更可靠的社会保障、更高水平的医疗卫生服务、更舒适的居住条件、更优美的环境，期盼着孩子们能成长得更好、工作得更好、生活得更好”。人们向往“更”美好的生活，老百姓的获得感是改革的核心标准。

“十三五”规划的十个任务目标，民众关注哪些？调查中，保障和改善民生位居第一，45.5%的受访者选择此项。其次是转变经济发展方式（38.3%），接下来是保持经济增长（38.0%），调整优化产业结构（37.7%）。

围绕民生问题公报有很多亮点，比如提出健康中国，保证老百姓身心健康。

现在，大家特别关注的是计划生育政策的调整。要全面落实一对夫妇可以生两个孩子的政策，从根本上改变我们过去几十年来的一孩政策。

提出构建互联网强国，要实施“互联网+”战略规划，制订相关的行动计划等等。

民生发展是一个发展的系统工程，必须要有强有力的措施做保障。

十八届五中全会提出了六个坚持：坚持人民主体地位，坚持科学发展，坚持深化改革，坚持依法治国，坚持统筹国内国际两个大局，坚持党的领导。

具体到民生发展上来说，就是要坚持创新发展，坚持协调发展，坚持绿色发展，坚持节约资源和保护环境的基本国策，坚持可持续发展，坚持共享发展。坚持发展为了人民、发展依靠人民、发展成果由人民共享，做出更有效的制度安排，使全体人民在共建共享发展中有更多获得感，增强发展动力，增进人民团结，朝着共同富裕的方向稳步前进。

按照人人参与、人人尽力、人人享有的要求，坚守底线、突出重点、完善制度、引导预期,注重机会公平,保障基本民生,实现全体人民共同迈入全面小康社会。增加公共服务供给,从解决人民最关心、最直接、最现实的利益问题入手,提高公共服务共建能力和共享水平。

4. 网络基础设施建设。一个是网络强国;一个是"互联网 + "行动计划,推动推动信息化与工业化深度融合。

中国毫无疑问是网络大国,互联网规模、网络规模全球第一,宽带规模全球第二,手机用户 12 亿,是世界第一。我国博客、微博、微信的用户,加起来超过 10 亿。现在网络基础设施叫有云网端、云计算、互联网,已经变成一个国家最重要的基础设施。

过去我们对于基础设施的概念,限于公路、铁路等,现在把网络、云计算、大数据等基本成为国家最重要的基础设施的象征。

5. "科学扶贫、精准扶贫"

党的十八大以来,党中央、国务院将扶贫工作提高到前所未有的高度。习近平总书记在提出"科学扶贫、精准扶贫"的同时,强调"全面建成小康社会最艰巨、最繁重的任务在农村,特别是在贫困地区。"

我国现行脱贫标准是农民年人均纯收入按 2010 年不变价计算为 2300 元,2014 年现价脱贫标准为 2800 元。按照这个标准,2014 年末全国还有 7017 万农村贫困人口。综合考虑物价水平和其他因素,逐年更新按现价计算的标准。据测算,若按每年 6% 的增长率调整,2020 年全国脱贫标准约为人均纯收入 4000 元。每年要解决 1000 万人的脱贫任务。

当下,这一提法具有现实意义。

如,8 月,审计署在审计时发现近年脱贫任务完成较好的广西马山县有 3119 名扶贫对象属于"富人",其中有 2454 人购买了 2645 辆汽车,343 人属于财政供养人员。而真正贫困人员没有得到辅助与支持。这是不公平的,要引起高度重视才行。

6. 解决"三个短板"

核心就是农村发展的短板。除此之外,还有民族间"短板"、地区间发展"短板"、生态环境的短板。生态环境特别是大气、水、土壤污染严重,已成为全面建成小康社会的突出短板。

7. "三个支撑带"战略大布局

"一带一路"、京津冀协同发展、长江经济带三大战略。

8. 开放发展

从国际竞争力看,货物贸易进出口总额自 2013 年起稳居世界第一位,2014 年使用外商直接投资规模首次位居世界第一，对外直接投资规模自 2012 年起稳居世界第三位。

开放发展有这样几个重点：一是我们中国的经济要更深度融入世界经济中去；二是我们要坚持互利共赢这样一个战略；三是也是提得比较明确的，我们要积极参与全球经济治理，这也是对我们开放发展提出了更高的标准。

9. 在增强国家硬实力的同时注重提升国家软实力

要“建设社会主义文化强国，加强思想道德建设和社会诚信建设”，特别是“增强国家意识、法治意识、社会责任意识，倡导科学精神，弘扬中华传统美德”，要“实施军民融合发展战略，形成全要素、多领域、高效益的军民深度融合发展格局”，还要“构建科学合理的城市化格局、农业发展格局、生态安全格局、自然岸线格局，推动建立绿色低碳循环发展产业体系，推进美丽中国建设”等。

除此之外，还有很多新思路、新观点、新做法，这些很值得大家认真领会学习。

三、深刻分析“十三五”规划对高等教育的促进作用

1. 使若干高校和一批学科达到或接近世界一流水平

《建议》提出：提高高校教学水平和创新能力，使若干高校和一批学科达到或接近世界一流水平。

2015 年 8 月 18 日，中央全面深化改革领导小组第十五次会议通过了《统筹推进世界一流大学和一流学科建设总体方案》。会议强调，要推动一批高水平大学和学科进入世界一流行列或前列，提升高等教育综合实力和国际竞争力，培养一流人才，产出一流成果。要引导和支持高等院校优化学科结构，凝练学科发展方向，突出学科建设重点，通过体制机制改革激发高校内生动力和活力。

2. 建设现代职业教育体系，鼓励普通本科高校向应用型转变

《建议》提出：建设现代职业教育体系，推进产教融合、校企合作。优化学科专业布局和人才培养机制，鼓励具备条件的普通本科高校向应用型转变。

在职业教育建设方面，教育部近日印发了《高等职业教育创新发展行动计划（2015—2018 年）》。《行动计划》明确，到 2018 年，专科层次职业教育在校生要达到 1420 万人，接受本科层次职业教育学生达到一定规模。

3. 立德树人

全面贯彻党的教育方针，落实立德树人根本任务；加强社会主义核心价值观教育，培养德智体美全面发展的社会主义建设者和接班人；深化教育改革，把增强学生社会责任感、创新精神、实践能力作为重点任务贯彻到国民教育全过程。

4. 推动义务教育均衡发展，全面提高教育教学质量。普及高中阶段教育，逐

步分类推进中等职业教育免除学杂费,率先从建档立卡的家庭经济困难学生实施普通高中免除学杂费。

5. 建立个人学习账号和学分累计制度,畅通继续教育、终身学习通道。推进教育信息化,发展远程教育,扩大优质教育资源覆盖面。完善教育督导,加强社会监督。支持和规范民办教育发展,鼓励社会力量和民间资本提供多样化教育服务着力促就业、增收入、强社保、保安居,坚决兑现保障民生的承诺,让人民群众在发展改革中得到更多实惠。

6. 新增就业。规划中,提出了创业扶持、创业服务、创业培训等一整套政策,强化众创、众包、众扶、众筹等服务平台建设,形成了空前浓厚的大众创业、万众创新氛围,各类企业"双创"培育平台、孵化基金、创业集聚区加快成长,创业带动就业效应不断显现。

四、用"十三五"规划的思想指导我们的教育教学工作

对学校的发展有那些利益?我校是外语、外贸、管理、会计、文学、艺术和信息工程等等,这些专业在未来的发展中,是非常具有竞争力的。因此,就是要把上述理念、思想贯穿在我们的教学活动中。

五、做好学习十八届五中全会的计划

1. 认真自学五中全会精神,并在支部活动中,学院的政治学习中学习贯彻。
2. 及时参加学校党委组织的学习活动。
3. 学习《中国共产党廉洁自律准则》和《中国共产党党员处分条例》。
4. 把学习活动与当前开展的各种党务活动结合起来。

的确,"十三五"将来的影响,绝不仅仅是中国。"过去两年,全球经济增长约30%来自中国"。《金融时报》首席经济评论员马丁·沃尔夫认为,过去是美国打喷嚏全球经济就感冒,现在还应该加上中国一打喷嚏,全球经济也感冒。"十三五"蓝图关乎世界经济的走向,"将左右世界经济能否复苏向前",这就是为什么观察家们要将十八届五中全会称为"关键性会议"。

今天的中国,仍面临着长长的"问题清单"。"世界工厂"转型升级的同时保持经济平稳增长,建设"望得见山、看得见水、记得住乡愁"的"美丽中国",在"学有所教、劳有所得、病有所医、老有所养、住有所居"上持续取得新进展……这些来自经济系统、自然系统和社会系统的挑战,无一不是艰巨的课题、难啃的硬骨头。连《纽约时报》也感叹:"治理未来十年的中国,可能是全球最为艰难的工作之一。"

“中国梦归根到底是人民的梦”，让更多人共同享有人生出彩的机会，共同享有梦想成真的机会，共同享有同祖国和时代一起成长与进步的机会；全面小康是不分地域、不分群体、不分层级、不分民族的小康，“一个民族都不能少”“不能丢了农村这一头”“绝不能让一个苏区老区掉队”……民生的改善、个人的发展，与国家的大方向、大目标相向而行，成为包容性发展最生动的体现。

“凡是过去，皆为序章”。中国的发展前后相续，正是这一段又一段的铁轨，连接成我们前行的历史。站在两个五年规划的交汇点上，向着第一个百年目标迈进，向着中华民族伟大复兴进军，我们有决心、有能力、有信心。

深化五中全会精神的学习，推动学校稳步发展①

2015 年 12 月 15 日

各位领导，老师们：

下午好！

当下，深入学习十八届五中全会精神是一项政治任务。为此，中央和各省均成立了宣讲团，到各地宣讲。作为高校，由于自己的地位和实力，宣讲、学习五中全会精神就成了自觉的行动。上个月，学校党委组织党委委员、纪委委员和学院总支或支部书记进行了先期的学习，并就学校各层面的学习进行了部署。今天，根据原来的安排，我们组织学校在中层领导干部、副教授职称以上的教师在这里集体举行五中全会的学习，领会中央的精神，为学校的发展建言献策。

大家知道，中国共产党第十八届中央委员会第五次全体会议，于 2015 年 10 月 26 日至 29 日在北京举行。会议的主要议题就三项：第一，全会听取和讨论了习近平总书记受中央政治局委托做的工作报告；第二，审议通过了《中共中央关于制定国民经济和社会发展第十三个五年规划的建议》（简称“十三五”规划）；第三，习近平总书记就《建议（讨论稿）》向全会做了说明。三项中的核心内容就是第二项，审议和通过“十三五”规划。

由先进政党引领社会发展是历史和现实的选择。我们党是一个马克思主义指导下的先进政党，代表人民在全国执掌全国政权。党是管理、规划国家大政方针的。因此，国家重大的战略部署由中央委员会做出决策后才实施的。

大家知道，规划很重要。善于规划全局，谋划未来，这是中国共产党的优势、特色和一贯做法。习近平同志说：“规划科学是最大的效益，规划失误是最大的浪费，规划折腾是最大的忌讳。”美好的生活需要憧憬，美好的未来更需要规划。

---

① 2015 年 12 月 15 日在学校中层领导干部学习贯彻十五届五中全会上的专题报告。本讲座的前三部分参阅华南农业大学张丰青教授《在广东省贯彻十八届五中全会精神宣讲报告》。在此致谢！

与过去的规划相比较,“十三五”规划有什么特殊的地方? 那就是:按照“两个一百年”的目标,到建党100周年之时,全面建成小康社会。显然,“十三五”规划时期是全面建成小康社会决胜阶段,“十三五”规划必须紧紧围绕实现这个奋斗目标来制定。

“十三五”的五年,对国家来说,是非常重要的。对广西外国语学院也是至关重要的。认真学习、深刻领会“十三五”规划的精神,具有重大意义!

一、全面建成小康社会决胜阶段的形势和指导思想

(一)“十二五”时期我国发展取得重大成就

2008年爆发了经济危机,之后世界经济始终处于波动之中,复苏进程曲折艰难。相比较而言,“十二五”期间,我们的经济发展水平、中国经济对世界经济是巨大的。

一是增长速度领先全球主要经济体。

“十二五”前4年,我国国内生产总值年均增长8.0%。上半年我国依然保持了7%的增长速度,对世界经济增长的贡献率约为30%。这充分说明,中国是世界经济增长的动力源而不是风险源。

二是综合国力稳居全球第一阵营。

从经济实力看,2014年我国GDP总量为10.4万亿美元,占全球比例为13.4%,牢牢占据世界第二位。

从产业竞争力看,2014年我国制造业产值占全球制造业产值份额上升至25%,自2010年起稳居世界第一制造大国之位。2013年,我国研发经费达1912.1亿美元,占全球的份额由2000年的1.7%迅速提升至13.7%,仅次于美国,成为世界研发投入第二大国。2014年,我国研发经费投入达13312亿元,比10年前增加了6倍多,占GDP的比重达2.09%,与中等发达国家相当。

我国研发队伍规模居世界第一,一大批优秀科学家、工程师、创新型企业家活跃在科技创新前沿。一批国家重大科技基础设施、国家(重点)实验室、高新技术产业园区等正在发展成为国际一流的科技创新平台。

从设施看,高速铁路营业里程、高速公路通车里程、4G网络规模、互联网用户规模均位居世界第一。

从国际竞争力看,货物贸易进出口总额自2013年起稳居世界第一位,2014年使用外商直接投资规模首次位居世界第一,对外直接投资规模自2012年起稳居世界第三位。

三是经济结构逐步优化升级。

从要素结构看,由以前主要依靠劳动力数量和资本存量增长来驱动经济增长,转变为主要依靠科学技术和人力资本增长来驱动经济增长。

从需求结构看,由以前主要依靠投资需求来拉动经济增长,转变为主要依靠消费需求来拉动经济增长,2014 年消费率提高到 51.2%,消费需求对增长的贡献率提高到 50.2%。

从供给结构看,由以前主要依靠第二产业发展来促进经济增长,转变为主要依靠服务业发展来促进经济增长,2014 年服务业对增长的贡献率提高到 48.9%。

《金融时报》首席经济评论员马丁·沃尔夫认为,过去是美国打喷嚏全球经济就感冒,现在还应该加上中国一打喷嚏,全球经济也感冒。"十三五"蓝图关乎世界经济的走向,"将左右世界经济能否复苏向前",这就是为什么观察家们要将十八届五中全会称为"关键性会议"。

(二)"十三五"时期我国发展面临的挑战

按照中国所处的位置,一方面是我国发展仍处于可以大有作为的重要战略机遇期,另一方面面临诸多矛盾叠加、风险隐患增多的严峻挑战。

"十三五"面临"诸多矛盾叠加、风险隐患增多"的严峻挑战。这话说得比较重。有哪些挑战呢?可以概括为以下九个方面。

第一,全球经济贸易增长乏力。

全球经济贸易增长乏力,原因是 2008 年以来的国际经济危机还没有完全退出,它的影响还在。更主要的是,最近若干年来,贸易保护主义开始抬头,尤其是针对中国的产品出口的贸易保护主义在抬头。所以,这对我们今后的出口和对外投资都会产生不利的影响。

第二,地缘政治关系复杂多变。

随着中国经济总量成为世界第二,很多大国、周边国家对中国有了一些防范心理。同时,传统安全威胁和非传统安全威胁交错,使得中国"十三五"期间的外部环境的不确定性增加。

第三,经济增速在换挡。

"十二五"本身一直在换挡。从 2010 年第一季度的 12.1% 一直往下,已经到了 2015 年第三季度的 6 个点,底部还没有探明。"十三五"前期,我们还可能面临更低的可能性。经济增速的换挡是过去 30 多年来没有遇到的问题。过去 30 多年,我们遇到的大多是经济周期的波动,即周期的波动是下降还是反弹到原来的高度等问题。现在的经济换挡,那就意味着经济增长的高速要转入新的增长平台,不能反弹到原来的高度。

第四,结构调整阵痛。

过去,主要是通过粗放发展的模式,发展高投资、高效能、高排放的产业。现在遇到瓶颈了,必须要淘汰它。同时必须大力发展新的产业。在这个转换调整过程中,有一批企业和行业面临生死存亡的考验。“十三五”还要继续进行,并在发展中解决这些问题。

第五,增长动力转换。

经济增长动力结构由原来主要依靠“需求”边的“三驾马车”——出口、投资、消费,开始更多地向“供给”边的“三大发动机”——制度变革、结构优化、要素升级转化。

第六,经济泡沫的风险加大。

过去多年的高速增长积累了资产价格泡沫、产能过剩、地方债务风险、影子银行等经济泡沫。经济泡沫现在还没有消除。“十三五”期间,我们必须解决它,这是不能回避,只能解决的问题。

第七,社会发展转型带来挑战。

中国进入中等收入阶段,贫富差距仍然比较大,现代化陷阱的考验正在等着我们,社会矛盾一部分在加剧,老百姓对权利的诉求在增加。在“十三五”期间怎么应对社会转型,这是一个重大问题。

第八,资源环境的约束。

资源越来越短缺,环境污染的压力仍然很大。资源约束达到天花板。大气、水、土壤,这些污染的增量控制可以有所成效,但是已经污染了的存量部分的解决还需要时间。

第九,人口红利消失。

自2011年开始,15岁到64岁之间的生产性人口占总人口的比重开始下降,人口红利正在消失。这个过程还没有结束,“十三五”期间仍然处于这个通道上。

就是经常讲到的:我们所面临的挑战前所未有!

今天的中国,仍面临着长长的“问题清单”。“世界工厂”转型升级的同时保持经济平稳增长,建设“望得见山、看得见水、记得住乡愁”的“美丽中国”,在“学有所教、劳有所得、病有所医、老有所养、住有所居”上持续取得新进展……这些来自经济系统、自然系统和社会系统的挑战,无一不是艰巨的课题、难啃的硬骨头。连《纽约时报》也感叹:“治理未来十年的中国,可能是全球最为艰难的工作之一。”

(三)“十三五”要解决的重大的关键问题

经济发展进入新常态,按照我们的现实情况,我们必须“认识新常态,适应新常态，引领新常态”，这是当前和今后一个时期我国经济发展的大逻辑。

1. 要消除贫困。

全国大多数地区的问题是不大的。但是，中国地区差距很大，贫富差距很大，收入差距也很大。贫困地区要建成小康社会，这是必须要解决的问题。所以这次特别强调精准扶贫、精准脱贫，一一对应，否则就不能说我们是全面建成小康社会。落后地区也必须按期建成小康社会，这是“十三五”最大的问题之一。

2. 要解决发展方式粗放的问题。

转变经济发展方式的问题，整体来说，我国创新能力还不够强，部分行业产能过剩很严重，有些企业效益不太好，重大安全事故频发，经济泡沫比较严重。这一系列问题都说明，发展方式总体还比较粗放，这是“十三五”期间必须解决的。解决了这个问题，我们才真的步入新常态，全面建成小康社会。

3. 要解决城乡区域发展不平衡问题。

目前，城乡的差距仍然比较大，城乡居民的收入差距仍然在 3 倍左右。区域的差距也很大，东西、西部、南北的差距也很大。要全面建设小康社会，就必须缩短这些差距。

4. 要解决资源环境的约束。

现在，我们的资源约束趋紧，环境的总体趋势还在恶化，尚未得到根本扭转。而环境已经成为民生问题了，老百姓非常关注。小康社会包括好的环境，这个问题必须解决。资源的承受能力已经达到天花板了！

5. 要使人民的素质进一步提高。

小康不光是要有物质财富，还要有文明素质，城乡居民的文明素质也要达到与小康适应的水平，才能说建成了小康社会。

6. 要充分提供基本公共服务。

政府是提供公共服务的，尤其是提供最基本的公共服务的。城乡都要供给到位，否则不能说全面建成了小康社会。

7. 要解决法治社会的建立问题。

四中全会明确要依法治国，建立社会主义法治国家。“十三五”期间，推进法治建设的任务还比较艰巨，这也是小康社会所要求的。

8. 要提高党的领导水平。

（四）“十三五”时期我国发展的指导思想。

如期实现全面建成小康社会奋斗目标，推动经济社会持续健康发展，必须坚持以下原则，即坚持人民主体地位；坚持科学发展；坚持深化改革；坚持依法治国；坚持统筹国内国际两个大局；坚持党的领导。

十三五期间总的指导思想是：要坚持全面建成小康社会、全面深化改革、全面依法治国、全面从严治党的战略布局。“四个全面”的战略布局，这是“十三五”规划的一个重要的指导思想。

（五）“十三五”时期经济社会发展的主要目标

全面建成小康社会新的目标要求。今后五年，要在已经确定的全面建成小康社会目标要求的基础上，努力实现以下新的目标要求。

一是，经济保持中高速增长。二是，人民生活水平和质量普遍提高。三是，国民素质和社会文明程度显著提高。四是，生态环境质量总体改善。五是，各方面制度更加成熟、更加定型。

从这几方面来看，每一项指标都面临很大困难。以经济增长来说：保持经济中高速增长。人均 GDP 增速的底线是 6.56%。具体来说，到 2020 年，国内生产总值和城乡居民的人均收入要比 2010 年翻一番，而且这个“翻一番”还要建立在什么基础上呢？要建立在发展的平衡性、包容性、可持续性。也就是说，“十三五”追求的 GDP 增长不是为了经济增长而增长，要是在符合这“三个性”的前提下，根据两个翻一番的目标进行测算。“十三五”期间，人均 GDP 增速的底线是 6.5%。当然，跟过去相比，确实是下了一个台阶。但是，如果考虑到中国现在处于发展阶段的转换期、步入新常态的历史事实，考虑到我们面临的日益复杂的国际环境，考虑到我们现在面临越来越严峻的资源环境约束，考虑到我们面临着人口红利减少的事实，考虑到“十三五”期间，我们仍然还要消化“十一五”“十二五”以来，积累的很多经济问题和泡沫，“十三五”要实现 6.56% 以上的平均增长，仍然还是一个比较艰巨的任务。

又比如，保持生态环境的改善问题。这里最主要的，我们要提高能源利用的效率，要控制能源、水资源、土地、碳排放权的总量，同时还要控制它的强度，使主要的污染物排放量大幅减少。

所以，发展的内涵比过去大有创新，正如习近平总书记强调的：“发展必须是遵循经济规律的科学发展，必须是遵循自然规律的可持续发展，必须是遵循社会规律的包容性发展。”

（六）加强和改善党的领导，为实现“十三五”规划提供坚强保证

中国特色社会主义伟大事业，党的领导是关键。发展是党执政兴国的第一要务。党委必须深化对发展规律的认识，提高领导发展能力和水平，推进国家治理体系和治理能力现代化，更好地推动经济社会发展。

二、“十三五”规划的主要内容

党的十八届五中全会的一个突出亮点就是提出了必须牢固树立并切实贯彻创新、协调、绿色、开放、共享的“五大发展理念”，用新的发展理念引领我国发展方式的转变。

（一）坚持创新发展，着力提高发展质量和效益

正如习近平总书记指出的，创新是引领发展的第一动力。“必须把创新摆在国家发展全局的核心位置。”“让创新贯穿党和国家一切工作，让创新在全社会蔚然成风”。唯改革者进，唯创新者强，唯改革创新者胜。

创新是一个体系，是全面创新，概括为以下八方面内容。

1. 进行理论创新，以理论创新推动其他创新。

在《公报》和《纲要》里面有这么一句话，不断推进理论创新、制度创新、科技创新、文化创新等各个方面的创新。以理论创新引领其他方面的创新。

中华民族是富于创造性的民族，马克思主义是发展创新的科学理论，中国共产党是富于创造性的政党。中国几千年的传统文化，中国共产党近百年来所探索的一整套文化和理论，多年来一直指导着我们的发展。如今，随着中国经济社会发展进入新阶段，面临的形势日趋复杂，过去的理论和文化不足以满足新的需要，所以要与时俱进，要创造新文化和新理论，实现引领型的发展。

这次提出一个概念，叫作更多发挥先发优势的引领型发展。引领型发展就是带领别人去发展，我们国家要引领其他发展中国家的发展，这是一种积极的发展。怎么引领发展呢？光是发展产业项目不行，还要在文化和理论上引领潮流，要占领制高点，所以强调创新文化，创新理论，这是第一个创新。

2. 培育发展新动力。

优化劳动力、资本、土地、技术、管理等要素配置，激发创新创业活力，推动大众创业、万众创新，释放新需求，创造新供给，推动新技术、新产业、新业态蓬勃发展，加快实现发展动力转换。

3. 拓展发展新空间。

用发展新空间培育发展新动力，用发展新动力开拓发展新空间。

（1）拓展区域发展空间。

以区域发展总体战略为基础，以“一带一路”建设、京津冀协同发展、长江经济带建设为引领，形成沿海沿江沿线经济带为主的纵向横向经济轴带。

总的来说有三个方面：一是推进区域经济一体化，二是要发展城市群，三是要支持绿色城市、智慧城市、森林城市的建设。

(2)拓展产业发展空间。

支持节能环保、生物技术、信息技术、智能制造、高端装备、新能源等新兴产业发展,支持传统产业优化升级。推广新型孵化模式,鼓励发展众创、众包、众扶、众筹空间。

(3)拓展基础设施建设空间。

实施重大公共设施和基础设施工程。实施网络强国战略,加快构建高速、移动、安全的新一代信息基础设施。加快完善水利、铁路、公路、水运、民航、通用航空、管道、邮政等基础设施网络。完善能源安全储备制度。加强城市公共交通、防洪防涝等设施建设。实施城市地下管网改造工程。加快开放电力、电信、交通、石油、天然气、市政公用等自然垄断行业的竞争性业务。

(4)拓展网络经济空间。

实施"互联网+"行动计划,发展物联网技术和应用,发展分享经济,促进互联网和经济社会融合发展。实施国家大数据战略,推进数据资源开放共享。完善电信普遍服务机制,开展网络提速降费行动,超前布局下一代互联网。推进产业组织、商业模式、供应链、物流链创新,支持基于互联网的各类创新。

(5)拓展蓝色经济空间。

坚持陆海统筹,壮大海洋经济,科学开发海洋资源,保护海洋生态环境,维护我国海洋权益,建设海洋强国。

4. 深入实施创新驱动发展战略。

发挥科技创新在全面创新中的引领作用,加强基础研究,强化原始创新、集成创新和引进消化吸收再创新。

扩大高校和科研院所自主权,赋予创新领军人才更大人财物支配权、技术路线决策权。

一个重要的方面是培育创新主体和平台。强化企业创新主体地位和主导作用,形成一批有国际竞争力的创新型领军企业。扩大高校和科研院所自主权,赋予创新领军人才更大人财物支配权、技术路线决策权。这是当前科研领域很关注的问题,因为现在大家做科研的积极性不是太高,下一步想实施创新驱动的话,不调动广大科研人员的积极性是不行的。

怎么调动呢?当然要扩大自主权,让领军人物有更大人财物支配权、技术路线决策权。同时,在重大创新领域组建一批国家实验室,依托企业、高校、科研院所建设一批国家技术创新中心,形成若干具有强大带动力的创新型城市和区域创新中心。还要引导构建产业技术创新联盟。培育创新主体和平台的内容很丰富。

另一个方面是深入实施创新驱动发展战略、网络强国战略、国家大数据战略三大战略，实施“互联网+”行动计划，积极提出并牵头组织国际大科学计划和大科学工程。

5. 大力推进农业现代化。

着力构建现代农业产业体系、生产体系、经营体系，提高农业质量效益和竞争力，推动粮经饲统筹、农林牧渔结合、种养加一体、一二三产业融合发展，走产出高效、产品安全、资源节约、环境友好的农业现代化道路。

稳定农村土地承包关系，完善土地所有权、承包权、经营权分置办法，依法推进土地经营权有序流转，构建培育新型农业经营主体的政策体系。培养新型职业农民。深化农村土地制度改革。完善农村集体产权权能。深化农村金融改革，完善农业保险制度。

坚持最严格的耕地保护制度，坚守耕地红线，实施藏粮于地、藏粮于技战略，提高粮食产能，确保谷物基本自给、口粮绝对安全。全面划定永久基本农田，大规模推进农田水利、土地整治、中低产田改造和高标准农田建设，加强粮食等大宗农产品主产区建设，探索建立粮食生产功能区和重要农产品生产保护区。优化农业生产结构和区域布局，推进产业链和价值链建设，开发农业多种功能，提高农业综合效益。

推进农业标准化和信息化。健全从农田到餐桌的农产品质量安全全过程监管体系、现代农业科技创新推广体系、农业社会化服务体系。

信息化、机械化与科技创新，合力打造现代高效农业。高效农业离不开信息技术的支持，农业生产领域的信息化技术应用可以从生产端与消费端分别来看。生产端主要体现在精确农业（由信息技术支持的根据空间变异，定位、定时、定量地实施一整套现代化农事操作技术与管理的系统），销售端则体现在农业电子商务。

6. 构建产业新体系。

加快建设制造强国，实施《中国制造二〇二五》。引导制造业朝着分工细化、协作紧密方向发展，促进信息技术向市场、设计、生产等环节渗透，推动生产方式向柔性、智能、精细转变。

7. 构建发展新体制。

加快形成有利于创新发展的市场环境、产权制度、投融资体制、分配制度、人才培养引进使用机制。

8. 创新和完善宏观调控方式。

减少政府对价格形成的干预，全面放开竞争性领域商品和服务价格，放开电力、石油、天然气、交通运输、电信等领域竞争性环节价格。建立风险识别和预警机制，以可控方式和节奏主动释放风险，重点提高财政、金融、能源、矿产资源、水资源、粮食、生态环保、安全生产、网络安全等方面风险防控能力。

创新发展的要求，就是要把创新摆在国家发展全局的核心位置。

为什么要把创新发展放在发展理念之首？要把创新提到当今时代条件下国家发展的核心位置？因为仅仅依靠开发、利用自然资源这样一种发展方式，是难以为继的。我们怎么样能够在保护资源、保护环境的条件下，保持我们的经济社会发展呢？那就是挖掘内部潜力，这就是创新。通过创新来生产出新的财富、新的资源、新的功能和效用。这是我们现在发展的一个着力点。

（二）坚持协调发展，着力形成平衡发展结构。

我们党历来都是高度重视在各个时期一些重大关系的研究，比如说毛泽东同志在20世纪50年代提出来的“十大关系”、《正确处理人民内部矛盾问题》等就是讲当时的环境条件下要重点处理的一些关系。十六大以来我们提出的科学发展观，实际上也是要处理好一系列的关系。在十八届五中全会公报里，中央明确地提出协调发展是要正确处理好发展中的那些重大关系，而且还具体地提到了城乡协调发展、经济社会协调发展以及新型工业化、信息化、城镇化、农业现代化等方面的同步发展，还特别提到国家的硬实力和软实力的整体发展。

增强发展协调性，必须坚持区域协同、城乡一体、物质文明精神文明并重、经济建设国防建设融合，在协调发展中拓宽发展空间，在加强薄弱领域中增强发展后劲。

1. 推动区域协调发展

区域协调发展具体有三个方面需要强调：

第一项是东中西部的协调发展。第二项是支持特殊地区的发展。

支持革命老区、民族地区、边疆地区、贫困地区加快发展，全面建成小康社会首先要解决难点问题。还要加大对资源枯竭、产业衰退、生态严重退化等困难地区的支持力度。特别是最近几年来的东北三省、河北、内蒙古、山西、陕西北部，还有新疆。多年来，陕西北部地区的重工业，尤其是煤炭、铁矿石等资源密集型工业高速发展。随着中国经济进入新阶段，这些地区普遍面临经济下行的压力，经济发展隐藏着很大的风险。下一步怎么让这些地区平稳地过渡，是一个重要任务。中央已经意识到要支持这些地区。

这两项的关键是：“十三五”期间将补齐民族间和地区间发展不平衡这两个“短板”。

第三项是培育若干带动区域协同发展的增长机遇。

其中一个就是大家熟悉的京津冀协同发展，探索人口经济密集区优化开发的新模式。这是北京要做的事情。在人口、经济都很密集的区域，如何优化发展新模式，如何推进长江经济带等的建设。

2. 推动城乡协调发展

具体也包括三项内容：

第一项，发展特色县域经济。

发展特色县域经济，“特色”是什么意思？比如根据特色资源形成特色定位，发展特色产业，形成特色竞争力。同时，还要加快培育特色小城镇，一镇一业都要形成特色，这也是统筹城乡发展所要解决的。

第二项，以人为核心的新型城镇化。

怎么样推进？——实施居住证制度，努力实现基本公共服务全覆盖。这里有两个新的重要制度——健全财政转移支付同农业转移人口实名化制度。

第三项，要健全城乡发展一体化的体制机制。

要缩小城乡发展差距，推进城乡一体化发展，这么多年一直没解决的原因在于相关的体制机制没有形成。所以在“十三五”期间，要构建城乡公共资源的均衡配制，要健全农村基础设施建设的长效投入机制，改善农村人居环境整治行动等。

3. 推动物质文明和精神文明协调发展

(1)塑造文化价值。也就是说，要和社会主义核心价值观凝聚共识，汇聚力量。

(2)要生产文化产品，扶持优秀的文化产品，创造市场，加强人才培养等，实施哲学、社会科学的创新共享，建设中国特色新型智库。

(3)深化文化改革。包括深化文化体制改革、实施重大工程，推进基本公共文化服务的标准化。

(4)要把握文化导向。

国家硬实力和国家软实力的协调发展。我们知道，经济实力、科技实力、国防实力构成了国家的硬实力，但是一个国家要富强，要屹立于世界民族之林，光有硬实力还不行，还要有软实力。软实力对于国家的发展起了一个支撑的作用。就像人一样，人是有精神的、有意志的人，虽然看不见，但是对一个人的成长，对一个人能力的提高、贡献的付出，都起到一个实实在在的支持和支撑作用。民族的发展，也是一样。

4. 推动经济建设和国防建设融合发展

经济建设和国防建设融合发展。我们要发展就要有安全的保障，我们要富国就要有强军的支持。我们知道，中国历史上，如果我们没有巩固的国防，没有强大的军队，那么民族的悲剧是不可避免的。那么今天，我们经济要发展，国家的经济实力要提高,我们也要有巩固国防和强大军队来为全面小康提供安全保障。

(三)坚持绿色发展,着力改善生态环境。

坚持绿色富国、绿色惠民,为人民提供更多优质生态产品,推动形成绿色发展方式和生活方式,协同推进人民富裕、国家富强、中国美丽。

1. 主要内涵:促进人与自然和谐共生;加快建设主体功能区;推动低碳循环发展;全面节约和高效利用资源;加大环境治理力度;筑牢生态安全屏障。

2. 实行四项新的科学制度。

(1)要建立统一规划的国家生态实验区。这个已经在做,下一步要进行规范统一。

(2)要探索实施耕地休耕制度试点。

这是新的制度,以前没有的,以前恨不得一年用多少次,其他国家很多都有休耕制度。

(3)要实行省以下环保机构监测监察执法垂直管理制度。

这是一个新的制度。习近平总书记在《关于〈中共中央关于制定国民经济和社会发展第十三个五年规划的建议〉的说明》里面专门展开了说明,对这一点非常重视。

为什么? 这么多年来,环境问题之所以不好解决,是因为确实环境是以地方的"块块"管理为主。所以,大家都不愿意把真实的数据报上去,地方保护主义还比较严重,而且跨区域的环保不好做。

怎么办? 垂直管理。具体来说,主要是指省级环保部门直接管理市(地)县的监测监察机构,承担其人员和工作经费,市(地)级环保局实行以省级环保厅(局)为主的双重管理体制,县级环保局不再单设而是作为市(地)级环保局的派出机构。

(4)建立覆盖所有固定污染源的企业排放许可制。

你的污染排放必须要先获得许可,否则污染就违规了。

绿色发展的内容非常丰富。可见,新一届领导在推进绿色发展、解决中国面临的日益严峻的资源问题的决心之大、措施之有力和具体。可以预见,如果我们真正能把这些体制机制、政策都落到实处的话,经过持续的努力,还是有可能逐步实现环境的根本性改变的。

3. 把绿水青山和金山银山统一起来

习近平总书记所说的绿水青山和金山银山的关系。这是我们发展所要解决的一个重大问题。

首先,我们要确立绿色发展。

只有绿色发展这条道路,才是可持续的道路。黑色发展、白色发展,都是以自然资源的破坏和不可修复为代价的,实际上是吃祖宗饭,给子孙留下了大量的后遗症。所以全会精神也提出一些新的关于绿色发展的思想理念。一个是为全球生态安全做出新贡献。我们提出国家安全包括生态安全,生态并不仅仅是一个国家的生态,它实际上是一个世界性的生态,是全球性的生态。所以,我们要在全球生态的大的视野下来看中国的生态文明建设问题。

其次,我们强调怎么样能够实现绿色发展?

全会提出,就是要构建科学合理的城市化格局、农业发展格局、生态安全格局、自然岸线格局,通过这些科学合理的格局来使我们的发展符合绿色发展的要求。

再次,这次全会提出了资源观的概念,要树立节约、集约、循环利用的资源观。

就是说,如何使我们的资源,使那些能够循环利用的、能够节约使用的,更好地为我们人类的生活来服务。我们在现实生活中,也确实看到了仍然有不少资源浪费的现象。

2015 年初,被称“史上最严”的新环保法实施。环保理念的变革,由立法目的的表述可见一斑:过去是“促进社会主义现代化建设的发展”,现在则是“推进生态文明建设,促进经济社会可持续发展”。

对于“美丽中国”“绿色化”的一系列探索,联合国副秘书长阿奇姆·施泰纳如此评价:“中国在生态文明这个领域中,不仅是给自己,而且也给世界一个机会,让我们更好地了解朝着绿色经济的转型。”

(四)坚持开放发展,着力实现合作共赢。

开创对外开放新局面,必须丰富对外开放内涵,提高对外开放水平,协同推进战略互信、经贸合作、人文交流,努力形成深度融合的互利合作格局。

要形成深度发展的互利合作格局。这是这次全会所强调的发展理念的一个重要方面。也就是说,我们的发展必须放在全球经济发展的格局中来推进。因为现在世界经济深度融合,人类不仅形成了经济的交往、交换、贸易关系,有不同程度的经济共同体关系,同时在这个基础上,又具有利益共同体的关系,具有命运共同体的关系,在这样的情况下,开放发展是我们必然的一种选择。所以在“十三五”规划建议中,对开放发展也做了很多深入的论述。比如提出发展更高层次的开放型经济,构建广泛的利益共同体。那么我们要成为人类命运共同体,就有一个利益共同体的问题,这也是我们开放发展所要解决的问题。

对外开放战略布局方面,大力推动“一带一路”建设。“一带一路”建设使我们国家的对外开放和国际战略融为一体,是一个大手笔、大布局。前些天,习近平总书记在中英工商峰会上强调,“一带一路”不是“私家小路”。正是这条“大家携手前进的阳光大道”,涵盖了60多个国家和地区的44亿人口,经济总量约占全球的30%,成为中国构建“公平、开放、全面、创新”发展之路最好的注脚。

坚持开放发展,着力实现合作共赢。这里面包括四个内容。一是,完善对外开放战略布局,二是,形成对外开放新体制,三是,推进“一带一路”建设,四是,积极参与全球经济治理等。

关于参与全球治理,最主要是两个方面:一方面,积极参与全球经济治理和公共产品供给,提高我国在全球经济治理中的制度性话语权。这是新提法。另一方面,要积极承担国际责任和义务,应对全球气候的变化。

(五)坚持共享发展,着力增进人民福祉

按照人人参与、人人尽力、人人享有的要求,坚守底线、突出重点、完善制度、引导预期,注重机会公平,保障基本民生,实现全体人民共同迈入全面小康社会。

1. 增加公共服务供给。

坚持普惠性、保基本、均等化、可持续方向,从解决人民最关心最直接最现实的利益问题入手,增强政府职责,提高公共服务共建能力和共享水平。创新公共服务提供方式,能由政府购买服务提供的,政府不再直接承办;能由政府和社会资本合作提供的,广泛吸引社会资本参与。加快社会事业改革。

2. 实施脱贫攻坚工程。

实施精准扶贫、精准脱贫,因人因地施策,提高扶贫实效。实行脱贫工作责任制。

提高贫困地区基础教育质量和医疗服务水平,推进贫困地区基本公共服务均等化。建立健全农村留守儿童和妇女、老人关爱服务体系。实行脱贫工作责任制。

3. 提高教育质量。

全面贯彻党的教育方针,落实立德树人的根本任务,加强社会主义核心价值观教育,培养德智体美全面发展的社会主义建设者和接班人。深化教育改革,把增强学生社会责任感、创新精神、实践能力作为重点任务贯彻到国民教育全过程。

4. 促进就业创业。

坚持就业优先战略,实施更加积极的就业政策,创造更多就业岗位,着力解决结构性就业矛盾。完善创业扶持政策,鼓励以创业带就业,建立面向人人的创业服务平台。

5. 缩小收入差距。

坚持居民收入增长和经济增长同步、劳动报酬提高和劳动生产率提高同步,持续增加城乡居民收入。调整国民收入分配格局，规范初次分配，加大再分配调节力度。实行有利于缩小收入差距的政策，明显增加低收入劳动者收入，扩大中等收入者比重。

6. 建立更加公平更可持续的社会保障制度。

实施全民参保计划，基本实现法定人员全覆盖。坚持精算平衡，完善筹资机制，分清政府、企业、个人等的责任。适当降低社会保险费率。完善社会保险体系。

7. 推进健康中国建设。

深化医药卫生体制改革，实行医疗、医保、医药联动，推进医药分开，实行分级诊疗，建立覆盖城乡的基本医疗卫生制度和现代医院管理制度。

8. 促进人口均衡发展。

坚持计划生育的基本国策，完善人口发展战略。全面实施一对夫妇可生育两个孩子的政策。

全会提出坚持共享发展，必须坚持发展为了人民、发展依靠人民、发展成果由人民共享，使全体人民在共建共享发展中有更多获得感，增强发展动力，增进人民团结，朝着共同富裕方向稳步前进。那么，我们应当如何正确理解共享发展理念呢？

共享发展是为人民服务宗旨的集中体现。“共产党是为民族、为人民谋取利益的政党。”一部中国共产党执政史，就是一部立党为公、执政为民、全心全意为人民服务的历史。

当年，毛泽东主席的“人民万岁”；今天，习近平主席的“我要为我们伟大的人民点赞”。这一历史进程勾勒出了“人民至上”这条中国共产党的执政主线。执政为民的最终落脚点就是使人民富裕。十一届三中全会后，一个重要的发展理念就是让一部分人先富起来。我们先后经历了从家庭联产承包责任制到发展乡镇企业，从切实减轻农民负担到注重解决社会公平正义问题的历史阶段。

历史发展到今天，开始进入通过先富带后富，让人民群众共享发展成果，实现共同富裕的历史新时期。

共享发展回答了“发展目标是什么和发展成果如何共享”的问题，找到了发展的归宿，印证了社会主义的本质要求，集中体现了中国共产党的全心全意为人民服务的宗旨。

共享发展，就是直面这一问题，在全面建成小康社会的决胜阶段，让人民共享更多改革红利，把各个地区、民族、群体都纳入我们的发展框架中。

五中全会提出的推动义务教育均衡发展，促进就业创业，不让任何一个人在全面建成小康社会路上"掉队"等系列共享发展措施,反映了全面建成小康社会的必然要求。

共享发展是推动持续发展的不竭动力。共享发展解决了"为了谁、依靠谁"这一深刻命题,也指明了实现推动持续发展的动力所在。

党的十八大以来,习近平总书记反复要求多谋民生之利、多解民生之忧,解决好人民最关心最直接最现实的利益问题,使改革发展成果惠及全体人民。

要推动经济社会持续发展,就必须紧紧围绕改善民生、争取人心来推动经济发展。

"效率优先"发展理念深度激发了改革开放之初我国经济社会的活力和人们的生产积极性,使生产效率获得极大提高,逐渐形成了先富阶层和先富群体。

共享发展,是我国在经济社会发展到全面建成小康社会冲刺阶段,对于"效率优先,兼顾公平"发展理念的完善和升级。

三、"十三五"规划亮点

(一)调整计划生育政策:一对夫妇可以生育两个小孩

全会提出,促进人口均衡发展,坚持计划生育的基本国策,完善人口发展战略,全面实施一对夫妇可生育两个孩子的政策,积极开展应对人口老龄化行动。

(二)精准扶贫,精准脱贫:有效解决贫困问题

"未来5年,我们将使中国现有标准下7000多万贫困人口全部脱贫""确保贫困人口到2020年如期脱贫"。

全会提出,人民生活水平和质量普遍提高,我国现行标准下农村贫困人口实现脱贫,贫困县全部摘帽,解决区域性整体贫困。

全会提出,实施脱贫攻坚工程,实施精准扶贫、精准脱贫,分类扶持贫困家庭,探索对贫困人口实行资产收益扶持制度,建立健全农村留守儿童和妇女、老人关爱服务体系。

今年6月18日,习近平总书记在贵州召开部分省区市党委主要负责同志座谈会上强调指出:"扶贫开发贵在精准,重在精准,成败之举在于精准。"

(三)提高教育质量,普及高中阶段教育,困难学生资助全覆盖

全会提出,提高教育质量,推动义务教育均衡发展,普及高中阶段教育,逐步分类推进中等职业教育免除学杂费,率先从建档立卡的家庭经济困难学生实施普通高中免除学杂费,实现家庭经济困难学生资助全覆盖。

"教育与就业是切断贫困代际传递的关键,阻止贫困代际传递关键在加大教育扶贫力度。"

重视贫困地区人口优生优育和儿童贫困问题,以教育发展和就业帮扶促进减贫脱贫,应促进教育资源特别是人才资源向贫困地区倾斜,切断贫困的“代际传递”,防止贫者从暂时贫困走向长期贫困和跨代贫穷。

当前,应促进教育资源特别是人才资源向贫困地区倾斜,提升贫困地区教育水平。同时,应广泛开展“授人以渔”的职业技能教育,加强对贫困人口的就业帮扶,而且要重视贫困家庭人口优生优育问题,避免因智力、先天疾病等因素导致的贫困。最后,要切实提高贫困地区基层干部和教师、医护人员等人才的待遇,提高工资和津补贴水平,减少贫困地区人才流失,并建立科学的扶贫考核激励措施,引导贫困地区领导干部树立正确政绩观,使他们安心在贫困地区扎根,与当地群众一起攻关克难、脱贫致富。

(四)强化对环境的治理:实行最严格的环保制度

全会提出,加大环境治理力度,以提高环境质量为核心,实行最严格的环境保护制度,深入实施大气、水、土壤污染防治行动计划,实行省以下环保机构监测监察执法垂直管理制度。

目前包括新环保法、《党政领导干部生态环境损害责任追究办法(试行)》等在内的一系列法律法规和文件都是前所未有的严格。

监测垂直管理制度是为了防止地方监测数据作假,其将对地方环境监测站的事权进行上收。这意味着今后可能省以下的环境监察将被统一,如市县的监察大队可改为省里监察大队下派到地区的分队,这样的改革,有助于解决目前基层执法力量薄弱的问题,减少基层执法成本,同时有利于减少地方干预。

(五)广开创业渠道:创业推动大众创业、万众创新

全会提出,激发创新创业活力,推动大众创业、万众创新,释放新需求,创造新供给,推动新技术、新产业、新业态蓬勃发展。促进就业创业,坚持就业优先战略,实施更加积极的就业政策,完善创业扶持政策,加强对灵活就业、新就业形态的支持,提高技术工人待遇。

中国正在走进“大众创业、万众创新”的新时代,这是中国经济发展到现阶段内在的必然的需求。

(六)“互联网+”行动计划,推动中国产业新升级

五中全会提出的两个目标引人注目,一个是网络强国,一个是“互联网+”行动计划。中国毫无疑问是网络大国,互联网规模、网络规模全球第一,宽带规模全球第二,手机用户12亿。我国博客、微博、微信的用户,加起来超过10亿。现在网络基础设施叫有云网端、云计算、互联网,已经变成一个国家最重要的基础设施。过去我们对于基础设施的概念,限于公路、铁路等,现在把网络、云计算、大数

据和端基本成为国家最重要的基础设施的象征。

中国是网络大国但不是网络强国，所以现在从国际社会对网络的争夺来看，网络强不强代表着一个国家的竞争力。这么大国家没有操作系统，在核心技术上不能自主将直接影响到国家的安全。

在公报中还提到，实施“互联网+”行动计划，发展分享经济，实施国家大数据战略。发展互联网经济是当前国家一个产业结构迈向中高端的选择，通过扩大信息服务的内容，给老百姓提供更好的增值服务，创新新业态，为中国未来扩大投资消费，提升老百姓的生活便利和政府的治理能力，都有非常重大的意义。

（七）公平可持续的社保制度受关注

要想避免陷入中等收入陷阱，除了要转变经济发展模式，调整经济结构之外，通过创新来保持我们经济继续增长的强大动力之外，还要高度重视社会问题，特别是高质量的社会保障体系。

现有的社会保障体系，水平很低，质量不高，所以我们要努力实现建立高质量、高水平的社会保障体系。基础是要有足够的财力支持，包括国家财力的支持。

（八）从严治党，着力解决不作为、乱作为问题

全会提出，要坚持全面从严治党、依规治党，深入推进党风廉政建设和反腐败斗争，巩固反腐败斗争成果，健全改进作风长效机制，着力构建不敢腐、不能腐、不想腐的体制机制，着力解决一些干部不作为、乱作为等问题，积极营造风清气正的政治生态，形成敢于担当、奋发有为的精神状态，努力实现干部清正、政府清廉、政治清明，为经济社会发展提供坚强政治保证。

四、“十三五”规划与广西外国语学院的发展

“十三五”规划是国家未来五年的发展导向，是国家上百年的发展定位。这对于高校教育尤其是民办高校教育的发展具有重大的意义。

当前，“一带一路”经济、京津冀协同发展、长江三角洲的区域发展和珠三角的发展等，这些发展走向与我们学校的各种专业、学科和学校的办学理念应该是完全一致的。

（一）践行学校办学理念，打造专业特色品牌

学校的办学理念是什么？学校的校训是：留住中国魂，做好国际人。从这里可以看出学校的主要的办学理念，按照我自己的理解：“国际化、中国魂。”但是，按照学校的发展定位和特色和优势，还有一个也要凸显，那就是：应用型。

1. 整个学校的办学理念是否可以这样理解：应用型、外向型、中国魂。

应用型：不用说，大家都明白。但是，我们要强调的是：实用型是分层次和档

次。有各种各样的层次。即有低技术的,有中等技术的,有高等技术的。所以,不能认为实用型就不用提升,不用搞专业化建设。我们不仅要搞好教学,而且要开展科学研究,提升科研水平。要通过高水平的科研工作推进学校高技术的实用型专业建设。

外向型:东语、西语、国贸、会计、艺术、文学、设计等这些专业,在这些大战略中的地位和作用是非常突出的。作为学校,容纳百川。我们要打造出与其他同类学校不完全一致的特色出来。作为教师和学生,胸怀祖国,放眼世界!

中国魂:指我们的办学“根”是什么?我们办学的魂魄是什么?即热爱中华传统文化,热爱中国共产党,热爱社会主义。

“人心是最大的政治”,心中装着国家,行为为了国家,这样才能使得国家强盛!祖国的利益高于一切!

我们民族在几千年发展历程中,对人类历史的发展做出了独一无二的重大贡献。强盛之时,我们引领、帮助其他民族的发展!但是,近代以来,当我们落后之时,那些曾经得到中华民族帮助的原来落后的民族,凭借着一时的强大,对中华民族进行百般的凌辱,我们不能忘记这段历史!唯有强盛才能免遭厄运!

爱国和爱社会主义在近代以来是一致的。先进政党引领社会发展这是历史的必然选择,是天经地义。中国共产党有 8800 万党员,我们是按照先进性的要求自己和发展自己的,我们是中华民族的先进分子和先进部队。社会主义制度是先进的社会制度,在先进制度下,一方面,社会生产力发展迅速,中华民族用 60 多年走完西方 400 年的现代化进程。另一方面,发展成果所惠及的广大的劳动者、广大的人民群众。五中全会提出“共享发展”的目标,这是人类其他民族不可能想到的,不可能做到的。习主席说:我们现在比过去任何时候都更加接近中华民族伟大复兴的目标!坚持这样的先进政党的领导和热爱这样的先进制度有错吗?没有错!所以,我们说,要培养造就千百万社会主义接班人。

有些人说,我爱国,但是我不爱社会主义,这是荒谬的!这是一个伪命题!那种把爱国与爱社会主义对立的观点是错误的。我们讲坚持共产党领导,坚持社会主义制度要大胆!要理直气壮!不存在着输理的问题!

爱国是无须给出理由的!祖国在学校心中,在教师心中,在学生心中!

作为教师和学生,胸怀祖国,放眼世界!

爱校呢?爱校与爱国是一致的,爱校是爱国的具体表现!在中国魂指导下的教师,心中爱校,在中国魂指导下的学生,心中装着学校!

在学校办学理念指导下,我们要加强专业建设。专业要突出我们的专业特色。就是说,我们的专业和我们培养的学生的明显的与众不同的特色在哪里?比如说:东语和西语跟其他学校比,你有什么特色? 国际贸易、工商和会计:有什么特色? 艺术有什么特色? 文学有什么特色? 专业知识的课本都一样,但是,各学校的毕业生有自己的特色。

广西民族大学:培养少数民族干部很有特色。在广西各地市的领导干部中,民族大学的比例蛮高的。自治区省级领导干部中,也有很多。广西民族大学讲究"行"和"操守"的培养,这一点很有成效!

我们也要这样坚持!

2. 我们的举措

学校专业"应用型"特色方面:主体展现"行"的方面,出"彩"。这一点,好些学科开始打造品牌。艺术学院毕业汇报演出周,强化"学、训、展、行"有特色。最近,在国际大赛中,还取得了第一名的好成就,不简单。文学:读研写演有特色。欧美学院将一些西方名著班上舞台。学校的舞台展现很多"行"的东西。

在外向型方面:主动走出去。学校是这样,教师是这样,学生也是这样。在桂台合作、桂东盟合作、桂欧合作方面都有起步。在海外就业和创业方面,创造了一些其他高校不曾有的先例。

招收学生:招国际学生;招收教师,也要招国际教师:有国际学术背景的归国人员,在国内就读的国际留学研究生等。

在中国魂方面:我发现我校的学生爱国意识非常强烈,现实转化为争取为学校做点贡献!

上述这些,许多都有了初步创造,下一步加以提炼和升华,创出本专业、学科的品牌!

(二)文明守纪,行为示范

1. 文明

人类创造的物质财富和精神财富的总和,一般特指精神财富。人类进入现代化之后,它与现代化相联系。

当下对文明的拓展方面:物质文明、精神文明、政治文明、社会文明、生态文明。我们的行为要与社会的五大文明相契合才行。文明的实现与纪律的规范是一致的。没有纪律的要求,这些文明就无法实现。我们所从事的行业要符合经济制度和经济发展的规范,我们要在社会既定的政治文明下,享受政治文明的成果,实现自由和民主等。我们在社会中要遵守社会行为规范和社会公德。我们要维护生态环境。教师文明守纪,学生也会文明守纪。这里要强调教师、学生要遵守学校的纪律。

2. 纪律

这是老话题,又是新话题。老话题就是每次开会都讲,每次培训都说。各级干部的每次学习都讲这个问题。但是这个问题都不是能够一次解决好的。

所谓新问题就是违纪行为在不同时期都有不同程度的出现,花样繁多,翻新频繁。为了违纪,各种理由都有,永远说不尽。

2015 年 12 月 12 日,习近平总书记在全国党校工作会议的讲话中,强调:实现全面建成小康社会奋斗目标、实现中华民族伟大复兴的中国梦,关键在于培养造就一支具有铁一般信仰、铁一般信念、铁一般纪律、铁一般担当的干部队伍。党校承担着为领导干部补钙壮骨、立根固本的重要任务,必须坚持党校姓党这个党校工作根本原则,更加重视干部教育培训工作,切实做好新形势下党校工作。这是讲政治纪律问题！习主席的强调是有针对性的！

毛泽东同志说过:纪律是执行路线的根本保证！

这里讲四种纪律:时间观念,岗位规范,政治纪律和汇报纪律。

时间观念:每一个岗位有自己的时间观念。

在教师岗位的,有课的,按课堂的要求上下课。按照课程的规范和教学大纲的要求,上好课;守住政治底线。没有课堂的时候,备课,搞科研。

在行政岗位的,按照行政规定的上下班时间按时上下班。按照岗位的要求,按时按质量完成自己岗位要求的相关工作。按照政治纪律的要求,保守岗位的秘密,守住政治底线。

在特殊岗位的,按照特殊岗位的要求,完成自己的工作。

汇报纪律:有事请假。这是一般常识,是天经地义的。请假汇报制度,这是任何一个组织都必须强调的、执行的。两个学生都没有到课堂,但是,请假与否反映两个学生的素质。请假者,素质优秀,文明礼貌。不请假者,素质就另当别论了。教师行业更应该执行这一条。

我们崇尚的文明守纪等,这种价值取向符合社会大多数人的价值取向程度。

3. 行为示范

这在师范院校的教育中,可能讲得较多,在非师范类的高校,讲得相对少些。但是,它是教师岗位的基本要求。

"行"指什么？做事。世间的事就多了,过去说,360 行,现在上百万行！

"为"呢？过去,"行""为"一般是连在一起的,指做事。其实,"行为"可以分开来论。"为"分解的话,就是做事的出发点。做事为了谁？属于价值观的方面的内容。为自己、为他人、为社会、为国家？一提到这个问题,不少人自然说,为自己做事,做事就是为了工资！这有错吗？当然没有错！但是,不完全！做事固然要拿工资,但是做事不光是为拿工资。这样理解,没有考虑做事本身对他人、社会和国家的效应,低估了自己的能量。爱因斯坦说过:“一个人对于社会的价值首先取决于他的感情、思想和行动对增进人类利益有多大的作用。”他说得多好啊!

我们知道,人本身就是在做事中成长和成就人生的。我们做事不仅事关自己,更是事关他人、社会和国家。做好了,正能量大了,对他人、社会和国家起的正效应就大。反之则反。

人们常说,要追求做大事,不要追求做大官!做大官,谁都知道,级别高的岗位。但是这样的岗位数量是有限的。级别高的,当然可以做大事。但是级别低的,是否可以做大事呢?我想:社会中正能量的职业、行业都是社会需要的,都是大事业,正事业!比如教师。一个教师给100个人上课,这一百学生就涉及100个家庭,100个学生毕业从事各种行业,他所面对、服务的又有多少人,可以说是涉及千家万户!教室的职业就是大事业。大事就在我们身边,每一个人都有机会做,并把它做好就是大事!只要你愿意和投入。

“示”:公开的,给人看的,给人评判的,给人学习的。

“范”:楷模,标准,标杆。

5. 教师第一步就要给学生做楷模、做标杆!在纪律遵守、学习研究、为人处世等方面做出示范!

(三)以岗位建设推动学校发展,实现个人发展

1. 什么是发展?

(1)发展的变迁。一般讲发展,自然是想到经济发展。其实这不完全。发展是全方位的发展。政治、经济、文化、社会、生态文明等。十八届五中全会对发展提出新内容:创新发展、协调发展、绿色发展、开放发展、共享发展等。并赋予他们相关的科学内容。

(2)我们从经济上着理解发展的精髓。从经济上讲:发展是数量的增加和质量的提升。规模和质量都上去才算发展。

这一思想在其他方面诸如政治、文化、社会进步等,其精神实质一致。

政治上强调文明程度:多少人文明守纪;多少人文明参与政治活动,关心政治工作。民主政治进步程度,国家的政治制度文明程度。

(3)个人的发展。第一,身心健康;第二,个人事业的成长。思想、行业成就(上课水平,科学研究能力,学术前沿的掌握),文明守纪等,价值取向符合社会大多数人的价值取向程度。

2. 学校的发展

学校的发展含义。总的说来,就是:学校的内涵建设得到提升。我们的学生

适应社会需要，得到社会的认可；学校的教学科研质量在同行中有影响，有成绩；学校的办学特色方面强化和弘扬；学校的专业建设在同行中引领专业发展方向；学校的学位体系逐渐得到完善；学校党政规范彰显民办的特色和优势。

3. 岗位设置

岗位设置有哪些，规模多少？才有利于个人的发展？学校的发展怎样才与学校的办学特色联系起来？

学校的岗位设置类型和规模与学校的发展有直接联系。

关于岗位设置的科学性，不少学者进行了科学研究。但是专门就中国民办高校的岗位设置，专门研究毕竟还少。

岗位设置类型：从类型来分，分三大类，教师岗位、管理岗位和工勤岗位，有些学校还设置专门的研究岗位。

教师岗位：学校职数最多岗位。学校大概有680多教师，其中全员职工480人左右，兼职近200人。按照公办本科的要求，1:20计算，专兼加在一起的话，达到那样的要求。

管理岗位人员：学校层面所有的岗位人数80多人（党政一起。不含后勤集团人员），学院层面的人数60～70人。辅导员属于教师岗位的编制，30人。学校管理岗位人员一般是一人两岗或者三岗，人数比较精简，办事效率比较高，人员得到锻炼机会多。

在学校的起步发展阶段，这样的比例和人数还是适应的。

未来的发展的话，就要适当提高师/生比例。尤其是在"十三五"规划的这五年，学校的发展规模可能就会达到天花板的水平，比如20000在校学生。以后，只要把这20000在校生培养好，那就是最大的成功了。学生的成长成才，就是教师最大的成就！

教师岗位目前是什么一种状况？一是，教师队伍不够，加上兼职人员毕竟在校时间有限，服务时间有限，未来必须引进一些人才。怎么引进？军旅人员、公办高校退休教师、公办高校有学术造诣的下海人员、新招聘人员（重点是省外高校毕业研究生、海外有学术经历尤其是有硕士学位以上者，国内就学的国际毕业留学人员）。二是，校内全院人员的能力提升：深造提高学历，科研提升素质，培训拓宽视野。

教师岗位的设置也以专业有关。专业要及时调整，有前途的专业要发展，没有前途的就要淘汰，增加新的适合学校特色专业。二级学院在这方面要有新思维！

管理岗位将随着学校的发展和对外业务的扩大，适当调整和增加。

4. 以岗位建设推进学校和教师个人的发展

设立岗位,就是给就岗位的同志一个展示自己才华的机会,我们要把握好这个机会。

管理岗位的同志,研究所在岗位的规律,既提高了行政效能,又提高自己的业务和研究能力。

作为教师自己来说,要勤于教学、勤于科研,“教”“研”并重。现在,有些教师的教学任务太重,比如不少教师每周达到 24 ~ 30 节的,或者更多,不利于自己科研工作,不利于自己能力的提升发展。这里面要做好调整。现在,职称评定有可能民办高校自己评,教育主管部门给政策。但是,这些政策还是有一定的质量的,以副高级职称来说,两篇核心文章、主持省部级课题、获得省部级奖励等这些条件还是要讲究的。好处在于:达到规定的条件,就可以了。这些,都要我们平时长期积累!

辅导员队伍:研究学生管理、教育和学生能力拓展的问题,在研究中提高。

(四)加强平台建设,提升学科水平

现在,资金不足是制约学校发展遇到的瓶颈问题之一。办大学,国家要给以支持,这是肯定的。民办大学,这对于国家来说,是一个新生生物。广西更是新事物。

资金问题,是社会大多数大学都遇到的问题。哪些大学资金最充裕?在我国而言,这里有两部分,一是国家部委办的学校,资金充裕;二是发达的地方大学,如北京市办的大学、上海市办的大学、广州市办的大学、深办市的大学等,这些市经济发展迅速,地方政府支持的力度很大,在许多方面超过国家部委办的大学。

作为新生事物,过去,政府对民办的大学拨款不多,份额不大。

讲到我们民办大学,就不能不想起西方的私立大学。我们的民办高校与西方的私立大学不一样。西方的私立大学其实就是政府办的大学。哈佛和耶鲁大学就是这样。

哈佛大学:最早是培养牧师的学校,主要是为了摆脱英国统治。最早由联邦法院拨款 400 英镑办的,分两年拨付。最早的情形就是:一个校长,一个教师,一个学生。建校前 80 年,共计培养 380 个学生。年均毕业 5 ~ 6 个。她的董事会是第一任校长建议成立的,董事会是管理学校,聘任校长的。但是董事会成员不是投资者。监事会是监督者。教授会是管理学校教学的。

耶鲁大学也是一样。耶鲁大学最初是叫联合学校,由联邦法院拨款建设的。耶鲁大学办学遇到困难的时候,校长对一个公司的名叫耶鲁的老总说,你捐款,我们的学校就以你的名字命名。耶鲁总经理真的就将他最近一次与中国进行船舶生意获得的钱全部捐了出来。校长不食言,真的就将联合学校改名为耶鲁学院,后更名为耶鲁大学。

这些私立大学经费来源:募捐、学生学杂费、国家拨款用于国家项目(科研项目、平台项目)建设经费。国家部分占 1/3 ~ 1/2 水平,是主体之一。

未来,我们的民办高校,按照教育公平的原则,应该享受到一些有利政策。如生均拨款部分,数量不一定有公办的多,但是不可能一点都不给。还有,平台建设、科研项目部分,等等。

下一步,要解决经费不足的问题,很重要的一条,就是大量申报项目、平台。国家支持就是这样的支持。作为教师和管理人员,要积极申报这些项目、平台才行。申报工作就是提升素质的途径。只要认真申报过项目、平台等的同志,就会感觉它的意义所在。可以说,我们的大学者们,出道成名前,哪一个不是填表专家?要填好一份表格,要花很多功夫的。这是一种锻炼,一种经历。成名之后,哪一年不在填写表格,检查、评审表格?

有了平台、项目,学科发展就有了平台,教师科研经费、培训经费、学习经费、出版经费等就会有出处。这样,学科发展就有了保证和方向!

“凡是过去,皆为序章。”广西外国语学院十多年的发展成就显著!广西外国语学院这个大家共同奏响的这个序章为后来的发展所做的奠基是扎实的、深厚的、有发展潜力的!

国家未来的发展,习近平总书记的判断是:“时和势总体于我有利,我国发展的重要战略机遇期仍然存在。”这一思想对于民办高校来讲,更有积极的现实意义!

古人说过:“来而不可失者,时也;蹈而不可失者,机也。”把握历史机遇,赢得决胜五年,时不我待,事在人为。

既然你我的努力对国家、民族、学校和自己都是不可或缺的,那么我们还有什么理由不努力呢!大家共同努力吧!

广西外国语学院的明天会更加美好!

开展批评与自我批评　推进作风建设[①]

2016 年 1 月 5 日

各位同志：

2015 年，在全体委员共同努力下，学校党委按时按质按量完成了上级党委交给的任务和学校党委的计划任务，成效是显著的。对此，我代表学校党委对大家的努力工作表示感谢！向支持学校党委工作的全体师生员工表示感谢！

刚才，各位同志都从政治、思想、组织、纪律、作风和学习等多方面指出了自己过去一年中存在的问题，并深挖存在这些问题的原因。参加会议的其他同志分别对每位委员进行了实事求是的批评教育。各党委委员、纪委委员认真听取并虚心接受参加会议的各位同志对自己进行的批评教育。整个民主生活会严肃、热烈、和谐，达到了预期的目的！

大家知道，批评与自我批评是中国共产党的优良作风，是我们党的优势和特色。通过民主生活会的形式，认真开展批评与自我批评，既是搞好党建工作的重要方式，也是对广大党员进行马克思主义理论教育、提高党员素质的有效形式。为此，我们要定期地召开民主生活会，好好拿起批评与自我批评的有效武器，以此促进党建工作有序开展。

对于如何开展好 2016 年的工作，我对各位委员提出五点要求。

第一，加强理论学习，提高理论水平。2016 年，我们要继续认真学习十八大、十八届三中、四中、五中、六中全会精神，特别是要学习习近平总书记的管党、治国、理政、强军、外交等多方面重要讲话精神，并把这些精神贯穿到各自的岗位工作中去。通过这些学习，夯实自己的理论基础，厚实自己的理论底气，开阔自己的理论视野。

第二，加强纪律建设，提高明辨是非能力和工作效率。加强纪律首要的是要与中央保持高度一致，讲规则、讲大局；对不良现象要坚决抵制，对于不良言论要

① 2016 年 1 月 5 日在学校党委召开民主生活会上的讲话。

坚决批评;要增强自己政治纪律感、政治责任感;作为领导干部,要按照岗位职责的要求,遵守工作纪律,按时按质完成本职工作,并要做好表率!对违背纪律的言行,要及时坚决给予纠正。

第三,加强沟通协调,提高学校党委的整体效能。学校党委的各部门之间要共同协调,分工不分家,需要之时,要互相配合,共同完成党委的工作。

第四,践行学校的校训,培养合格的接班人。"留住中国魂,做好国际人"的校训体现了社会主义核心价值观精神实质。我们的大学生,要在心中筑牢中国魂,要爱国家、爱民族,心中要确立国家和民族的利益高于一切的理念。毛泽东同志指出:思想政治工作是经济工作和其他一切工作的生命线,离开了思想政治工作,其他一切经济工作就会走向邪路上去的。这是千真万确的!党委是管思想政治工作的,思想政治工作是管思想的、管大方向的。一句话,就是管"魂"的。只有筑牢了中国魂,才有可能做好一个真正的国际人。世界上的国际人,都有自己祖国和民族的,都爱自己的祖国和民族的!这样,才有根基,才有支点!不爱自己祖国和民族,就等于没有根、没有支点,那样的话,是做不好国际人的。

第五,关心时事政治,热心服务学校发展。作为中华民族的一份子,关心国家大事是义不容辞的。关心国家大事是我们的工作符合中央的精神、推进学习创新发展的保证。2016年是十三五的开局之年,国家推进"一带一路"倡议、京津冀协同发展战略、长三角发展战略等的实施,这对于以外语语言类、经贸类、文学艺术类见长的我校的创新发展具有引领作用。各位委员要从热心服务学校发展的角度,学习和研究国家的产业政策导向、国家的发展战略等,为学校的发展贡献自己的力量。

学生干部应该成为学生行为的模范[①]

2016 年 3 月 8 日

各位学生干部：

昨天是女生节、今天是三八节，在这里，我向在座的各位女同胞表示节日的祝贺，祝你们节日快乐！同时，向全体学生干部，并通过你们向全校的学生问好，祝愿大家新学期学业进步、生活愉快！

我来校工作已有半年多了，可能以前和大家打过照面，但是还没有正式与大家进行交流。对大家可以说是不熟悉的，不熟悉就影响工作的开展。与青年学生一起工作是一种荣幸，年轻人的想法多、富有活力、朝气蓬勃，好像八九点钟的太阳，与年轻人一起工作，感觉自己年轻许多。今天，借着新学期开学的机会，与大家见见面，就相关的一些问题进行交流。

从什么地方开始呢？开学初的学校工作布置大会上，我曾就学校的印象谈了自己的看法，今天，我也从学校的印象谈起，因为，学校的印象大家都熟悉，与大家就有了共同语言，谈起来比较方便！大家对学校的印象大家各有各的看法，但是通过交流，可以使得大家的看法接近一致，这对于未来大家进一步开展交流有所帮助。

广外在我心中的印象是怎样的呢？我用三首诗词从三个方面描绘我的初步看法，供大家批评指正！

首先，广外的气势：

大爱锁大江，检阅大风浪。
滋润青山坡，共育国栋梁。
师生齐奋进，发展显锋芒。
大爱创新意，跨越太平洋。

其次，广外的内涵：

---

① 2016 年 3 月 8 日在与学生干部见面会上的讲话。

“五外”理念广外春，众“外”彰显中国魂。
十年垒土夯基础，百年创业国际人。
台港东盟迈健步，欧美非洲做后顿。
东方风雨育春苗，科学真理定乾坤。
再次，广外的历史
茶后梳妆东方行，琅琅书声相迎。
放大瞳孔聚焦看。
留住中国魂，做好国际人。
查看书库精记录，菩萨神仙常住。
神笔着手谱新曲。
典章菩提下，道成太阳情！

一、广西外国语学院是一所美丽的学校

不知大家是否感觉我的表达是否有些道理？由上述的印象，我认为，广西外国语学院是一所非常美丽的学校。

学校的美丽体现在以下六个方面：

第一，有魅力。为什么？太阳都聚焦关注我们，难道没有魅力吗？这是肯定的。大江大风关怀着学校，难道没有魅力吗？我们这个地方就是神仙常住的地方，魅力是肯定的。现在又加上我们学校在这里，又增加了它的魅力的内容了。从这里出去的，都将是国家的栋梁！

第二，有能力。十年时间，达到13000多大学生，速度之快，是世界大学历史上少见的。没有能力是办不到的。我曾经看过哈佛大学的校史，他们前八十年才培养380个学生，每一年5～8个。你看，我们的速度发展是哈佛早年没法比的。

第三，有潜力。学校现在已经有近30个本科专业，这些专业大多数已经建设多年，为未来的发展打下了坚实专业的根基。不仅如此，学校在基础平台建设方面，已经打通了通向世界的桥梁。比如说：与台港澳合作、与东盟合作发展等有了相当的基础。我们学校是非常年轻的现代本科大学，由此也就决定我们学校的潜力是非常巨大的。

第四，有活力。学校生机勃勃。每一天早上，书声琅琅。惊动和吸引了太阳。我听过许多班级的课堂，感觉同学们的精神非常饱满、富有活力、意气风发，正处在毛泽东同志当年所讲的那样，属于“恰同学少年”的时候，风华正茂！

第五，有定力。学校秉承自己“留住中国魂，做好国际人”的校训，按照自己的特色，稳步发展。不为外界所干扰，积极上进，奋发有为，在大风大浪中，大踏步迈着自己的台阶,阔步向前。

第六,有凝聚力。我们董事会要求要办百年大学,这个百年不是一百年而已,而是以百年为单位。学校就好像一块大的磁石,吸引着社会!吸引着你!吸引着我!

这些能力,与大家的努力是分不开的。

二、你们要成为“六种能力”的学生

能够在如此美丽的学校学习,是同学们的福气。作为学生干部,首先要成为一个好的学生,才能当好学生干部。好的学生标准是什么?那就是德智体几方面都得到发展的“四有”新人。从广外来讲,具体表现在“六种能力”上。

第一,朝着“魅力”方向迈进,成为有魅力的学生。你们要加强自己的内在修养,提高自己的身心素质,展现自己的风貌。

第二,要培养自己的能力,成为能力强的学生。你们要通过参加课堂学习、课外实践、志愿者活动和学校的建设,不断提高自己的综合能力。

第三,要努力打造自己内在的潜力,成为有潜力的学生。你们要广泛吸收科学知识,增强自己的科学素养,成为多学科、多专业的多面手,为明天自己的发展创造条件。

第四,要胸怀祖国、胸怀学校、胸怀同学,放眼世界,拓展自己的视野,成为有活力的学生。

第五,树立和坚定自己的理想信念,成为有定力的学生。你们不要被外界的噪声、杂音所干扰,定下心来,按照自己的目标迈步向前。

第六,通过“行为端庄,文明处事,果敢向前”,历练自己成为有凝聚力的学生。

三、学生干部要成为“六个”模范

为了把学校相关工作做好,作为学生干部,要成为以下“六个”模范。

第一,遵守学校纪律的模范。学校的纪律要靠大家共同遵守,学生干部就要成为遵守纪律的模范。早上的早读不断线,要靠各年级同学来执行和坚持。各年级的早读形式不一样,但是,早读、晨练是必须的。必须按照专业培养的要求共同完成。

第二,努力学习的模范。所谓学习,首先是学习马克思主义理论,学习中国特色社会主义理论,通过理论上的成熟,增强自己明辨是非的能力。其次,学习科学文化知识,提升自己服务社会的能力和水平!这里不是要大家每一科的成绩都要达到全班的第一名或者前几名,而是说我们的态度要端正,起到模范带头的作用。

再次,学习研究社会问题,研究做好工作的本领。最后,要善于总结经验,从中吸取教训。经验要靠总结,不总结就没有经验,要从经验中吸取正能量!要从经验中辨明负能量,规避负能量!

第三,爱护学校的模范。学校的美丽不是从天上掉下来的,是学校每一位职工、同学共同努力的结果。学校的环境卫生、环境绿化、公共场所的清洁、学校的荣誉等,都离不开大家的共同栽培。除此之外,宿舍清洁、教室清洁、宣传栏的装点、网络的净化等都是需要大家付出的。

第四,行为文明的模范。你们的"做"和"行"都是学生的榜样,它体现在课堂内外、校内校外、户内户外、话内话外等各种环境和场域。"言"为心声,我们要"言"正能量,不要"言"负能量。"行"很重的方面就是加强"身""心"的锤炼。"身"就是身体,身体是革命的本钱,没有好的身体,什么也谈不上。"心"是指心理健康,要成为心理健康的人才!这里就需要大家相互监督,自觉接受监督。监督是一种职责。只有大家互相监督,我们的成长才会有保证。因为,人是有"向上性"和"向惰性"的,监督就可以促进"向上性"的发展。缺乏监督,"惰性"方面就有可能出现。

第五,团结同学和关心他人的模范。学校的凝聚力等都离不开同学们的团结互助,有了团结才有凝聚力,一盘散沙是没有凝聚力的。讲团结、讲奉献、讲大局,学校的凝聚力、班级的凝聚力、个人的凝聚力才会增强,个人的魅力才会得到充分的展现。

关心他人历来是中华民族的传统美德,这一点在广外得到充分的体现。南宁精神强调"能帮就帮,敢做善成",这一思想正是中华传统文化的重要体现。学生需要帮助的时候,我看见我们的同学尤其是学生干部表现得非常优秀,值得肯定,未来要进一步坚持和完善。

第六,奋发向上的模范。学校的发展有待于大家奋发向上,共同努力。从学生这一方面说,学生干部是先锋,是带头人,是领头雁!

同学们,先前,我谈了学校的初步印象,是从大范围讲的。这两天,我仔细观察,我们学校的多种能力与学校校园的布局分不开,尤其是与我们的广场、大楼分不开。学校主要的广场、大楼的建设与布局体现学校的特点,对学生良好素质的养成有积极作用。为此,我按照"如梦令"的词牌,填了一首相关的词,展现给大家看看,是否表达得妥当?

如梦令

明德、大智、大成，广场大楼相生。
场阔楼高深，修身聚力凝神。
心诚，心诚，得道须报母恩！

学校三个大的广场、三栋大的教学科研大楼，同在一条线上，依次连续平步青云向上，每一大广场后就是一栋大楼，广场和其相应大楼名字是相同的，这些广场、大楼的名字依次叫作明德广场、明德大楼，大智广场、大智大楼，大成广场、大成大楼。这样的布局表明他们是相生相护相照的，这是一种奇特的现象。广场宽阔，每一个广场都曾经举行过大型的各种庆典活动，毕业生招聘会、升本成功庆典盛会、毕业生毕业典礼、新生开学典礼、学生军训及阅兵仪式等都在广场举行。大楼高深，每一栋大楼都有宽阔的大殿，这些大殿能够容纳成百上千的学生，宽深的大楼能够广聚人气。2015 年冬，在大智楼的大殿就成功举办了学校大运会的闭幕式，这在高校发展史上恐怕是没有先例的。能够在这样的环境中，修身历练、学习思考、凝神远望，成就是可以预见的。

各位学生干部：朱桂玲董事长在由文学院学生组织编写的《广外印象》第一卷的扉页中写道："不管你们是耀眼的花朵，还是无闻的绿叶，你们永远是母校的孩子！"这句经典里面包含的内容非常丰富，意义深长！她的第一层意思是广外永远是你们母亲，做你们的后盾，是你们的家！她的第二层意思是你们要把广外当成自己的母亲、自己的家！广外是一个太阳，你们就是一个个小太阳，广外这个太阳光亮如何，就是靠大家共同来照亮！

因此，我们要有"太阳情"！把自己的光和热奉献给学校、社会、国家！你们的一言一行，都是广外的形象！把爱自己、爱学校、爱国家紧密地联系起来，做一个有作为的当代大学生！做一个有作为的广外人！

这一点，马克思为我们做出了好榜样！

马克思在青年时就曾经说过：

"如果一个人只为自己劳动，他也许能够成为著名的学者、大哲人、卓越诗人，然而他永远不能成为完美无疵的伟大人物。"

"历史承认那些为共同目标劳动因而自己变得高尚的人是伟大人物，经验赞美那些为大多数人带来幸福的人是最幸福的人。"

"如果我们选择了最能为人类幸福而劳动的职业，那么，重担就不能把我们所压倒，因为这是为人类而献身。那时，我们所感到的就不是可怜的、有限的、自私的乐趣，我们的幸福将属于千百万人。我们的事业是默默的，但她将永恒地存在，并发挥作用。面对我们的骨灰，高尚的人们将洒下热泪。"

马克思确实就是按照他自己所讲的做了,他所奉献给人类的是他所开创的革命事业,他的精神、思想和业绩将是永存的!

各位学生干部,历史告诉我们:我们只有把自己的个人成长与国家民族的发展结合起来,在民族复兴的伟大事业中、在学校的发展中成长成才,才能成就自己美丽的人生!

我坚信,大家一定会这么做的!

坚定理想信念，做好岗位工作[①]

2016 年 3 月 8 日

各位领导、老师：

下午好！

今天是三八妇女节，在这里，我代表学校党政领导，向广大的妇女同胞致以节日的祝福！

人类社会的发展、中国特色社会主义伟大事业的发展、广西外国语学院的发展，正是由于得到广大妇女同胞的共同努力才显示出她勃勃生机！你们辛苦了，谢谢你们！

今天我们在这里举行学校中层领导干部培训学习，由我和大家一起讨论理想信念教育问题。目的只有一个，就是坚定理想信念，做好本职工作，为学校的发展做出贡献，为自己的人生写下美好诗篇！

理想信念是一种特殊的人类精神，深藏于人的灵魂深处，制约着人的生活目标、价值取向和行为规范。它是世界观、人生观和价值观的集中体现，对于个人优秀品德的塑造，对于国家的繁荣富强和民族复兴大业，具有方向引领和动力支撑的重要作用。当前，举国上下都在致力于“中国梦”的伟大事业，加强理想信念教育，坚定理想信念，对于我们在新形势下进一步加强和改进以理想信念为核心的思想政治教育，树立社会主义核心价值观，意义特别重大。

为着说清楚理想信念教育问题，下面结合本学期工作要点，从几方面来阐述。

一、理想信念的内涵

关于理想信念及相关概念的内涵，多年以来学术界就进行认真研究，根据吴潜涛教授、刘建军教授等专家学者的研究结果，有下列一些共识。

---

① 2016 年 3 月 8 日在学校师德教育培训班上的专题讲座。

1. 理想

理想，按照现在理论界的共识，它强调的是对未来事物的美好想象和希望，是人们在实践过程中逐渐形成的、有现实可能性的、对未来社会和自身发展的向往与追求，是人们的世界观、人生观和在奋斗目标上的集中体现。对现状永不满足、对未来不懈追求，是理想形成的动力和源泉。

翻开中国几千年文明史，现在所讲的“理想”，她与历史上所强调的“志”是同义的，他们都是指人生追求的奋斗目标。人生追求，是一种对未来的期盼和希望，它与现实有着直接的关联性。人们对未来的追求，多种多样，有离奇古怪的，有毫无根据的空想，有虚无缥缈的幻想。但是，作为理想的追求，与空想或幻想是根本不同的，它是人们在实践中逐渐形成的、有可能实现的、对未来社会和自身发展的向往与追求。这一点，在《辞海》中就有明确的解释：理想是“同奋斗目标相联系的有实现可能性的想象”。

作为一种有实现可能性的想象，它有着真善美的品格，是一种美好生活的向往和期待，它同经济社会发展的规律相一致，同大多数人的根本利益相符合，与那些庸俗、消极、腐败和丑恶的东西是根本不同的。

2. 信念

信念同理想一样，同样属于人类特有的一种精神现象，是人们在一定认识基础上确立的对某种思想和理想坚信不疑并身体力行的精神状态。在社会实践活动中，当人们确信某种思想见解或理论主张属于真理性的范畴时，就会将其付诸实践，这就表明人们形成了一定的信念。

从上推理可知，一方面，信念中包含着认识。人们如果没有对一定的思想和理想的认识，就没有相信的对象，也就不会有信念。但认识并不等于信念，它只有与人的感情紧密联系在一起时，才能构成信念。哲学大师罗素强调：信念“是由一个观念或意象加上一种感到对的情感所构成的”。这里明确表明，光有观念或者意象还不行，还必须对某种观念或者意象有“感到对的情感”才行，这是信念形成的关键。

另一方面，信念不仅仅是内心的相信，而且要表现为现实的具体的持续的行为和实践。离开了人们的社会行为和实践，离开了坚持不懈的身体力行某一相信对象的实践活动，所谓的信念都是空虚的。因此，信念是一个复合性整体，是人的认识、情感、意志和实践的统一体。

3. 理想与信念关系

理想和信念这两个概念含义非常相近，不可分割。两者有相互交叉之处。理想离不开信念，信念离不开理想。理想是信念的方向，信念是理想的基础。

当理想作为信念时，它强调人们确信的一种观点和主张；当信念作为理想时，它是与奋斗目标相联系的一种向往和追求。

但是，理想和信念各自的侧重点和作用是不完全相同的，各自具有各自的理论范畴，因而，是不能完全相互代替的两个概念。

理想重在标志人与奋斗目标之间的关系，主要是指向未来的，为人们的行动指明方向；而信念则重在标志人对事物、观念的看法和态度，主要是面对现在的，为人们的行动提供精神支持。

4. 理想信念

从字面上看，理想信念这一概念是由"理想"和"信念"这两个概念结合在一起形成的一个复合性概念，但在内涵上绝不是这两个概念含义的简单叠加，它具有特定的意蕴。

首先，理想信念强调了理想和信念中两个基本方面的有机统一。

理想信念有别于理想也有别于信念，它既注重对未来奋斗目标的执着追求，又注重现实生活中人们应秉持的信念支撑，实现了对理想和信念的超越。

在理想信念这一有机统一体中，人们向往和追求的理想目标成为人们确信的观点、主张、思想或事物，成为人们现实生活中的信条而不倦笃行，也就是说，理想和信念必然地联系在一起、交融为一体。

其次，理想信念是最高层次的理想和最高层次的信念的有机统一。

按照理想信念的划分，有个人的理想信念、有国家的理想信念；有一般的理想信念，有特定的理想信念。个人的理想信念受到国家理想信念的指导和规范，特定的理想信念受到一般性的理想信念的规范和指导。

但是，必须强调的是，作为党的思想政治教育核心内容的理想信念，在学校教书育人的理想信念，不同于我们日常生活中所说的一般意义上的社会理想信念，它是有其特定具体含义的。正如吴潜涛教授指出的那样：这种理想信念中的理想，不是一般意义上的理想，而是在理想整体中居于最高层次、对其他类型的理想具有重要制约作用的理想即社会理想。这种理想信念中的信念，也不是一般意义上的信念，而是在信念整体中居于最高层次、对其他类型的信念具有统摄功能的信念即信仰。

因此，可以说，社会理想信念是把一种未来的社会蓝图视为最高价值，高度地信服和敬仰，并以之统摄自己的精神生活，作为自己的精神寄托，矢志不渝、自觉追求的精神状态，它是对于一定社会理想的自觉认同和执着追求，是世界观、人生观和价值观的核心和集中体现。

再次，理想信念与信仰马克思主义结合在一起，推动中国社会的向前发展。

我们的事业是在领袖集团带领下完成的,领袖人物历来就把理想信念与马克思主义联系在一起的。

毛泽东同志曾批评那些表面马克思主义,背地里非马克思主义的人。他说“有些青年,仅仅在嘴上讲其信仰三民主义,或者信仰马克思主义,这是不算数的。……陈独秀不是也‘信仰’过马克思主义吗?他后来干了什么呢?他跑到反革命那里去了。张国焘不是也‘信仰’马克思主义吗?他现在到哪里去了呢?他一小差就开到泥坑里去了。”

邓小平指出:“我们多年奋斗就是为了共产主义,我们的信念理想就是要搞共产主义。在我们最困难的时期,共产主义的理想是我们的精神支柱,多少人牺牲就是为了实现这个理想。”“对马克思主义的信仰,是中国革命胜利的一种精神动力。”

从以上论述可以看出,在经典作家那里,理想信念总是同信仰马克思主义、社会主义、共产主义这些闪光的字眼结合在一起,它和科学的理想信念的含义是相同的。

中国共产党的理想信念坚定,在朝鲜战场就让美军感受到了。美军有人对中国军人这样的评价:“中国的军人,面对美军炽烈的火网就像不在意似的,第一拨倒下,第二拨跨过尸体继续前进,还有第三拨、第四拨……他们战斗到最后一个人的姿态就像殉道者似的,这大概不是因为命令和纪律,一定是信仰,他们信仰共产主义,憎恶帝国主义,这已经进入他们思想的深处,不,已经深入骨髓。”

这就是中国军队与美国军队最不同的地方。他们为民族复兴、国家的繁荣富强做出了自己的贡献。这些军人中,部分同志在战场上就已经为国捐躯了,但是他们的光辉是永存的,会一直照耀后人的。

6. 理想信念的特征

(1)复合性

理想信念内涵理想、信念的内涵,又具有二者不曾具有的内涵,具有复合型。在理想信念的鼓舞下,人们的意志是坚强的,行为是坚决的,而且始终不渝。表现出理想信念的复合型。

(2)稳定性

理想信念是人们在长期的人们实践中逐步形成的,一旦形成,是不会轻易改变的。一定的思想观点成为一个人的理想信念,除了经过理智上的反复认识和深刻认同外,还有感情上的强烈支持。因此,它的稳定性就表现出来了。

(3)执着性

执着性不只是指理想信念稳定性,而更多地指具有坚定理想信念的人的精神状态和行为状态的稳定性。当一个人抱有坚定的理想信念时,他就会全身心投入理想信念所要求的事业中去。精神上高度集中,对自己相信和追求的事业全神贯注,态度上对自己的事业充满高度的热情,而且在行为上坚定不移、始终不渝。应该说,这正是对待事业和生活的应有态度。只有投身于生活的怀抱,生活才能接纳你。只有全力以赴地为事业而奋斗,成功才会向你走来。

(4)多样性

理想信念的多样性表现为,理想信念与理想是紧密相连的,与信念不可分割的。正像理想、信念是多种多样的一样,理想信念也是多样化的,而且比二者更具有多样性。不同时期、不同环境下的人们会形成不同的理想信念。

二、理想信念的重要性

习近平总书记形象地强调:"理想信念是共产党人精神上的'钙'","理想信念坚定,骨头就硬,没有理想信念,或理想信念不坚定,精神上就会'缺钙',就会得'软骨病'"。这里,习近平总书记一语中的。理想信念的重要性不言而喻。

1. 有理想信念人生才有方向

历史上,中外有关理想信念重要性的格言警句很多。如:"理想是人生的太阳""信念是人生征途中的一颗明珠,既能在阳光下熠熠发亮,也能在黑夜里闪闪发光""理想是石,敲出星星之火;理想是火,点燃熄灭的灯;理想是灯,照亮夜航的路;理想是路,引你走到黎明"等等。爱因斯坦说得更明确:"每个人都要有一定的理想,这种理想决定着他的努力和判断的方向。"这些格言警句是这些格言警句的先哲们事业的真实写照。

2. 有理想信念才能成就事业

诸葛亮说过:"夫君子之行,静以修身,俭以养德,非淡泊无以明志,非宁静无以致远";魏武帝曹操说过:"老骥伏枥,志在千里;烈士暮年,壮心不已";宋代大词人苏轼说过:"古之立大事者,不惟有超世之才,亦必有坚忍不拔之志。"

如果要举实例的话,理想信念指引着短期就能实现目标的大有例子。如曹操的"望梅止渴"、科考队的"沙漠中的一壶水"等。

理想信念支持着短中期就能实现的例子也不少,最典型的是中国工农红军长征。是什么东西支撑着红军官兵?是理想信念。关于长征的艰难和雄壮,毛泽东同志的伟大诗篇有阐述。他说:"自从盘古开天地,三皇五帝到于今,历史上曾经有过我们这样的长征吗?十二个月光阴中间,天上每日几十架飞机侦察轰炸,地下几十万大军围追堵截,路上遇着了说不尽的艰难险阻,我们却开动了每人的两只脚,长驱二万余里,纵横十一个省。请问历史上曾有过我们这样的长征吗?没有,从来没有的。"长征是宣言书,长征是宣传队,长征是播种机。长征是历史记录上的第一次,红军长征是中华民族史和世界战争史上的一个奇迹。是什么支持着红军长征呢?是坚定的共产主义理想信念以及在它指导下形成的坚强意志以及无与伦比的勇敢。

远期的理想信念就是最终目标。我们的最终目标是什么?《共产党宣言》有分析,毛泽东同志也明确指出:"我们的将来纲领或最高纲领,是要将中国推进到社会主义社会和共产主义社会去的,这是确定的和毫无疑义的。我们的党的名称和我们的马克思主义宇宙观,明确地指明了这个将来的、无限光明的、无限美妙的最高理想。"

为什么共产党人如此坚定而自信呢?就是因为马克思主义是科学真理,具有现实可能性。

3. 理想信念是凝聚人心的力量

任何单位、团体、国家,要完成他所规定的目标,必须要有共同的理想信念才行。就我们国家而论,中华民族复兴大业要全党、全国人民的共同努力和智慧。靠什么去凝聚人心,靠中国特色社会主义的共同理想。共同理想坚持党的崇高理想,我们才能把全党的思想统一起来,把全国人民和整个中华民族的智慧和力量凝聚起来,执政才有基础,奋斗才有力量。我们党有着近 8800 万党员,我们国家有着 13 亿多人口,怎么统一思想,用什么凝聚大家的智慧和力量?我们党的理想信念是最能统一全国人民的理想信念,最能凝聚力量。有了这样的理想信念,在中国共产党的领导下,在社会主义制度下,上下一心、目标一致,就没有战胜不了的困难,没有办不成的事情。国外有识之士都看到了我们党和国家的这一优势。如果失去了共同的理想和目标,就会是一盘散沙,后果不堪设想。

4. 理想信念是保持永不自满、永不懈怠的精神支柱

我们的事业是伟大的,这样的事业是要经过上百代的人共同努力才能完成的,任何骄傲自满、患得患失、精神萎靡都是有害的。要达到这样理想追求,就必须谦虚诚实,永不懈怠。

5. 理想信念是领导干部开展工作的保证

领导者与被领导者,大家有共同的目标追求,有共同的理想信念,工作才能顺利开展。在学校里面,老师要有理想,学生要有理想,学校才能办好!

一个人没有理想信念是可悲的,一个家庭没有理想信念教育也是可悲的,一个民族没有理想信念那就更可悲了!

三、理想信念的培育

1. 理想信念从小就开始培养,并且要贯穿始终

一个人的理想信念不是从来就有的,而是从小慢慢培养和训练养成的。从小接受理想信念的教育,从小接受传统文化的教育,接受科学教育,慢慢树立远大理想和信念。学生是否一定按照学校强调的树立理想呢?不一定。经过学习、思考,绝大多数人的理想信念与党和国家的理想信念是一致的。但是,少数人就不一定认同共产主义理想信念。比如说,有少数人信仰宗教。在我们国家,法律上强调宗教信仰自由,少数同学信仰宗教。这不违法。但是,不违法的东西并不是说不受到政策的限制。在我们的大学校园中,是坚决反对传播宗教的。

理想信念是一辈子的事情。理想信念的树立不是一劳永逸的。有些人先前树立了理想信念,但是后来有所改变。尤其是领导干部,有些走向犯法的不归路。

现在,我们学校里,教师队伍的年龄在 20 多岁至 70 岁之间,各时段的人都有。各时段的人对理想信念的成熟程度不一样。但是,目标应该是一致的,大家都在致力于培养社会主义合格接班人。

2. 坚定的理想信念不会自发养成,要经过反思后才能形成

坚定的理想信念不能自发形成,而是基于对科学理论的系统认知与深入理解。

现代管理学的奠基人德鲁克指出:“信仰不是非理性的、伤感的、情绪化的、自主自发的。信仰是经历严肃的思考和学习、严格的训练、完全清醒和节制、谦卑、将自我服从于一个更高的绝对意愿的结果。”

1936 年,毛泽东同志与斯诺的谈话中,就明确指出,早年他曾经相信过无政府主义、自由主义等,但是,一旦他接触到《共产党宣言》《阶级斗争》《社会主义史》这三本书之后,他的理想信念就转向马克思主义。可以说,《共产党宣言》《阶级斗争》《社会主义史》这三本书是毛泽东同志相信马克思主义的指路明灯,在他的印象中特别深刻,他一旦接受了马克思主义对历史的正确理解,对马克思主义的信仰就没有动摇过。

马克思主义作为科学的世界观与方法论,阐明了自然、社会和思维发展的普遍规律,揭示了人类社会的运动规律,指出共产主义实现的历史必然性和共产党人的历史使命。95 年来,我们党把马克思主义的基本原理与中国具体实际和时代特征相结合,逐渐破解一个又一个发展难题,取得了一个又一个辉煌成就。

习近平总书记在讲话中反复强调,党员干部要通过对马克思主义的认真学习牢固树立坚定的信念信仰。

1983 年到 1985 年在任河北省正定县委书记时,习近平同志就提出,要加强共

产党人的无产阶级世界观、人生观、价值观教育,通过各种生动有效的形式向广大干部群众进行爱国主义、集体主义、社会主义和共产主义教育,进行马列主义、毛泽东思想教育。通过教育,增强共产党员全心全意为人民服务的宗旨意识、理想信念意识和全局观念意识,不断提高干部群众的政治思想觉悟。

他的这一做法,体现在他的多岗位的工作上。党的十八大以来,习近平总书记更是多次强调:“领导干部特别是高级干部要把系统掌握马克思主义基本理论作为看家本领。”“只有学懂了马克思列宁主义、毛泽东思想、邓小平理论、‘三个代表’重要思想、科学发展观,特别是领会了贯穿其中的马克思主义立场、观点、方法,才能心明眼亮,才能深刻认识和准确把握共产党执政规律、社会主义建设规律、人类社会发展规律,才能始终坚定理想信念。”

3. 理想信念容易动摇的原因

(1)理想信念本来就不坚定,修炼不够。仔细查看那些犯错误的领导同志,他们大多还是出身贫寒,早年都有过艰苦的经历,这些人早年也树立过共产主义的理想信念,但是,他们的理想信念不是坚定的,只是暂时的,他们的骨子里面是片面追求物质享受、感官享受,因此,一有机会,就会违纪违法。有些人片面追求升官发财、光宗耀祖!把违纪钱财用于修祖坟、装门庭,炫耀自己。他们不懂得,这样做,所谓光宗耀祖是对祖宗的亵渎。没有哪个祖宗希望自己的儿孙贪赃枉法、不劳而获的!

(2)外界诱惑。一种是提供物质诱惑,经不起考验。有些干部,不能说他们的理想信念不坚定,但是,他们在不知情的境况下,被别人抓住把柄,别人先是提供娱乐机会,让他无法摆脱自己的困境,最后,早时的理想信念就自然而然的放弃了。最近,查出的极个别受到“策反”的事例就说明这一点。往后,在我们的工作中,要特别注意对这一情形的教导。另一种是在西方搞和平演变的情况下,即西方“主动提供资金,培植力量”的情况下,有极少数事业不顺利的人,由于其理想信念的不坚定,为了自己的所谓成长成就等,自愿接受西方的援助,为西方服务。原来的理想信念就被抛到九霄云外去了。因此,这些情况,必须引起我们的高度重视。

(3)物质过快得到满足,精神颓废,自身泄气,缺乏追求。改革开放以来,由于生产力的巨大发展,社会中有些行业进步较快,收入增长较快,有些人一夜之间暴富,收入成百倍的增长,一辈子衣食无忧。在这种情况下,在他们的眼中,好日子已经到来了,原来的所谓理想信念自然就显得无所谓了,过去的理想信念教育在他们看来没有任何用处。

(4)世界变化太快,新事物新变化使人难以适应。新事物、新变化使人眼花缭乱，应接不暇，结果，就会使得学校所倡导的理想信念受到冲击和淡化。

当然，以上的种种情况，归根到底，根本的就是理想信念出了问题。作为高校的教师，就要把这种情况加以研究，提出防范和化解的方法和意见。所以，高校教师的任务任重而道远！

四、树立马克思主义的理想信念

1. 争取自由解放是人类的目标追求

自从人类脱离动物界之后，一直在朝着解放和发展的方向迈进。西方的《荷马史诗》《理想国》和空想社会主义学说都记载了西方社会几千年的追求自由幸福的历史。我们的先人追求大同世界，倡导"等贵贱、均贫富"就是历史上活生生地追求自由和解放的真实写照。《诗经》中的《硕鼠》《伐檀》就是这样记载的。近代中国，大学者康有为还写了《大同书》。当然，康有为希望保留封建帝制的情况下，实现大同，那当然是不可能的。

人类解放和发展受到什么限制？主要受到两个方面的限制：自然界和人类社会本身。

自然界来说，就是人类通过科学发展，逐渐解决人类对自然界的规律认识，利用自然界为人类服务，使得人类获得自由。也就是马克思主义强调的，通过大力发展生产力来解决。

人类社会本身来说，人类社会是要建立一个科学规范的管理体制，使得人类社会中的每一个人都获得自由和解放。单是一个人的话，比如说鲁滨孙在那个荒岛上，无所谓体制规范。但是人类本身数量多，而且属群居的政治动物，人类解放不是个别人的解放，她涉及全人类的解放。

未来的社会是什么样的社会？是自由人的联合体。共产主义就是自由人的联合体。对某些人而言，共产主义好像不好接受，但是讲到自由人的联合体，就容易接受得多。自由人联合体中的自由，是没有穷尽的。我们今天其实已经属于自由人联合体的最初阶段，未来会向着更高程度的自由迈进。

2. 私有制零星地、部分地解决人的自由发展问题

按照科学社会主义关于社会经济形态的划分方法，人类社会经历了原始社会、奴隶社会、封建社会、资本主义社会、共产主义社会五种形态。每一种社会形态都依次地在解决人类社会自由和发展问题上做出自己的贡献。奴隶社会比原始社会要进步和自由，封建社会比奴隶社会要进步、自由，私人资本主义社会比封建社会要进步和自由。社会主义在自由和发展方面要比资本主义获得更大的发展。中国的今天比昨天要自由和进步得多。这是有目共睹的。

为什么私有制度能够部分地解决人类的自由解放和发展问题?一方面,私有制的出现是由于人类生产力有了发展的结果。随着人类人口的增加,必然通过总结生产发展的经验,推进生产力水平的提高,解决人类生存方面基本的生活物资问题。生产力的发展使得人类在解决与自然界的关系上有了进步,人们逐步认识自然规律,结果使得人类在自然界方面获得的自由程度比之前的制度都有所提高。另一方面,从主观方面上讲,由于人类人口的增多,人类本身的关系就变得越来越复杂,因而,必然促进人类探索更加规范的管理体制和机制,以维护人类之间的关系问题,避免人类的自相残杀而导致人类的自我毁灭,结果导致国家的产生。国家的产生是人类社会的巨大进步,这是要肯定的。

但是,一讲到国家,有三点必须明确:一是国家是阶级矛盾不可调和的产物,阶级矛盾能够调和的话,国家就是多余的。二是,国家是有产者的国家。国家是维护有产者利益的,是有产者的国家。三是,国家权力的公权性质,使得社会的成员都会在公权的运行之下,获得比之前要更加自由,这样,国家政权才能存在下去。但是,由于国家是维护私有者利益的,在让渡自由权利方面是有限的,一旦当自由权利超出统治者的根本利益时,阶级矛盾冲突必然产生,轻者导致政权的更替,例如中国历朝历代的封建王朝更替;重者就推动人类社会更高形态的产生,例如英国资产阶级革命,建立了资本主义制度。这就是历史上社会底层大众多次反抗剥削者而导致政权更迭和社会形态向更高的形态迈进的原因。每一次这样的结果,自由的程度就会增加。

这就阐释了私有制度能够部分解决人类自由和解放发展的原因。

那么,为什么私有制解决不了人类最终的解放和发展的问题呢?马克思指出:剥削别人、奴役别人的人同样也是不自由的。当然也就解决不了人类的解放和发展了。

下面,以人类最后的私有制——私人资本主义制度为例,来阐释这方面的问题。

马克思主义认为:资本主义在解决生产力发展方面、在实现人类的自由进步方面都有重大贡献,这一点,他在《共产党宣言》中做了五个大方面的论述和阐释。但是资本主义也解决不了人类自由解放和发展问题。为什么呢?从受到压迫、剥削的社会底层的劳动者来说,他们肯定是不自由的,也谈不上解放了。社会底层的广大劳动者得不到自由和解放,人类就必然得不到最终的自由解放和发展。从资本占有者的角度看,由于要维持对社会底层的广大劳动者的剥削、压迫和奴役,社会底层的广大劳动者必然要通过各种途径进行反抗,争取摆脱被剥削、被压迫和被奴役的地位,其结果必然导致资本占有者既要忙于采取镇压措施镇压社会底层人员的反抗，又要采取措施巩固社会秩序，更有甚者，社会底层的反抗始终不断，在资本占有者心中必然会引起巨大的恐慌，在这种情况下，他们自己本身也得不到自由和解放。可见，马克思的至理名言是多么的正确！

3. 马克思主义致力于解决全让全人类的解放和发展

什么是马克思主义？我们很多人认为马克思主义很抽象、复杂、难懂。其实，马克思主义并不玄奥，它是很朴实的。如果用一句话来说的话，那就是：马克思主义是关于人类解放和发展的学说。

毫无疑问，剥削制度解决不了人类最终的解放和发展问题，那么，公有制度能够解决这一问题吗？所谓公有制，就是以社会名义占有生产资料的经济制度。因为人类的财富是劳动者的劳动创造的，是劳动者付出得来的。财富不是剥削者创造的。通过资本的占有来对社会财富的控制和占有，这是不合理的。但是，这是人类社会发展中必经阶段，这是摆脱不了的。

公有制能够解决人类自由和发展问题，因为它"不存在着什么被推翻的问题，而是努力工作，创造条件，使得阶级、国家权力和政党很自然地归于消灭，使人类进入大同境域。"但它不是自然而然地容易得到解决的，如果劳动者阶级的国家政权变质，很可能有复辟的可能。

人类的自由解放起码要具备三个条件：一是，它是要在生产力高度发展的基础上才能够实现的，不是低生产力水平的原始共产主义能够解决的。二是，人的道德观念水平要随着生产力的发展而得到进步升华的。三是，人类社会的科学管理水平要随着生产力水平的提高而逐渐提高。

这三个条件是不能够在短时期内实现的，人类解放和发展是艰难的事业，我们今天的成就只是万里长征走完了几步而已，处于"小儿时节"阶段。同时，由于剥削制度坚决抵抗和干扰，社会主义事业在资本奴役之下，容易"做中挫"，使得这一事业的难度进一步加大。

同时，必须指出，艰难的事业只是艰难而已，人类解放和发展的趋势是任何人都不可能改变的。今天不能实现的东西，并不能说明天就不能够实现。我们当下不能实现的东西，不能说人类的未来也实现不了。二十年以前互联网刚刚起步，谁能够想象二十年后互联网事业发展得如此之快，现在，人们与互联网息息相关，根本就离不开它。中国的高铁发展不过十年，十年的高铁速度，大大缩短了地球空间的距离，地球变得越来越小，地球真的就是一个小村庄。这在十年以前，谁能想得到呢？

马克思主义理论是马克思通过对人类社会历史发展尤其是人类几千年文明史的发展，分析得出确切的科学结论。这里必须指出：马克思并没有制定什么人类发展规律,人类朝着自由解放和发展方向迈进是客观规律,马克思只是发现和揭示了这一规律而已。并不是说马克思特别痛恨私有制尤其是资本主义,因而故意歪曲、谩骂、诋毁资本主义。恩格斯在马克思的墓前的讲话中强调:马克思"可能有过许多敌人,但未必有一个私敌"。恩格斯的话明确表明:马克思不是带着个人恩怨去做科学研究的,而是带着人类的解放和发展搞科学研究的,因此,他根据历史研究得出的科学真理,是经得起时间检验的,这一点,是我们必须自信的。

4. 我们的理想信念科学性已经经过实践和历史的检验

我们的理想信念是否科学?现实中很多人有这个疑问。这个问题,可以从中国共产党的历史发展中,找到答案。

鸦片战争以来,由于外国侵略者的入侵,导致我们的民族受尽人间的最艰难的困苦。在马克思主义指导下,在共产党的领导下,我们用了 28 年,砸碎千年的铁锁链,铲除了导致我们民族落后的根基,屹立于世界民族之林。新中国成立之初,毛泽东同志指出:我们还有 90% 的经济生活停留在古代。可见新中国起步艰难。但是,我们用了不到 70 年的时间,现在是世界第二大经济体,在现代化历史进程中,迈出了坚实的步伐,各行各业展现勃勃生机。验证了毛泽东同志新中国成立之初的预言:我们不但善于破坏一个旧世界,我们还将善于建设一个新世界!

就是说,共产党人用不到 100 年的接力奋斗,取得了从革命到建设、改革开放的巨大成功;我们用不到 70 年的努力,跑过了资本主义 400 多年的发展历程。这一切都应当归功于马克思主义的胜利。马克思主义不仅深刻改变了中国的面貌,更广泛深刻地改变了世界。其实西方资本主义世界也在感恩马克思的,他们嘴上不说,内心是喜悦的。千年伟人的评选结果,证明了上述结论。人类因为有了马克思,才有今天的精彩世界!人类要感谢马克思,因为今天全世界工人阶级和劳动人民获得的一切权利,都直接或间接得益于马克思主义的巨大影响,得益于社会主义运动的巨大推动。坚定马克思主义的理想信念,就是对科学理论的理性认同,就是对世界历史潮流的明鉴,就是对我们一百多年探索成果的尊重!

五、以理想信念的坚定,推进岗位工作上水平

"革命理想高于天"。习近平总书记指出:"理想信念坚定,是好干部第一位的标准,是不是好干部首先看这一条。""只有理想信念坚定,用坚定理想信念练就了'金刚不坏之身',干部才能在大是大非面前旗帜鲜明,在风浪考验面前无所畏惧,在各种诱惑面前立场坚定,在关键时刻靠得住、信得过、能放心。"

我们要把理想信念入耳、入脑、入心,补精神之"钙",固思想之元,切实解决好世界观、人生观、价值观这个"总开关"问题,真正做到学而信、学而用、学而行。

领导干部必须坚定理想信念,这是毫无疑问的。怎么才能把对理想信念的坚定转化成我们的工作优势?

1. 要加强学习科学理论,以科学理论的成熟和自信,厚实自己的理论底气。

从国家层面来讲,中国共产党是执政党,他的执政面临"四种考验"(执政考验、改革开放考验、市场经济考验、外部环境考验)、"四种危险"(精神懈怠的危险、能力不足的危险、脱离群众的危险、消极腐败的危险),在全面建设小康社会、推进改革开放、实现中国梦的伟大历史使命中,任务艰巨。社会的理想信念尤其是党员领导干部的理想信念问题很突出、很重要、很急迫。坚定理想信念首先要加强科学理论的学习,在深刻理解的基础之上,共同的理想信念才能在心里扎根。

广西外国语学院虽然是民办本科高校,但是它与其他大学的办学宗旨是一样的,为社会主义培养合格人才,因此,坚定理想信念,办好社会主义民办大学是全校教师的共同责任。

作为领导干部,必须加强对中国特色社会主义理论的学习和贯彻。当前,学习中国社会主义理论,就是要从最基本的层面开始。最基本层面有哪些内容呢?把它概括为"12445"。"1"一个梦想;"2""两个一百年";"4"四个自信:理论自信、道路自信、制度自信、文化自信;"4"四个全面:全面建设小康社会,全面加强党的建设,全面深化改革,全面依法治国;"5"五个发展理念:创新发展、改革发展、和谐发展、共享发展、绿色发展;或者五个方面布局:经济建设、政治建设、文化建设、社会建设、生态文明建设。通过基本层面的学习,扎牢原来已经树立的理想信念。基本层面理论掌握之后,就要向更高的层次努力。

对于理论基础,我们不能当外行,要成为内行才行!

2. 学习科学知识,增强自己的素质和能力,提高自己的实力。

工作实效的如何,与个人的业务知识、学识水平是有很大关系的。俗话说:"打铁必须自身硬。"在我们学校更具有实际意义。

一方面,学校教师现在的职称偏低,副教授的中青年相对较少,作为领导干部,在这方面要带头才行。另一方面,做好工作,必须要有业务知识水平做后盾,方能提高效率。不学习、不思考就不可能胜任工作。

毛泽东同志说过,50 年代后期,他不做国家主席,原初的设想是能够有更多的时间进行理论研究,为社会多留点文。他讲的"文",就是为社会发展留些有意义的思想,这些思想通过"文"传下来,为人民研究、学习!毛泽东同志所留下来的文稿确实在很多方面给我们提供了智慧和经验!

我们每一位同志,是否考虑留一点"文"呢?我认为是应该的。网络世界,文章满天。但是人最愿意看到自己祖先的文章,如果哪天在网上或者别的地方看见自己祖先的有水平的文章,他会心旷神怡的!祖先的文章在子孙那里,应该是最受青睐的,最具欣赏性!

3. 加强内心修养,以心境平和增强自己的内聚力

习近平总书记曾强调:"理想信念是共产党人的精神之'钙',没有理想信念,理想信念不坚定,精神上就会'缺钙',就会得'软骨病'。"

当前,一些党员干部在市场经济浪潮中迷失方向,违反党纪国法,无不是动摇了理想信念。特别是目前我国进入了改革的"深水区",更加凸显了坚定理想信念的重要性。我们心中没有神,神不会监视我们。但是,我们心中有事业、有组织!要自己监视自己!自己警觉自己!自己鞭策自己!

我们的事业是什么?是教育事业!我们的组织是什么?是党组织,是各级行政组织,各级合法的组织,还有与我们一起工作的同事!要认真学习和严格遵守党章党规,要认真学习和遵守法律法规,对党章、法规要"内化于心,外化于行",以实际行动维护党的理想信念的严肃性,进一步坚定中国特色社会主义的道路自信、理论自信和制度自信,不断提高党性修养,解决好人生观、世界观、价值观这个总开关。

要心境平和,聚力本职工作,增强自己的定力。

怎样才算心境平和呢?

一是要有从我做起,从现在做起,从点滴做起的求实精神。学校十年的艰苦创业,可以说是从点滴开始的。"十年垒土实基础"就是这个十年的真实写照。学校百年的创业目标必然也是建筑在无数平凡小事的基础上的,垒土夯基的点滴精神必须得到坚持和弘扬。

二是要有实事求是和高度负责的科学精神。点滴就是实干,但不是蛮干,而是在科学的方法指导下的实干。"科学真理定乾坤"就是这个意思。没有科学精神和科学态度,实干、苦干就会事倍功半。

三是要有克服困难和挫折的进取精神。学校发展中,会遇到很多问题、困难和挫折。唯有心境平和、聚力奋进,才能在不断战胜困难和挫折中开拓前进之路,实现学校的目标。

4. 以大事业心的理念做好本职工作,以此增加自己的魅力

每一个人都有自己的魅力,看你怎么样来展示。有一点,必须明确,我们所从事的事业是大事业,大事业就有大魅力。

什么是大事业?过去,我们对于大事业理解好像不统一,有些观点认为大人物才做大事业,小人物只做小事业。因此,认为自己所做的只是一些岗位低、不起眼的岗位,谈什么大事业?当然,大人物、高级别岗位的同志做的是大事业,这是

没有错的。但是,岗位抵、级别低的是否也是大事业呢?

这里涉及对大事业的理解问题。我认为:符合社会规范、得到社会提倡的事业、对推进社会发展有作用的事业都是大事业,大事业是对社会发展起着推进作用的事业,是正能量的事业。因为我们的事业联系千家万户。联系千家万户稳定发展的事业难道不是大事业吗? 教育事业就更不用说了。

我们学校有13000多个学生,与这些学生关联的、站在学生身后的又有多少人呢? 如果一个学生后面站着100个相关联的人,13000多个学生后面就有一百三十多万,这是一个多么大的数! 如果这一数字变成200、300甚至是500呢,那该有多少啊! 我们的工作就涉及这13000多学生以及他们身后的人! 我们的责任之重大就可想而知了!

大事业就要大胸襟! 大胸襟才有大意义!

有了大事业做基础,还怕没有大魅力吗? 把岗位工作做好了,踏踏实实地做好本职工作,就是做大事业了。

大事业心是什么? 就是要了解自己的岗位的职责,了解学校、学生、岗位工作要求,并有针对性地开展工作。

这一点,习近平总书记值得我们学习。

习近平总书记在很多岗位工作,每一个工作岗位都认真调查研究,工作很有针对性,方法独到,特色鲜明,及时总结。早年都出版几部著作,记录他在不同岗位上的工作思路、现实思考和探索的经验。从目前手头掌握的资料来看,就有好几本基层工作的著作:

《摆脱贫困》。29篇文章和1篇跋,12万字。主要是他担任宁德地委书记期间的调研、论文、讲话和文章。1992年7月由福建人民出版社。是最早出版的著作。

《干在实处　走在前列》,中央党校出版社2006年出版,主要记录他担任浙江省委书记前3年多的讲话摘要、批阅、调研、会议座谈,53万字。

《之江新语》,20万字,2007年8月由浙江人民出版社出版,主要是习近平总书记在浙江工作期间,在《浙江日报》"之江新语"专栏发表的232篇短文。

《知之深,爱之切》。在正定县工作期间的讲话、文章、书信、回忆录等43篇,13.9万字。河北人民出版社2015年12月出版。

习近平总书记到中央工作后,他的很多讲话都留有他早年基层工作的痕迹。我在基层干过多年,从事过基层组织建设、农村社会经济调查研究、计划生育工作、组织群众春耕生产、抗洪抢险、冬季水利建设、处理基层山林土地纠纷、沿海滩涂纠纷等工作,对基层工作尤其是农村工作有一些熟悉,也有一点体会。今天读了习近平总书记的文章、讲话给人一种亲切的感觉。习近平总书记的魅力,可以说是从他工作的方式方法上体现出来的。我们要向习近平总书记学习,展示我们的魅力。

我们要按照学校“五外”的理念认真开展工作,展示我们的特色和优势。

对我们而言,每个岗位上的同志,必须了解岗位的要求,调研校内、校外和学生的要求等,制定好规划,并积极开展工作。如引进人才:各学院要主动出击,多方努力。有海外留学并获得学位的,或者是在华留学获取学位的外国留学生,应该是重点。在学院工作的同志,要全面规划好学院的发展。要做好调查研究,体现前瞻性。

5. 排除干扰,增加自己的定力

理想信念坚定,通过定力表现出来。我们广外是很有定力的。我们坚持我们的办学理念,坚持自己的校训,学校用十年时间走过了许多大学几十年的路程。这就是定力的表现。我们充分发挥了我们的特色和优势,敢为天下先!

定力来自自己的分析能力和思考。面对社会上的各种思潮,要认真分析、推理,不能盲从。要坚决抵制西方价值观念的渗透。

西方输出的是价值观,不是价值。我们有些同志把价值和价值观搞混了。对我们有价值的东西,他是不会给你的。他输出的是他的价值观,从自由主义的立场来评判我们的现状。所以,他经常花钱培植他的代理人,搞和平演变!因此,有价值的东西,他是不会给你的!技术、科学很有价值,他给了吗?没给!中国企业在美国收购一个石油公司,美国政府就干预,他就不给!何况是有价值的东西呢!他们经常以种种为名,起诉在美国工作的一些华人科学专家!

6. 我们要发挥模范带头作用

学校的发展靠全体老师,首先是领导干部。领导干部的模范作用就显得十分关键了。

光明磊落!搞社会主义事业,就要光明磊落。这一点上,我们绝大多数同志做得很好。但是,有个别的同志就不这样。来学校工作的同时,注意力分心,开展不了工作。有个别同志要调走的时候,一句话也不跟学校说,委托别人带说,这就不好了。来的时候,高高兴兴地来,走的时候,按照规定办理。

严明守纪,严于律己!学校的各种规章领导干部必须带头执行。本学期开始,学校实行上班纪律制度,这就要认真执行和遵守。行政岗位的和教师岗位的要求不尽一致,行政岗位的,执行打卡制度;教师岗位的,有课就要准时按照上课的要求进行上课。学校制定的相关规定,领导干部要首先带头学习!那些规定不是定来摆设的,是要执行的。领导干部就是执行者,不学习、不领会是不行的。大家要认真遵守和执行。

要增强服务意识！每一个人都希望自己的人生活得有意义。怎么样的人生才有意义呢？那就是拿知识奉献社会、奉献国家的人生就是有价值、有意义的。正如爱因斯坦说的：一个人的价值，应该看他贡献什么，而不应当看他取得什么。

这方面，在我们身边经常看见的例子很多。我这里举一个知识分子楷模的例子。我们要向钱学森学习。

关于钱学森，大家都不陌生。大家知道：他是中国“两弹一星”技术之父，是我国系统科学的奠基人，造诣很深。

我这里要讲的是钱学森报效国家的心。

他出国留学以及在国外工作期间，他心中时常装着祖国，他的目标就是国家强大。在美国留学期间，他周围的大部分同志把工资的相当一部分买养老等相关的保险。钱学森不买，很多人很奇怪。钱学森说：他学成之后，是要回国的。买保险干什么？钱学森在动力学、火箭方面成就突出，可以说超过了他的导师——卡门教授。在第二次世界大战中，为战胜希特勒做出了重大贡献。这一点，美国空军军部都给予很高的评价和记录。他是当年接收和审讯为希特勒服务的动力学专家和火箭专家的核心成员，派往德国进行审讯和接收工作。新中国成立后，随即要求回国参加社会主义建设。但是美国军方、美国政府多方阻挠甚至将钱学森关进监狱进行迫害。他们很清楚，只要钱学森在，中国的原子弹等高科技肯定能够成功的，尽管他不带任何资料回国。他们认为，一个钱学森就相当于 5 个师团。钱学森回国后，对中国国防科技方面的重大贡献，举世公认。美国政府曾多次邀请，希望钱学森重踏美国国土。钱学森的条件是：美国政府必须为当年的错误行为公开道歉！但是美国政府没有道歉，钱学森始终没有重踏美国国土。

钱学森同志对马克思主义理论的态度如何呢？在美国的 20 多年间，钱学森除了钻研科学技术之外，他通过阅读《资本论》《反杜林论》和《自然辩证法》等相关的马克思主义经典著作，参加加州理工学院师生自发组织的马克思主义学习小组，学习马克思主义理论。回国后，坚持学习马克思主义理论、毛泽东著作，他多次谈道：通过学习马克思主义和毛泽东著作，才发现自己“在美国总结出来的那几条治学心得，比起马克思主义哲学来，就好比大海中漂着几个小水泡，算不了什么！”1957 年，他应《自然辩证法通讯》杂志之约，写了一篇题为“技术科学中的方法论问题”的文章，文章的观点主要是强调在技术科学的研究中，要把理论与实践灵活地结合，不能刻板行事。之后，又发表了“技术科学的研究能脱离马克思列宁主义哲学吗?”的文章，更加清楚、明白地表达了他的马克思主义哲学观。晚年，他坚持科学与哲学结合的探索，用现代自然科学的成果论证马克思主义的科学性，丰富了马克思主义哲学科学上的内涵。他认为:“只有马克思主义哲学才是智慧的源泉。”他认为:“一个有智慧的人,是懂得大道理的人,是有社会主义和共产主义理想的人,因而也是一个有道德的人。”

这是一位伟大科学家对马克思主义的认识。从钱学森的身上,我们看到了他的成长成就与马克思主义学习研究密切相关,他用自己的实践验证马克思主义的科学性!

在回国的甲板上,有记者说他是不是共产党员时候,他回答说:“共产党员是无产阶级的先进分子,我还没有资格当一名共产党员!”

钱学森的志气值得我们永远学习!

除此之外,领导干部还要有包容之心,团结友善,为人谦和。时间关系,就不必多说了。

毛泽东同志在新中国成立之初说过:中国应当对于人类有较大的贡献!这种贡献,自鸦片战争以来,贡献得太少了,使我们感到惭愧!同时,由于我们的基础低下,中国要赶上世界发达国家,要有 100 年的时间!他要求共产党人,要坚持“两个务必”的思想。

认真分析他的话,有几层意思:第一,要赶上资本主义最发达国家,显示社会主义的优越性!我们现在就在做这件事情。可以说,这个任务在新中国成立 100 周年之时会实现。第二,要对人类发展做出更大的贡献,就是要在人类解放和发展的道路上展示中华民族的伟大创造力量!第三,“要善于”就是不要自满,要精诚团结,不懈奋斗,我们是能够达到的!

这一切,都与大家的事业有关!与世代相传的教育事业有关!

大学历史发展表明:杰出人才是创业创新的动力,离开了高等学校,杰出人才就难以成长。这是自高等教育发展以来的一般规律。

我们今天在广外从事教育事业,广外就是我们的家!

我们要在从事教育这个大事业中,在广外的这个大家庭里,成就自己美丽的人生吧!

新闻宣传要彰显学校的特色①

2016 年 3 月 16 日

各位领导,老师:

大家早上好!

俗话说:兵马未动,粮草先行。今天,是否可以改一下呢?那就是:革命事业,宣传抢先。新闻宣传工作要走在事业的前面。

新闻事业包含哪几部分内容?我想,它主要包含新闻工作者、新闻事件、新闻宣传的方式方法等三个方面的内容。

新闻工作者是新闻宣传的第一要素。没有人,无所谓宣传。因此,这一部分是由哪些人组成,素质怎么样,这是搞好新闻宣传的首要因素。在学校,专职搞新闻的人不多,我们民办的高校呢,那就更少了。大多就是兼职、业余的。

新闻事件是指什么?新闻强调"新"。不"新",就无所谓新闻。它的"新"指什么,指的是它的指导意义。事情的发生,有些是有意义的,但是,它对推动现实意义不大。比如说,某某老师每天都上课,这件事情是发生了,但是,它是否有指导意义呢?光是从上课的角度看,这就没有多少宣传价值,但是,如果这个老师的某一堂上课别出心裁,很有创意,那就可以进行报道了。

新闻宣传方式指什么?它是指新闻传播的途径,通过什么渠道让新闻很快有效地传播,产生效应。当前主要内容有网络宣传、报纸杂志宣传、墙报宣传、现场宣传、广播宣传等等。当下,电子网络宣传是最主要的形式,主要途径包括易班、QQ、信息、微信、微博、视频、LED 屏、广播等,它的速度非常之快,每一秒钟十万八千里。

怎么样才能做好宣传报道工作呢?下面讲几点意见。

---

① 2016 年 3 月 16 日在 2016 年宣传工作会议上的讲话。

一、坚持新闻宣传的社会主义方向

我们的新闻宣传,首先要有明确的方向。失去方向,那就起不到指导作用了,甚至是反作用。我们的方向是什么?就是要坚持马克思主义、毛泽东思想和中国特色社会主义理论。在高校,就是宣传社会主义核心价值观,宣传正能量,产生正效应,发挥正效果。民办高校与普通高校的办学方针、方向和目标是一致的,都是培养社会主义合格接班人,为国家培养人才的。在这个问题上是不能含糊的。必须用中国特色社会主义理论统领我们的宣传舆论阵地,在党的领导下,使得学校的发展阔步向前。这是政治纪律,是宣传纪律!

二、新闻宣传要明确目标任务

学校的新闻宣传,主要是宣传学校的改革发展,使得学校的办学特色、办学定位深入学校每一位员工、学生的心坎,使得社会充分认识、了解学校。在我们的学校,通过宣传,使得学校的实用型、国际化的办学定位、办学特色得到彰显,学校的社会影响得到社会的广泛认识。今后这几年,我们的宣传工作紧紧围绕学校2018年的本科教学合格评估工作,为合格评估做好舆论宣传、动力支持,塑造和谐向上、奋勇当先、风清气正的环境。也就是说,要紧紧围绕学校的教学、科研、学生工作、安全稳定等,按照教育部评估指标的要求,宣传学校在这几方面的特色、创新、改革、亮点和成效等,确保学校的办学特色、办学定位深入每一个广外人的心坎,促进学校的办学特色、办学定位进一步得到凝练和提升。

三、增强宣传工作的责任意识

按理说,新闻宣传是新闻工作者的事情,这是没有怀疑的。但是,其他人是否也有责任呢?我认为是有的,只是责任的大小问题。新闻宣传的专职人员,任务重,责任大。一个单位的领导干部,他的宣传任务可能不很重,但是他的宣传责任是重大的。单位的其他同志,也有宣传本单位、本部门的工作特色、实效、创新的义务和责任,因为单位的发展、进步和创新人人有责,大家都不是局外人。在高等学校,专职宣传人员不多,各单位部门的领导、职工的宣传责任就非同一般了。因此,树立责任意识,提高宣传质量,增强宣传效果,人人有责。主要的领导干部要当先锋,承担第一责任。

要使得广西外国语学院新闻宣传工作上水平、出效果,各单位、部门的领导要担起宣传工作的第一责任。

第一,要把握本单位的宣传网站、舆论阵地的社会主义方向,增强政治敏锐感。单位正职领导是第一责任人。

第二,各单位要保证自己单位的教学、科研、学工、安全的特色、亮点得到及时总结报道、宣传。每一位教师在一学期内,要将自己的教学亮点展示出来,各职能部门的同志要将自己工作岗位的特色、进步亮点展示出来。以此支持学校发展,支持学校、学院网站建设。

第三,要确保自己单位的宣传网站要适时增加新内容,不能“七日一面”。

第四,要向学校网站呈报、推荐新闻,丰富学校网站内容。

第五,要组建自己的宣传队伍,修改新闻稿件,尤其是要组建学生的宣传队伍,修改学生的新闻稿件,帮助学生的成长。通过宣传工作,提高本单位的工作实效。

学校层面,宣传、新闻部门,要准确领会上级的精神,宣传学校的新成就、新贡献,展现学校特色、特点和优势,及时发现学校各单位的特色和亮点,并及时在学校网站上报道、宣传。要加强对外宣传的力度,亮出学校的实用型、国际化的特色。要加强对学校的所有宣传阵地的管理和维护,保证各种宣传阵地的社会主义方向,保障网站的时时畅通。要按照“清洁宣传”的要求,对学校的内部张贴标语、横幅和墙上宣传橱窗要给以清洁和亮化,规范这些阵地的宣传内容。

四、要提高宣传内容的宣传质量

提高宣传质量,首先是宣传内容新颖、正确、准确;其次是宣传图片要能够展示宣传主体的特色和亮点。稿件要多思考几遍,多修改几遍;照片要多拍几张、多看几下,多几个方位。总之,要做到“五认真”,即要认真想、认真写、认真改、认真照、认真拍!

为了提高宣传质量,强调以下几点:

第一,要快。新闻的宣传速度要快,慢的话,就不算新闻宣传了。当然,这只是相对而言的。这里要把握分寸,加强沟通了解。

第二,要准。要领会上级的精神,瞄准靶子,抓对主题。对新闻的把握,分析到位,质量到位。

第三,要抢。这里强调的是对重点新闻的把握。新闻的“新”,正面的宣传要抢抓机遇,抢第一时间。如果发现报道出现偏差、甚至出现错误,也要抢第一时间进行更正、修改和弥补,防止蔓延。

第四,要严。这里是指新闻纪律,要严格执行新闻报道的纪律。在新闻的把关方面,要严!既然是宣传,就要从党的立场、人民的立场、学校发展的立场考虑问题,绝不能含糊!

第五,要和。这是对新闻报道出差错进行批评教育的出发点。要从团结教育的角度出发,从“和”的角度进行批评教育。只要不是故意的,属于工作中出现差错,要讲大局,讲团结。

第六,要狠。对故意违反纪律的宣传行为,尤其是那些极端反动观点,要坚决给予打击,绝不手软。

树正气，言正言，行正路，提升自己的综合素质[①]

2016 年 3 月 31 日

各位学生干部，各位同学：

大家晚上好！

受校团委书记曾扬阳同志邀请，我来参加校学生会和校社联的团学骨干组织的座谈会。在座谈会中间，围绕学校学生干部队伍的工作、学习、生活现状以及大家对学校党政工作、团学工作、学生管理、评优创优、校风教风学风建设等方面交流了看法。现在，我就今晚座谈会上同学们提出的问题做进一步交流。

首先，我代表学校党委对学校团学骨干一直以来对学校的各项工作的支持表示感谢！对大家在学校校园文化中做出的贡献和取得的优良成绩表示感谢祝贺！

其次，加强大学生学生干部队伍建设意义重大。大学生是大学校园的主体，大学生的行为表现、思想状况和学习态度，关乎大学的形象与发展。学生干部作为大学生的骨干力量，在大学生的思想、行为、学习等方面，起着引领作用。因此，建设一支素质优秀、行为模范、品德优良、能当重任的学生干部队伍，是学校学生工作的重要内容。作为学校主管学生工作的团委，要认真抓好学校层面的社团联合会建设和学校团学组织建设，要对学院层面的团学组织建设给予指导。

学生干部组织，基本点就是服务学生的组织。但是，各种组织的性质不尽相同，因而，工作侧重点就不一样。社联组织要围绕社联组织的性质，积极开展社联工作。社联组织重在“联”，以“内”联“外”，把“联好”的工作做好，争取外在的良好影响。学校的团学组织工作，重在“团”和“学”。“团”和“学”是分不开的。“团”重在加强思想引领，引领同学团结在党的周围。“学”重在学业引领，引领同学学业发展。因此，社团学生干部组织，要根据组织的性质，积极开展工作，争取为学生的成长、学校的发展做出贡献。

第三，社联团学如何才能做好工作？我认为，要紧紧围绕“弘扬正能量”开展

---

① 2016 年 3 月 31 日参加 2016 年团学干部座谈会上的讲话。

工作。这是大是大非的问题，不能含糊。为此，要从以下几个方面思考和开展工作。

一是，言"正"言。什么是正言？就是有利于维护国家统一、民族团结的言论，有利于学校发展、班级团结、学生们和谐相处的言论，有利于维护大局的言论，这些就是正言。反之，与上述相反的言论，产生副作用的言论，就不能言。

二是，行"正"事，走"正"路。什么是"正"事，什么是"正"路。学校教育的事业、社会倡导的事业、法律规范的事业，就是正事。按照"正"事来设计的路，就是正路，行正路就是行大义。作为学生，要诚实守信，要懂得爱国、爱校、爱自己！做"正"事、走"正"路就能做到爱国、爱校、爱自己的有机统一。作为学生，要互相帮助，南宁市民精神强调"能帮就帮，敢做善成"对我们有启发意义。困难之时，可以贷款，但是，我们不能接受任何具有欺诈行为的贷款，那些"一夜就能暴富"的贷款是不能行为的。现在，国家在解决大学生就学方面，花了很大的努力，设置了很多资助项目，要贷款，就要向国家设置的资助项目进行。我们不能私自接受任何境外的资助，有这种行为的，要及时向组织报告。学生不能参加任何非法组织，尤其是邪教组织。如果我们发现了这些非法组织的非法活动，要向学校报告，由学校组织处理。

三是，要树正气，祛除邪气。对危害国家统一、民族团结和学校发展的言行，要敢于批判教育，坚决制止。正气不弘扬、不树立，邪气就会泛滥。讲正气，不存在什么输理的问题；反之，如果不讲正气，就有可能存在输理的问题了。学校要坚决清理那些歪风邪气，让正气之风弥漫整个校园。

四是，要关心学校网络建设，辨明信息真伪。现在，可以说是一个网络世界。网络提供的信息太多，我们应接不暇。对于这些，我们要认真对待。网络流传的东西，我们要认真分析，不要盲从！不要在分不清的情况下，传播那些不实信息。比如，邪教的信息、恐怖组织的信息、西方的一些信息，我们要认真严肃加以对待。这些东西，辨不清楚的，要向教师和领导请教。现在，同学们每天浏览网页的时间不少，要特别加以注意。这里，要强调的是，同学们要关注学校的网页，关注学校的发展，要积极向学校网页提供新闻稿件。看到学校网页不足的地方，可以向学校提出好的修改意见。

五是，要学习法律法规、学校的规章，做纪律的表率。关于这一点，在"学生干部应该成为学生行为模范"的演讲中，就有关问题已经做出了阐述，在这里不重复。这里想强调的是，学生干部要做遵纪守法、模范守纪的模范。纪律包括上课纪律、请假纪律、放假纪律、开会纪律等，尤其是手机的规范和纪律。现在，手机已经深深进入我们的生活，没有手机的世界似乎是无法想象的世界。但是，手机的使用是有纪律和规范的。上课、开会是不能使用手机的！手机的使用是在课堂之外、开会之外！在这些方面，学生干部要带头、成为模范。

六是，要正确对待荣誉。现在，评奖的机会不少，作为学生干部，要积极参加学校组织的各种评奖活动。但是，必须指出，参加评奖不仅仅是为了奖励。参加评奖活动，本质是通过评奖，提升我们的素质！评奖的过程，就是总结经验教训的过程，是向他人学习的过程，是检验自己内在素质的过程！我们既要经得起荣誉的"熏陶"，也要经得起失去荣誉的"折磨"。要抱着这样一种态度：参加评优是支持组织工作的活动，评上固然好，评不上也是一种学习的机会，理性看待得与失！这样的话，还有什么放不下的呢！

另外，还要有定力，能够抵制住诱惑。同时，要加强部门之间的沟通协调，及时汇报和反映工作中的问题，科学进行总结，加强合作与交流。

最后，学校将进一步加强学生骨干社会实践能力的培养，继续完善学生组织管理制度，优化学生组织资源调配，大力支持优秀学生组织的建设发展。并希望每一位学生干部都能更加努力地学习，合理设计目标，明确好个人定位，进一步提高自身素质，提高技能，增长才干，为学校和国家的发展尽职尽责。

以“两学一做”学习教育促进学校特色发展[①]

2016 年 4 月 19 日

2016 年，是“十三五”开局之年，也是我校加强内涵建设，迎接 2018 年本科教学水平合格评估的重要年份，能否顺利推进各项工作，关键之一在于基层党组织战斗堡垒作用和师生党员先锋模范带头作用能否得到发挥。所以，今年在全校党员中开展“两学一做”学习教育意义重大，也非常及时。下一步，我校将结合民办高校实际，瞄准“两个问题”、明确“三个责任”、在“学”中体现“四个结合”，在“做”中实现“五个统一”，扎实推进“两学一做”学习教育开展。

一、瞄准“两个问题”

民办高校党建方面有两个明显特点：一是就是党员领导干部人员职数偏少，从事党务工作的都是交叉任职、一人多岗，工作任务繁重，工作效率问题比较突出；二是由于工作单位性质的关系，教师党员理想信念容易发生淡化。根据这一情况，我们将按照“两做一学”学习教育的要求，对党员领导干部以增强宗旨意识、服务意识为宗旨，加强职业培训和能力培训，切实提高服务质量。对教师党员要强化理想信念教育，通过谈心、谈话、培训学习和关怀等方式，增强他们为国家培养合格的社会主义建设者和接班人的责任感和紧迫感。

二、明确“三个责任”

一是明确各自层面的责任。开展“两学一做”学习教育，学校层面、学院层面和支部层面各自有自己的职责。每一层面必须集中学习，认真领会“两学一做”学习教育精神，制定好各自的学习教育方案。上一级对下一级具有指导作用，下一级对上一级具有监督作用。

---

① 2016 年 4 月 19 日上午，在自治区高校工委举办“全区高校‘两学一做’学习教育”视频会上的发言。

二是明确支部内部书记、委员、党员的各自责任。支部内部互相监督，保证学习教育效果。书记是学习教育的组织者，要承担起主体责任、发挥示范带头作用。委员在其所负责的方面起着示范作用。党员是参与者，负责提高自己、帮助党员和监督党员的工作。

三是开展学习检查工作。学校将按照“两学一做”学习教育的要求，在各时段不定期集中开展党课学习活动。年终，召开党支部专题组织生活会和开展民主评议党员，检查“两学一做”学习教育效果。

三、在“学”方面体现“四个结合”

一是常态化学习与集中重点学习相结合。为保证学习效果，支部或总支每月要组织党员或委员集中学习，交流学习体会、经验，以提高学习的效果。

二是学习与开展讲座相结合。每个支部或总支，要详细列出学习计划，按照专题开展学习。支委或委员，要按照学习专题任务，给学生积极分子、党员开展学习讲座，实现专题学习与讲座活动的结合，保证支部或总支的学习效果。

三是学习与讨论相结合。我们将要利用“三会一课”，组织开展学习和讨论，交流学习经验。针对现实中存在的问题，开展剖析工作。

四是学习教育与宣传工作相结合。我们将积极利用学校的电视台、网络等各种媒体，积极宣传学校的“两学一做”学习教育的形式、特点、要求和效果，让学习教育工作深入学校各项工作，并以学习教育成效推动学校工作迈上新台阶。

四、在“做”方面实现“五个统一”

一是与遵守党纪党规的统一。在学校，遵守党章党规与遵守校纪校规和法律法规是统一的。党的纪律党规、法律纪律都是高压线，作为党员就要坚决维护和遵守。通过合格党员的行为，使党纪党规、法律法规更加深入人心。

二是与开展调查研究相统一。党员领导干部认真开展岗位调研活动，分析自己岗位存在的问题，找出解决办法，增强服务水平。党员教师也要认真分析教学中的问题，提高教学效果。

三是与党员同志成长成才的统一。通过“两学一做”学习教育，剔除那些不合时宜的做法、想法，自己的专业发展、科学研究和学生工作，就会方向明、决心大、效果好、进步快，有利于自己的成长成才。

四是与学校活动的有机统一。大学生是学校的主体，学生党员也是党员的主体。广西外国语学院 13000 多大学生中，来自全国各地和东南亚、台湾等，是一所国际化的大学。不同地方学生的汇集，给学校增添了活力，学校的各种民族活动丰富多彩。其中最主要的是“三节四月”(即校园文化艺术节、女生文化节、社团文化节、学雷锋月、读书活动月、心理活动月、慈善月)。除此之外,还有很多民族文化活动节。在这里,完全能够实现学校文化活动与学习教育的有机结合,实现合格党员与各种活动的结合,促进学校学习教育的开展。

五是与总结提高工作的有机结合。通过总结、评比和提高,发现和树立典型,学习教育工作才能扎实稳步推进。我们将把学习教育与纪念建党95周年、红军长征80周年等活动结合起来,认真总结学校党建方面的成效、经验,推进学习教育工作的稳步进行,促进学校党建工作迈上新台阶。

会后,我们将认真学习贯彻本次会议精神,结合学校实际,扎实抓好“两学一做”学习教育,以此为契机,推进广西外国语学院特色化发展,进一步扩大影响力。

以党的性质规范自己，争取成为先进性的战士①

2016 年 4 月 23 日

各位同学：

大家下午好！

今天党校开班，主要是认真落实入党积极分子入党前必须要经过党校正规培训的规定要求，全面提高入党积极分子的政治素质这一目的的。

举办入党积极分子党课，就是要通过党校系统的理论讲授，使入党积极分子在入党之前全面地掌握党的基本知识，进一步打下牢固的思想理论基础，进一步澄清同学们在入党问题上的一些模糊认识，以适应建设一支高素质学生党员队伍，保持共产党员先进性的需要。

作为要求入党的积极分子，在对待入党方面，首要的问题就是要了解党的性质。今天党课第一讲，就围绕党的性质这个主题，展开讨论，秉承“以党的性质来规范自己”，争取成为先进性的战士。

一、中国共产党性质的核心就是先进性

在党章的总纲第一段里面，有这样的表述：中国共产党是中国工人阶级的先锋队，同时是中国人民和中华民族的先锋队，是中国特色社会主义的领导核心，代表中国先进生产力的发展要求，代表中国先进文化的前进方向，代表中国最广大人民的根本利益。

这就是党的性质经典概括。

从党的性质的概括中，最明显的是强调党的先锋队性质。也就是说，党的性质的核心是党的先进性。先进性队伍才能引领社会发展，这是历史发展的天经地义。中国共产党就是这样一支队伍，她是中国特色社会主义事业的领导核心，这是历史的选择，人民的选择，社会发展的选择。

---

① 2016 年 4 月 23 日在学校第 19 期党校开学典礼上的讲话。

那么,什么叫先锋队?怎样理解先锋队的性质呢?

"先锋"者,即先进、先行、走在前列的意思。唯其先进,才称得上是先锋队。所以,先进性是对党的性质的基本要求。无论是党的整体,还是党的成员,在自身素质、思想觉悟、政治行为等各个方面,都应该具有先进性,始终走在前列,充分发挥其先导、先锋、模范和榜样的作用。

一般说来,党的先进性到底表现在哪些方面?

首先,党始终是走在人民的前列、走在工人阶级广大群众的前列。在我们国家,人民主要组成部分是:工人、农民、知识分子、手工业者、民营企业家、新社会阶层等人员。这其中,工人阶级是先进生产力的代表,社会中的其他成员均与先进生产力密切联系,因此,作为他们利益的代表,必须走在他们的前面,才能代表好。不好好代表他们的利益,就会被历史发展淘汰。

其次,党始终走在历史和时代潮流的前列。历史潮流滚滚向前,中国共产党的先进性体现在走在时代前列,引领时代大潮。如果我们落后于时代,我们就会被发展潮流淹没。

第三,先进性最终体现在"三个代表"上。即:代表中国先进生产力的发展要求、代表中国先进文化的前进方向、代表中国最广大人民的根本利益。

二、党的先进性要通过党员的模范行动来体现

先进性是历史的、具体的、现实的,先进性是可以实现的。党的先进性是靠广大党员的模范行动来体现的。表现在以下几方面:

1. 党的路线、方针和政策,是依据广大党员的思想共识来制定的,要通过每一个党员的实践活动来贯彻的。

2. 党对于社会各项事业的领导作用,是通过党组织来发挥的,是通过每一个党员的模范作用来体现的。

3. 党与人民群众的血肉联系,是以广大党员为桥梁来连接的,是以每一个党员的形象来促进的。

4. 党治国理政的能力、活力和聚力,是由广大党员在不同岗位的执政行为组合起来的,是由每一个党员的具体工作能力表现出来的。因此,党的先进性与党员个人的先进性有着内在的联系。

也许有同学会问,党内还存在一些消极腐败现象,有些老党员、老干部出现失足,怎样看?怎么办?

这些情况的产生,恰恰是党员先进性丧失的表现。她从另一个侧面说明,先进性的至关重要性。

解决先进性问题,关键要从以下几方面着手:

第一,要从思想、政治、组织、作风等各方面入手,大力加强共产党员先进性的教育,增强党员作为先进分子的责任感。

第二,检查在保持先进性方面存在的差距,采取有效措施,加强党员修养,纯洁党的队伍,清除不良分子特别是腐败分子,切实解决目前党内在一定程度上存在的与执政要求还“不适应”“不符合”的问题,进一步提高全体党员的素质和先进性。

第三,每个党员都要按照党章的规定,履行好八项义务,行使好八项权利,结合自己的工作、任务和环境,真正发挥共产党员的先锋模范作用,在思想引领、政治立场、社会发展、道德修养等各个领域,真正成为社会的表率、群众的表率。

先进性既不是与生俱来,也不是一劳永逸的。那种认为“入党了,就万事大吉了,就可以懈怠了”的观点是错误的。因为:入党的手续是短暂的,但是,要保证思想上入党,保持党员队伍的先进性,做一个合格党员那是长期的。

这方面,党员领导干部要起带头作用。

三、怎样成为先进性的战士

(一)按照先进性的要求,规范自己的行为

1. 发挥模范作用。在学校的各项工作中,全校的学生党员,入党积极分子要做遵守纪律的模范、学习的模范、工作的模范、团结的模范、为民服务的模范,争取为学校建设发展做出了突出的贡献。

2. 学校的入党积极分子,要按照社会主义核心价值观的要求,带头实践社会主义荣辱观。

在我们的学校,应该做到如下几条①:

以热爱校园为荣,以损害公物为耻;

以遵纪守规为荣,以违反校规为耻;

以勤奋好学为荣,以逃学旷课为耻;

以诚实守信为荣,以作弊作假为耻;

以积极向上为荣,以懒惰散漫为耻;

以助人为乐为荣,以损人利己为耻;

以文明礼貌为荣,以行为不端为耻;

以团结友爱为荣,以打架斗殴为耻。

---

① 参考了其他学者的观点。

做到了这些,是真正贯彻了社会主义核心价值观,以自己的模范带头作用,积极促进和谐校园建设。

(二)积极参加党组织的活动

为什么要积极参加党组织的活动?因为参加党组织的活动,有利于先进性的培养。

首先,参加党组织的活动,学会组织各种活动的能力,增强工作能力、协调能力;

其次,通过党员的学习,了解党的路线、方针、政策,使自己理论思想成熟;

再次,参加党的教育活动,避免走错路、弯路、邪路;

再其次,参加党组织的活动,可以明辨方向;

最后,参加党组织的活动,能够使得自己保持警醒作用。

等等,这些都会促进学生先进性的养成,对学生的成长起到促进作用。

这些活动有哪些呢?主要有支部定期的学习活动、阶段性的培训学习活动、听学术报告、看教育影视片、针对某一问题讨论活动、专题的学习活动、考查学习、及时向组织汇报自己的思想作风等情况。

(三)熟悉入党的程序

对于积极分子,了解入党程序,我认为是必须的。把它讲清楚了,你也就知道自己该怎么办了。

1. 递交申请书

党章规定,中国共产党是中国工人阶级的先锋队组织。加入先锋队的成员当然是自愿的,强迫就不能保证组织先锋队性质。

自愿加入?就是自愿递交申请书。

要自己写申请书。写申请书,要抒发自己的感情,自己的认识,自己的努力方向。不是去网上下载,不能生搬硬套。没有文化的,自己口述,可以请别人代写。在农村有些地区,过去就有这种情况。

2. 参加党校组织的培训学习

为什么要经过党校培训学习?进一步系统地学习党章,要大家了解党的性质、宗旨及党的理论等。既然向党组织写了申请书,那么党组织就有责任和义务组织大家一起学习。有同学会问,组织学习好像就是强迫。因为,我递交申请书,但是我不想参加党校的培训学习!这里必须明确:组织学习党章,是有目的的学习活动,参加组织学习是自愿的,不是强迫。如果党组织的学习活动,都不参加,那还谈什么先进性?学习要讲究纪律,既然是党组织的活动,就必须有纪律的要求。按时参加学习,认真听课,积极参加学习讨论活动、参加结业考试等。

3. 写思想汇报

写思想汇报是一件长期的事情。思想汇报有口头的,有书面的。对于刚写申请书的同学来说,书面汇报是思想汇报的主要形式。思想汇报是定期汇报,一般是一个月左右写一篇。入党对思想汇报数量有要求,好像是8篇以上。写思想汇报不能搞突然袭击,一下子写上好几篇。从写申请书那一天开始就着手写汇报。入党之后,汇报的形式主要是口头汇报,参加组织活动等形式。

4. 组织确定入党为积极分子

从先进性的要求出发,分批次进行,将那些优秀成员确立为先进分子。能力有大小、觉悟有先后。学习态度、公益活动的表现、日常事务的表现和群众公认程度等都是学生先进性的具体表现。

5. 列为发展对象

支部进行组织考核,讨论。一是考查入党的动机;二是考查入党的要件;三是考查先进性程度;四是考查群众公认程度。

6. 开支部大会,讨论是否能够加入党组织

一是按照党章的要求,认真审理候选人的条件是否达到要求;

二是候选人向党支部确实汇报自己的相关情况;

三是支部正式党员投票决定是否接纳新成员。

(四)树立理想信念不动摇

1. 共产主义理想是人类理想的科学结晶

科学社会主义指明了人类发展的方向。为什么?

首先,科学社会主义体现了一种根本的社会价值取向,它以人类的彻底解放为目标,蕴含了社会正义、公正、自由等价值取向。

第二,共产主义是人类社会形态发展的最高阶段。

共产主义将是一个社会生产力得到高度发展、全社会的思想道德水平和科学文化水平极大提高,社会公正平等,每一个人获得全面、自由的发展,整个人类得到彻底解放的美好社会。

第三,共产主义是一种为实现其价值目标和社会理想而不断实践的现实运动。

共产党人是最低纲领和最高纲领的统一论者,共产主义不是一蹴而就的,每一个历史时代的共产党人有着具体的历史使命,而这种历史使命又是向共产主义不断接近的运动过程。从这个意义上说,共产主义就在我们身边。

2. 共产主义理想是保持党的先进性的“灵魂”

鸦片战争以来的历史发展已经证明,只有社会主义才能救中国,只有社会主

义才能发展中国。共产主义理想信念，永远是指引中国人民奋斗的强大精神力量，也是保持党的先进性的灵魂。

对于共产党的根本性质，毛泽东有一段非常精辟的论述，“我们共产党人从来不隐瞒自己的政治主张。我们的将来纲领或最高纲领，是要将中国推进到社会主义社会和共产主义社会去的，这是确定的和毫无疑义的。我们的党的名称和我们的马克思主义的宇宙观，明确地指明了这个将来的、无限光明的、无限美妙的最高理想。每个共产党员入党的时候，心目中就悬着为现在的新民主主义革命而奋斗和为将来的社会主义和共产主义而奋斗这样两个明确的目标”。

第一，共产主义理想是马克思主义政党必须坚持的核心价值。

第二，坚持理想信念是对党员进行先进性教育的题中应有之义。

第三，坚定正确的理想信念是保持共产党员先进性、不断推进党的事业的内在要求。

一部中国革命的奋斗史，也是一曲理想信念的赞歌，没有革命的理想信念，就不可能有中国革命的成功。

邓小平多次强调：“光靠物质条件，我们的革命和建设都不可能胜利。过去我们党无论怎样弱小，无论遇到什么困难，一直有强大的战斗力，因为我们有马克思主义和共产主义的信念。”他语重心长地告诫全党：“我们多年奋斗就是为了共产主义，我们的信念理想就是要搞共产主义。在我们最困难的时期，共产主义的理想是我们的精神支柱，多少人牺牲就是为了实现这个理想。”所以，开展共产党员先进性教育，坚持共产主义理想信念的内容不能丢。

科学的信仰和崇高的理想，永远是照耀人类历史前进的灯塔和不竭的智慧源泉。

我真心希望同学们经过努力，能够是实现自己的目标。

最后，祝大家在党课学习有新收获！

祝大家早日加入伟大、光荣、正确的中国共产党！

积极参与“两学一做”学习教育 推进学校各项工作上水平①

2016 年 4 月 26 日

各位党员同志:

大家下午好!

今年三月份以来,全党上下掀起“两学一做”学习教育的热潮。中央、自治区党委和自治区高校工委等上级党委都开了学习教育动员会,学校党委在 4 月 22 日下午就学校“两学一做”学习教育进行了全面的部署。“两学一做”学习教育事关每一个党员的学习进步,因此,今天我们在这里举行“两学一做”学习教育动员大会,认真学习领会中央关于加强“两学一做”学习教育精神,并结合学校的实际,讨论如何才能扎实开展“两学一做”学习教育,推进学校各项工作上水平,以此推进 2018 年学校本科教学水平合格评估工作。

下面我讲三个意见。

一、充分认识“两学一做”学习教育的重大意义

关于“两学一做”学习教育的重要意义,习近平总书记做出了重要批示。他指出:“两学一做”学习教育是加强党的思想政治建设的一项重大部署,是协调推进“四个全面”战略布局特别是推动全面从严治党向基层延伸的有力抓手。这为“两学一做”学习教育定下了方向和目标。

(一)“两学一做”学习教育是加强党的思想政治建设的重大部署

大家知道,思想政治建设是党建的关键。党的建设理论、目标要求和党的任务的落实,关键在于这些理论、要求、任务能否深入党员之“心”,就是常讲的“入脑”“入心”的问题。当前,对于各级党组织和广大党员来说,就是党章党规、习近平同志关于全面建设小康社会的重大理论成果是否为广大党员所掌握,是否“入

① 2016 年 4 月 26 日在学校全体党员“两学一做”学习教育动员大会的讲话。

脑”“入心”的问题。加强“两学一做”学习教育就是要让党章党规、习近平同志关于全面建设小康社会的重大理论成果“入脑”“入心”,成为党员同志开展党建工作、政治工作、行政工作、社会工作和教育工作等各种行动的指南。

(二)“两学一做”学习教育是协调推进“四个全面”战略布局特别是推动全面从严治党向基层延伸的有力抓手

十八大报告明确指出:“我们党担负着团结带领人民全面建成小康社会、推进社会主义现代化、实现中华民族伟大复兴的重任。”这就是说,已经为民族独立、人民解放、国家富强奋斗了近100年的中国共产党人,目前和今后的一个时期,将肩负着三大历史重任。

三项任务中,全面建设小康社会是新时期首要任务,它是推进社会主义现代化、实现中华民族伟大复兴的基础性工作。如果小康建设不成功,哪里还有现代化,哪里还谈什么民族复兴大业?

在党的十八大明确了“全面建成小康社会”这个宏伟的历史重任的同时,还规划了在全党分两批进行了党的群众路线教育实践活动。之后的十八届三中全会制定了“全面深化改革”、四中全会制定了“全面依法治国”这两个具有重大战略意义的决定。因此,就构成了“四个全面”的重大部署。

“四个全面”是管长远的重大布局。“四个全面”中,最为关键的是要真正做到全面从严治党。因为在当代中国,中国共产党是社会主义事业的核心力量,是人民小康、民族复兴和中华民族要崛起的根本保证。

党的基层组织建设是党建的最基础环节。俗话说:基层不牢,地动山摇。习近平同志指出:基层是党的执政之基、力量之源。党建的关键就是要将从严治党的要求成为基层党组织的自觉行为。

毫无疑问,“两学一做”就是着眼于党的基层组织建设和广大党员的自我学习教育的重大举措。每一个基层组织和每一个党员都要认真学习党章党规、学习习近平总书记系列重要讲话精神,并把它转化为自己内在的行动。这与群众路线实践教育、“三严三实”教育是一致的,都是加强党建的重大举措。

(三)我校开展“两学一做”学习教育是提高广西外国语学院党委凝聚力、向心力和战斗力的需要

广西外国语学院党组织经历了从党支部到党委的历史发展,学校现在的党员800多人,在广西高校党委中,我们的特色是明显的,成效是显著的。广西外国语学院十年发展的显著成绩,与学校党组织政治核心作用分不开,与广大党员的不懈奋斗分不开。但是,我们也应该看到,我校党组织建设面临不少问题。有什么问题?就是要靠大家通过“两学一做”学习教育找出来,针对问题认真改,达到夯

实基础、提升素质、提高管理水平和增强战斗力的目标。

二、明确"两学一做"学习教育的主要内容

"两学一做"学习教育非常丰富，我们要分门别类加以概括，才能达到事半功倍的效果。通过学习，有一些收获，我在这里列举一些重要内容，供大家参考。

（一）我们要明确"两学"和"一做"的内涵

首先，"两学"就是学党章党规，学习习近平总书记系列重要讲话精神。

党章是管党治党的根本大法，掌握党章党规是党员最基本的要求。党规是管理好党组织、管理好党员而制定一些纪律规范和要求，遵守党纪国法是广大党员尤其是领导干部的自觉行为。当然，这里不是要大家一定把党章党规逐条逐条背诵下来，而是指要领会其精神实质，将精神实质内化为自己的自觉行动，成为广大人民行为示范的模范。

学习习近平总书记的系列重要讲话精神。习近平同志系列重要讲话精神是马克思主义在当代中国的重大发展，是当代中国新时期的马克思主义，是指引我们全面进行小康社会的纲领性文献。主要包括《习近平总书记系列重要讲话读本》《习近平谈治国理政》等。通过学习经典，我们就能夯实自己的理论基础、明辨方向、站稳脚跟、厚实我们的底气。

其次，"一做"是什么？就是做合格党员。

党章明确规定：中国共产党是工人阶级的先锋队组织，中国共产党党员是中国工人阶级的有共产主义觉悟的先锋战士，对党员权利和义务有明确的要求和规范。现在，按照先锋队的要求，将先锋战士具体化，那就是：按照"四讲四有"要求，来规范党员。

"四讲四有"指的是什么？那就是：讲政治、有信念，讲规矩、有纪律，讲道德、有品行，讲奉献、有作为。做到这些，就是合格党员。作为老师，就是要按照"四有"标准，做好"四有"好老师。

至于这些具体要求，这里不想详细讲。我们将把它作为专题，通过党课来进行讲述。

（二）明确"两学一做"学习教育的要求，即基础在学，关键在做

首先，什么叫基础在学？"学"就是要通过学习，掌握理论基础和基本要求，这是做合格党员的前提，是做好工作的前提，是贯彻党的路线方针政策的前提。不学习，就是老一套，就会被历史发展淘汰。要突出问题导向，学要带着问题学。带着问题学，就是要思考问题、发现问题，这样才能学好、学实、学透。"学"要做到五到，即口到、眼到、耳到、手到和心到。

其次,什么叫“关键在做”? 主要有两项内容。

第一项内容是做合格党员。就是严格按照“四讲四有”的标准,树立党员的先锋形象,党员同志要用行动体现理想信念。现实中,个别党员理想信念淡化了,得了软骨病,为此,要通过学习教育把丢掉的“钙质”找回来,把不足的“钙质”补进来,增强理想信念,增强心理素质,提高学习效果。

第二项内容是建设合格基层组织和支部。要整顿不合格基层党组织,要建立、坚持和落实行之有效的制度,规范支部的建设。要针对基层建设中面对的新情况、新问题,严肃党内政治生活、组织生活,以改革创新精神补齐制度短板,真正使党的组织生活、党员教育管理严起来、活起来、实起来。

开展“两学一做”学习教育,真正把党的思想政治工作抓在日常、严在经常,从而实现把全面从严治党落实到每一名党员、每一个党小组、每一个支部、每一个总支、每一个党委。

(三)增强党员四大意识,坚定正确的政治方向

四大意识主要指什么? 就是政治意识、大局意识、核心意识、看齐意识。

“两学一做”学习教育是党性教育、党的作风教育、做合格党员的教育,党员践行“两学一做”学习教育要经常自省下列问题。

第一,我们的政治意识怎么样,是否符合科学理论的要求? 习总书记强调:“政治敏锐性是对意识形态领域最基本的要求,绝不能在这方面犯错误。”在我们学校的发展中,我们强调中国魂,中国魂是学校的校训。中国魂的理念与现实要求的政治意识是相一致的,与中国特色社会主义核心价值观是一致的。因此,要把中国魂的理念贯穿在学党章党规、学系列讲话和做合格党员的学习教育中。要使得广大党员、积极分子、广大师生了解中国历史,熟悉中国文化,珍爱中国传统美德,拥护祖国统一,维护民族团结,讲大局意识。把中国魂深入自己的精神血液,在自己的上课、学习、生活和对外交往中,得到充分的体现。党员同志必须增强自己的政治敏锐感。要切实履行宗旨意识、岗位意识、党性意识,我们就不惧怕任何风险。

第二,我们的大局意识怎样,是否具有胸怀全局,放眼世界的眼光? 就广西外国语学院而言,我们每一个人都是学校的一员。我们个人的利益与学校的利益是一致的,只有学校整体向前发展了,我们个人的利益才会实现。因此,我们的大局意识体现在我们是否具有与学校发展相符的大局意识、全局意识? 我们所言、所想和所做的是否首先考虑学校的整体利益、学校的声誉? 学校向前发展中,困难是有的,问题是客观存在的,在这种情况下,作为学校的一员,我们所言、所想、所做的,要首先考虑到学校的整体利益。这一点,领导干部、资深教授们要起模范到

头作用才行。

第三,我们的核心意识怎样?我们所想的是否与国家繁荣富强、人民共同富裕和民族复兴大业的要求相一致?我们的核心意识要贯穿中国特色社会主义共同理想。要把党章党规学习和做合格党员的学习教育与认真马列主义、毛泽东思想和中国特色社会主义理论结合起来,坚持共产主义理想信念,践行社会主义核心价值观,加强马克思主义世界观、价值观和人生观的学习、锤炼,巩固学习效果。

第四,我们的看齐意识怎样,是否向正能量看齐?见贤思齐!这是中华文化中的内在要求,这是共产党员内在要求。现在经常讲要弘扬正能量。什么叫正能量?就学校而言,就是对学校向前发展起到促进作用的言行和效果。通过学习教育,使得所有党员、积极分子、广大师生进一步树立爱国家、爱集体、爱民族、爱学校、爱他人、爱自己、爱专业、爱科学的理念,使得学校大爱精神贯穿课堂教学、业余学习和社会活动等过程中。

(四)通过“三亮三比”发挥先锋模范作用,提高工作效率

习近平总书记的批示强调:把合格的标尺立起来,把做人做事的底线划出来,把党员的先锋形象树起来,用行动体现信仰信念的力量。在高校尤其是我们学校怎么落实,就是按照“三亮三比”开展工作。

“三亮三比”是什么?三亮是指亮标准、亮身份、亮承诺;三比是指比技能、比作风、比业绩。通过“三亮三比”,使得学校的党建工作、思想政治工作、学生工作、教学工作、科研工作、行政管理工作等稳健阔步向前。

(五)明确“两学一做”学习教育的范围和责任

习近平总书记的批示中讲到:部署“两学一做”学习教育,就是要推动党内教育从“关键少数”向广大党员拓展。它表明,“两学一做”学习教育是全体党员的事情,每位党员都有自己的责任和任务。因此,要明确支部内部书记、委员、党员的各自责任。支部内部要互相监督,保证学习教育效果。书记是学习教育的组织者,要承担起主体责任、发挥示范带头作用。委员在其所负责的方面起着示范作用。党员是参与者,负责提高自己、帮助党员和监督党员的工作。

(六)从集中性学习教育向经常性学习教育延伸

学习教育的方式主要有两种,一种是组织集中性学习教育,一种是经常性分散性学习教育。集中性学习主要是解决关键性问题的学习教育,是间断性短暂的学习教育。经常性分散性学习教育是长期性学习教育,是学习教育的基础,是学习教育的根本途径。我们要通过集中性学习教育推动经常性学习教育,通过经常性学习教育夯实学习教育的基础。因此,必须贯彻好“三会一课”、开展好组织生活会、完善党内民主生活会,通过这些,发挥好党支部在从严教育管理党员中的应

有作用。

三、做好“两学一做”学习教育的关键性性环节

要使得“两学一做”学习教育取得成效,我们要注意哪些关键性的环节呢?

(一)“学”的方面体现“四个结合”,“做”的方面实现“五个统一”

这一点,我在参加自治区高校工委贯彻“两学一做”学习教育工作座谈会上的发言中,已经做出了阐述,文稿已经在学校网页上刊发了。在这里,我把观点摘录下来。

所谓“学”的方面的“四个结合”是指:常态化学习教育与集中重点学习教育相结合、学习教育与开展讲座相结合、学习教育与讨论相结合、学习教育与宣传工作相结合。

所谓“做”的方面实现“五个统一”是指:实现合格党员与遵守党纪党规的统一、合格党员与开展调查研究相统一、合格党员与党员成长成才的统一、合格党员与总结提高工作的有机结合。

(二)按照中央精神,严格执行各种规定的步骤

1. 开好学习教育会议。认识是开展工作的第一环,认识清楚了,工作的推进才会有效果。怎么才能提高我们的认识?我们开的学习教育动员会,就是学习文件、加深认识的问题。支部本身内部的学习教育会议,更是提高认识的环节。

2. 参加各种学习教育讲座。这是着眼于提高理论水平、营造学习氛围的必须工作。按照党委工作的统一部署,每月一讲座。请同志们认真参加。

3. 时常关心国家大事,积极学习领会中央精神。具体说来,就是经常浏览新闻、看电视、上网学习等。关于网上交流,这里要强调的是:网上交流学习出发点是弘扬正能量,发表那些成熟的见解,交流有益的看法和主张。网上不是传播负能量的场所。作为 QQ 群的我们,要遵守 QQ 规则和纪律。我们在网上发的东西,就是一种宣传。宣传就要负宣传责任,宣传正能量的信息会产生正能量的结果,这当然好办。现在的问题是,有些极端的观点也在网上发布,谁发布这些极端的观点、反动的言论,谁就要对你所发那些极端言论可能产生不良的后果要承担责任。因此,对于思考还不成熟的东西、负能量的东西、对学校声誉不利的东西,是不能在网上发的。有问题要通过正常渠道进行,力求正当解决。一些极端的言论、做法都应当极力避免的。为什么?因为它无助于问题的解决。

4. 积极参加和支持支部的工作,真正查找问题。每一个党员最终都是归属于一个具体的支部的,通过支部来管理的,每一个党员开展党务活动都是通过支部进行的。我们共产党内不存在没有支部的党员。支部是就我们的家,作为支部的

一份子，积极参与支部的工作，这是理所当然的。但是，现实中，就有极个别的党员同志就不这样。往后，我们要特别注意这一点。

查找问题，重点在哪里？查找党员的“四讲四有”方面存在问题；查找党员“四大意识”方面存在的问题；查找党员的宗旨意识淡薄问题；查找工作中消极懈怠，不作为、不会为、不善为的问题；查找逃避责任、扯皮拖拉、互相推诿的问题等等。

5. 做好宣传工作。做好宣传工作人人有责。宣传工作包括哪些内容？关心宣传工作、浏览宣传新闻、关心网页建设、提供新鲜的正能量新闻、监督新闻宣传、写新闻报道等环节。作为党员个人，就有义务参与这些工作。现在有一种误解：少数党员同志认为宣传工作只是宣传部门、新闻部门的事，与自己无关！其实这是错的。新闻宣传关乎千家万户，关乎事业发展，因此，每一位党员同志，都有义务为新闻宣传做出贡献。尤其是民办高校，一人多岗位，工作任务繁重，要做好新闻宣传，都离不开全体共产党员的努力和支持！

（三）认真开好组织生活会、民主评议党员会议

这是“两学一做”学习教育重要的步骤。通过组织生活会，分析和发现问题，通过组织生活会，商讨解决问题的办法和途径，最终将问题得到妥善解决和处理。使党组织的凝聚力、向心力得到增强。

做好民主评议党员的相关工作。这是加强党员管理的关键一环。要清理那些长期不参加组织生活、不加党费的党员同志，要认真清理那些口袋党员、失联党员工作。至于这些问题党员，通过支部评议，按照党章党规的要求和中央的精神，认真加以解决。该处分的就处分，该清理的就清理。

各位党员同志：今年是中国共产党建党95周年，是红军长征胜利80周年。我们将把“两学一做”学习教育与纪念建党95周年、红军长征80周年等活动结合起来，认真总结学校党建方面的成效、经验，推进学习教育工作的稳步进行，促进学校党建工作和其他工作迈上新台阶！

扎实推进两学一做学习教育，争取成为模范的先进性战士[①]

2016 年 5 月 30 日

各位同学，大家晚上好！

召开学生党员座谈会，是我的主意。为什么要开这样一个座谈会？也就是说，开座谈会的主要目的是什么？此次座谈会主要目的就是：交流“两学一做”学习教育开展过程中，学生党员们的收获情况。在座谈过程中，同学们围绕在“两学一做”学习教育中，本支部做了什么？自己有什么收获或者体会？存在的主要问题是什么？对下一步工作的开展有什么好的建议和意见？等等。大家不必拘束，畅所欲言。

在大家的发言中，我都把大家发言的内容记录了下来。下面我先梳理一下。

欧美学院学生党支部认真执行学校“两学一做”学习教育方案。认真学习党章、党规，学习习近平总书记的系列重要讲话精神，积极开展清洁宿舍和校园、参加青秀区社区清洁活动。通过前一阶段的“两学一做”学习教育，学生党员以及积极分子积极性调动起来了。

国贸学院除了党支部努力开展“两学一做”学习教育外，还与学生的主题班会结合起来，将学党章、党规和习近平总书记的系列重要讲话精神扩大到积极分子和广大学生，通过学习交流，同学们对党的知识、党章党规有了更深刻的了解，并努力践行到自己的学习工作中。

文学院支部开展活动很有自己的特色。在学习方面，文学院学生支部开了三次学习座谈会，主要是学习党章党规、学习习近平总书记的系列重要讲话精神，同学们以自己的诗歌、散文等形式积极开展中国梦的学习讨论。在做合格党员方面，文学院学生党员把学雷锋活动、慰问敬老院的老同志结合起来，社会评价良好。

---

① 2016 年 5 月 30 日在主持学生党员座谈会上的讲话。

艺术学院在“两学一做”学习教育中，通过演讲比赛、制作图片、收集文献资料等形式深化“两学一做”学习教育。他们的演讲比赛特色鲜明、成绩显著。曾组织参加广西民族大学举办的全区大学生“永远跟党走”的比赛，获得优胜奖和优秀组织奖。教育厅也对他们的比赛给予了录像。

东语学院党员人数虽然较少，但是，“两学一做”也有自己的特色。由于部分党员不在国内，因此，他们加强自主性学习，强调自觉性，他们利用网络的形式汇报自己的学习教育情况。在校的党员，积极参与创建文明宿舍的工作；他们通过积极参与各种对外翻译活动，发挥党员的先锋模范作用。

管理学院的学习教育工作丰富多彩。学生党支部积极参与美化校园、美化烈士陵园的工作；积极开展学雷锋活动，开展多种形式的学习讨论活动，研讨“如何发挥学生党员的模范作用?”等。最值得赞赏的是他们从四月份开始，规划了一系列“两学一做”学习教育的竞赛活动，六月初，他们将进行总决赛。他们还把学习教育工作与升旗仪式结合起来，效果良好。有一位学生党员用 16 字总结学生党员如何才能发挥模范作用，即“严以修身，以身作则，深入群众”。

会计学院支部特色鲜明，他们把学雷锋活动、看“红色传奇”后谈体会、民主生活会、创建“示范宿舍”、每位党员都要撰写电子板报等结合起来，学习效果良好，在学生中反响很大。在发展党员中，他们坚持态度不端正者，不予考虑的原则。“不忘初衷，方能始终”，因此，把关很重要。

信息工程学院学生党员不多，但是，学习教育工作依然有特色。党员同志积极参与“示范宿舍”的创建工作，在课堂纪律、宿舍卫生等方面，强调党员的先锋模范作用。他们的学习教育紧紧结合自身专业特点，富有成效。例如他们办电子板报“壮青春”参加教育厅在西大举办的“协同创新比赛”，获得优秀奖。

听了大家的发言后，很有启发性，感到很振奋。学生党支部的“两学一做”学习教育成效是显著的，党员以及积极分子对党章党规的认识有了加强，政治素养有明显提高。表现在以下几个方面：第一，对党章党规有了更为深刻的了解，对习近平总书记系列重要讲话精神有了初步认识。对如何开展合格党员的学习教育明确了自己的努力方向。第二，学习教育活动丰富多彩。主要有知识竞赛、电子板报、清洁校园、服务社会、民主生活会、观看影视片、主题讨论等多种形式。因此，使得整个学习教育工作生动活泼，党支部的内聚力和影响力得到加强。第三，通过撰写心得体会、出版报的形式，自己的理论水平、理论素养得到提高。第四，通过交流学习经验，对党员发展的程序、要求有了更为规范和科学的了解，对于下一步开展党员发展意义重大。第五，对于端正入党动机、党员的历史使命、党员的社会责任感有了更为深刻的认识和感触。

对于今后“两学一做”学习教育的开展,我想下面的几点是大家要认真参考的:第一,要以支部为单位,进一步总结前阶段“两学一做”学习教育的经验,寻找差距和不足,把“两学一做”学习教育真正落到实处,做到“实的”更“实”,“虚的”落实、抓实,做到“三严三实”、真真实实。第二,要杜绝和防止松懈的思想。学党章党规、学习经典著作和做合格党员的学习教育永远在路上。不要把“两学一做”当成一次活动,做一段时间就结束了。要明确的是:“两学一做”学习教育永远在路上,学党章党规、学习经典著作永远在路上,做合格共产党员永远在路上。第三,要继续深入学习党章党规和习近平总书记的系列重要讲话精神,在理论学习深入方面要不止步、永迈步。要防止大而空,力戒形式主义。第四,通过“两学一做”学习教育活动巩固学生党支部建设,加强党员队伍建设。第五,学生党员要起模范作用。学生党员干部要在“两学一做”学习教育活动中走在前面、深学一层,严格执行组织生活制度,以普通党员身份参加所在支部的组织生活,与党员一起学习讨论、一起接受教育、一起参加党员民主评议。第六,在工作上遇到疑惑要及时向领导、老师请教,团结一致,壮大党组织。

往后,我们要坚持党的教育方针,按照“德才兼备”要求自己,积极参加党组织的活动,按照党章党规的要求,按照合格党员要求规范自己,争取成为模范的先进性战士。

践行“五统一”提高读书学习效果[①]

2016 年 5 月 31 日

老师们、同学们：

大家下午好！

在全校师生员工的热情支持关怀下，广西外国语学院 2016 年读书月系列活动就要圆满地落下帷幕了！

在此，我代表学校党委、行政向为这次活动付出辛勤劳动的全体师生员工表示衷心的感谢！

向大家在活动中取得的丰硕成果表示祝贺！

昨天，图书馆张馆长拿了本次读书活动月的成果之一——他们编辑印刷的一套丛书（共五本）到我办公室，里面是你们此次读书活动月的朗诵感言和读书感言。我初步看了一下，大概有 200 多万字。我感到欣慰的是：里面的内容非常丰富，分析见解深刻，绝大多数都是经过认真阅读、思考而得出的至理名言和感悟。我感到同学们的读书活动真正达到了“入神忘情、灵魂升华”的境界。

从这 200 多万字的朗诵感言和读书感言来看，此次读书月活动，可谓成果丰硕！

为什么会在如此短暂的时间里，取得如此良好的效果呢？我想，读书活动月的系列活动实现了以下“五个统一”。

第一，实现了爱自己、爱学校的统一。读书是一种提升自己素质和热爱自己的行为。每年的读书活动月的系列活动是学校提高教学质量的一个重要改革环节。在读书月的系列活动中，大家以极大的热情参与并投入读书月活动，这本身就是爱学校的具体表现。不仅如此，通过读书，同学们明确了自己的志向与人生追求；通过与同学们合作诵读的过程中，同学们增进了友谊，增强了对母校的情感。通过读书月系列活动，同学们实现了爱自己、爱学校的统一。

---

① 2016 年 5 月 31 日在 2016 年校园读书月系列活动闭幕式上的讲话。

第二,实现了用心读书和用心思考的统一。从同学们 200 多万字的心得来看,这些心得不是一下子心血来潮能够写出来,是认真读书和悉心思考的结果。

第三,实现了集中相互学习与自觉学习的统一。此次活动月读书活动,既是一次有组织的读书学习,更是一次自觉的学习活动,是两个方面的有机统一。缺少任何一方面或者任何一方做得不好,都不会取得如此好的读书效果的。

第四,体现了经常性学习和集中性学习的统一。集中性读书学习效果如何,与经常性学习和习惯性养成是分不开的。没有平时的积淀,集中也难以奏效的。此次集中性读书活动,是大家经常性读书学习的一次大检阅。

第五,体现了读书学习与学科方法研究的统一。读书读书,各学科读书的方式是不一样的、每一个人的学习方法也是不一样的。在读书月活动中,同学们把读书月活动与专业学科学习相结合,使用了科学的读书方法,收到了事半功倍的效果。本次的学习效果,既体现了本次读书学习的效果,更是体现了大家平时关注学科方法研究的结果。

本年的读书月系列活动算是结束了,但是读书并没有结束。读书活动月的读书只是学习进步发展的一个小小阶梯。因此,在今后的读书方面,你们要将本次活动中好的读书学习方法认真加以总结,切实践行"五统一",这样,你们的"入神忘情、灵魂升华"就会达到最佳的境界,你们读书学习的效果将会更加显著!

同学们,你们的朗诵感言、读书感言凝聚了莘莘学子的人生感悟,是留给后人的宝贵感悟传承!

学校图书馆已经将你们的朗诵感言、读书感言收集装订成册,学校图书馆会将它永远珍藏起来!

因此,可以说,你们的朗诵感言、读书感言是你们的学习成果,更是你们对学校发展做出的一大贡献,学校感谢你们!

最后,希望同学们继续遨游书海,让"书韵、大爱、广外情"的精神永葆青春!

铭记党的历史，推进广外发展[①]

2016 年 7 月 1 日

党员同志们：

今天是中国共产党诞生的纪念日，全国上下都在隆重纪念党的生日。

在这里，我们向伟大的中国共产党表示敬意！

向为中国革命做出贡献的全体共产党员和革命前辈表示敬意！

向为中国社会主义现代化做出贡献的全体共产党员和社会主义建设者表示敬意！

同时，我们也要向为广西外国语学院的建立和发展做出贡献的董事会领导、全体共产党员和广大的师生员工表示敬意！

中国共产党是伟大的光荣的正确的马克思主义政党，是中国革命、建设和改革的核心力量！

下面，我讲三个问题。

一、中国共产党创建了开天辟地的历史性重大贡献

毛泽东同志在新中国成立前夕，指出：中国产生了共产党，这是开天辟地的大事变。这是对中国共产党成立的伟大意义以及中国共产党在中国革命和中国社会中的重大贡献做出的评价。

那么，什么是开天辟地呢？起码具备两层意思：一是，就是世界上原来没有，而现在有了。二是，它的到来，使得世界因它的作用而在某些方面尤其是全方位发生的良性的永久性翻天覆地的变化。这方面的事情，在中国历史上是不少的。四大发明对人类历史发展的贡献，中国儒学思想对人类思想宝库的贡献，中国几千年政治制度建设对人类社会管理的贡献等，都是这方面的例子。作为开天辟地，二者因素是必不可少的。1910 年，中国产生了 300 多个政党，但是他们都昙花

---

① 2016 年 7 月 1 日在纪念中国共产党成立 95 周年纪念大会上的讲话。

一现,很快就灰飞烟灭了。对于这些政党来说,在中国,确实以前没有过,但是,它们对社会的发展没什么影响。所以,是不能用开天辟地来描述它们的意义的。

对于中国共产党来讲,“开天辟地”是恰如其分的!实事求是的!

为什么这样说呢?鸦片战争以来,为了民族独立和人民解放,一代一代的革命先辈前赴后继,抛头颅、洒热血,做出了自己的努力和贡献。但是,中国仍然还在黑暗中摸索。在十月革命的影响下,在共产国际的指导下,诞生了中国共产党。中国共产党一诞生,就把实现民族独立和人民解放作为万里长征的第一步,积极投身并领导了中国革命,经过 28 年的艰辛努力,带领人民,一起推翻了压在中国人民头上的三座大山,终于取得了中国革命的胜利,实现了民族独立和人民解放的任务。中国人民站立起来了!为了这一天的到来,花了整整 109 年的长期艰苦卓绝、不懈奋斗!真是不容易!

现在,时光又过去 67 年了,中国现代化建设取得巨大成就,现在正处于千年未有大变局!中国现在是世界第二大经济体,2010 年,对世界经济增长的贡献率超过 30%!现在的贡献就更大、更多、更重要!现在,世界上很多国家包括西方国家都在搭乘中国现代化的快车!西方的辉煌将慢慢散去!很多西方人感觉恍如隔世之感!中国花了 60 多年,走完了西方近 300 ~ 400 年的路程!今天再来重温毛泽东同志有关开天辟地的讲话,感觉就是:更加意味深长,真知灼见!

中国共产党引领中国进步发展是全方位的,人们可以从不同的角度进行分析和阐述。下面,我就从开天辟地的角度,阐释中国共产党的重大贡献。

第一,创建了和建设了真正先进性政党

先进政党或者政治集团引领时代潮流、引领社会发展这是历史发展的规律。一个政党的成立,并不会自动解决先进性问题。先进性是要经过长期探索才能够坚持和发展的。如果不善于建设和创新,本来先进性的政党也会掉队、落伍和分裂的。建设一个先进性的政党来引领潮流、引领社会向前发展,这本身就是开天辟地的首要因素。中国历史上的朝代更迭,“其兴也浡焉,其亡也忽焉”很好地说明这个道理。“其兴也浡焉”,就是当时的政治家集团能够顺应历史潮流,做出与时代发展要求相符合的举措,得到人民的支持的结果。“其亡也忽焉”就是当时的政治家集团,逆历史潮流而动,懒政恶政,因此,被历史发展所抛弃。这一点,就是马克思主义政党也不例外。苏联共产党的历史就是一个很好的例证。十月革命之时,20 万党员能够夺取俄罗斯,建立了世界上第一个工农劳动群众当家做主的社会主义国家,开创人类历史的新纪元。然而,后来,在它的党员人数达到 1800 万之时,守不住社会主义,导致国家分裂,资本主义复辟!宋代思想家苏洵在他的《管仲论》中说过:“祸之作,不作于作之日,亦必有所由兆。”它的意思是说,祸害的出现,不是一时之过,而是长期累积的。苏共的历史命运,完全是他们自己造成的。因此,一个民族能够创建和建立一个先进的与时俱进的政治团体,通过这个团体来引领社会的发展,是一个民族的荣耀和光荣。在工业革命之后,人类已经进入现代化时期,一个民族能够孕育和锻炼出一个真正的马克思主义政党,并通过这个马克思主义政党引领社会向前发展,则是一个民族的大幸!

中国共产党是一个马克思主义政党,它严格按照马克思主义理论武装自己,始终以先进性的要求规范自己,以实现先进性的战士!

中国共产党是具有自我净化、自我提高能力的党,她始终坚持全心全意为人民服务的宗旨,有能力、有魄力、有办法反对和纠正党内一切脱离人民群众、腐蚀党的健康肌体的消极现象。这就使得她能够保持生机和活力,不断发展壮大。

中国共产党是一个创新型政党,她不断进行理论创新,不断以创新的理论指导创新的实践。不断通过新的实践验证和完善新的理论。毛泽东思想和中国特色社会主义理论体系就是扎根中国大地的马克思主义理论。因此,她领导人民从事的社会主义事业成就非凡。

宋代思想家苏洵说过:大功之成,非成于成之日,盖必有所由起。中国共产党的成就,不是一天做出来的,而是多年来努力奋斗的结果。

中华民族有幸,出了中国共产党!没有中国共产党就没有新中国!这是历史的必然,是历史的结论!中国共产党的领导是中国革命、建设和改革最本质的特色、优势和保证!是中国迈向未来的最本质的特色、优势和保证!

第二,探索并找到了适合中国国情的社会主义道路

走大同之路是人类社会一直以来追求的目标。但是大同之路是什么样的路?封建时代的先辈进行过探索,"均贫富、等贵贱"作为举旗议事的口号,但是,由于时代所限和阶级的局限,一旦事业成功,江山到手后,依然旧恶丛生,面貌依旧,周而复始。主张君主立宪制的康有为写了《大同书》,想柔和儒家学说与君主立宪来来实现大同之路,结果是幻想,什么也没办成。正如毛泽东同志所说的:康有为写了《大同书》,他没有也不可能找到一条达到大同的路!

这条路,中国共产党找到了,那就是民主革命是社会主义的必要准备,社会主义是民主革命的必然结果,通过民主革命走向社会主义,这是中国马克思主义的天经地义。而后,通过改革来发展社会主义,走中国特色社会主义道路,最终逐渐走向共产主义,实现人类的大同!这条道路走了近百年,其真理性已经为历史发展所证明,未来的历史将继续证明它!

第三,唤起民众关心国家大事

历史上,中国民众在政治方面是被边缘化了的。不仅如此,教师上课也是不

能谈政治,尤其是不能谈时事政治的。近代以来,由于西方的侵略,民众困苦不堪,更是边缘化到可以忽略不计的程度。但是,人民群众是历史的创造者,要根本上改变中国的命运,推翻三座大山,没有民众的觉醒,是绝对办不到的。孙中山就吃了没有唤醒民众的亏,因此,孙中山在他的遗言反复交代:深知欲达到胜利,"必须唤起民众"。但是靠谁唤醒的呢?孙中山指的是小资产阶级和民族资产阶级,这其实是办不到的。真正唤起民众的是中国共产党。在这方面,毛泽东同志做出了突出的贡献。早年他就写下了《民众大联合》,20 年代中期,又写下了《中国社会各阶级分析》《湖南农民运动考察报告》等名篇,详细论证了怎样分清敌友和唤起民众。民众唤醒了,民众参加并支持革命,革命才有力量,革命才能成功。中国共产党不只是唤醒民众,更为重要的是教导民众如何掌握马克思主义理论,实现马克思主义理论的自觉,用它来掌握自己的命运。唤醒民众,就是要民众参与国家的管理,人人起来负责,人人监督政府、监督党的作为。唤起民众的贡献是不可限量的。

民众关心自己、关心国家、关心发展,这样国家才有希望!现代化才有希望!现在,人民群众无不关心国家大事,这对于中国未来的发展,对中国梦的实现是至关重要的。

第四,真正实现民主共和

从政治角度上讲,所谓"共和",其实就是一种政体。就是统治阶级召集大家"共同"议事,处理国家事务,以实现对国家的管理。它和封建时代的君主制度相对应。当然,"共和"的实现和种类不是单一的,每一种"共和"都有它自己的内容和表现形式。

在中国最先喊出共和的,应该是从孙中山开始的。孙中山的"共和"指的是民族资产阶级的民主共和。这面旗帜有没有作用?有。那就是通过这面旗帜,把中国旧民主主义推上了高峰,但是他没有能够真正实现他自己所主张的共和,后来演变成袁世凯为代表的大地主复辟,继而到蒋介石那里就演变为四大家族为代表的大地主、大官僚资产阶级的所谓"共和"。蒋介石的"共和"与孙中山的"共和"是天渊之别。蒋介石借共和之名,行独裁统治之实。据研究,蒋介石曾经担任 80 多个主席职位。

在中国共产党领导下,我们的政权是人民政权。在大革命时期,一切权力归农会。在土地革命战争时期,实行工农武装割据,它的政权性质是工农革命政权。在抗日战争时期,实行"三三制"的政权,国家政权机关人员由共产党、民主党派和无党派人士各占三分之一组成。

中华人民共和国是工人阶级领导的以工农联盟为基础的人民民主专政的国

家政权。人民的主体是工人、农民、小资产阶级和民族资产阶级。我们的“共和”一方面就是动员人民共同议事、共同讨论国家大事,为国家发展建言献策;另一方面就是人民通过选举自己的代表组成各级人大,通过人大任命国家机关工作人员掌握国家政权。当然,选举办法各国有自己的特色和自己的做法,世界上就没有统一的标准。我们的国家是人民的国家!国体就是人民民主专政,是劳动者自己的国家政权,劳动者占人口的绝大多数,是多数人的国家政权。政体就是人民代表大会制度,由人民选举自己的代表组成各级人大。中华人民共和国与历史上少数剥削者当政的政权是根本不同的。所以说,新中国成立开创中国历史新纪元。人民的国家是保护人民的。我们就是在这样的国家中,通过劳动者的双手,完成现代化任务的。

第五,现代化成就非凡

中国现代化的真正起步发展是从新中国诞生开始的。在中国共产党的领导下和规划下,逐步全面向前推进的。60多年来,在农业、工业、国防、基础道路、城市建设、农村发展、科技领域、电子网络领域等方面成就非凡。以国防工业为例,“两弹一星”、“神舟”飞船、“嫦娥”奔月、“蛟龙”入海、“神威”“天河”超算称冠……从零到有,从落后跟进到引领世界潮流,这些东西都只是中国现代化的一个侧面而已。这些东西很重要,是一个民族综合实力的体现,是大国强国的标志。邓小平同志曾经指出:“如果60年代以来中国没原子弹、氢弹,没有发射卫星,中国就不能叫有重要影响的大国,就没有现在这样的国际地位。这些东西是反映一个民族的能力,也是一个民族、一个国家兴旺发达的标志。”除此之外,中国在高铁、航运、高速公路、大江大河治理技术功底深厚,技术先进,很多在世界上引领潮流。现在,中国的大国底气很充足,就是得益于这些东西。

第六,农业现代化获得重大发展

农业最基本问题就是解决人的吃饭问题。饭都吃不饱,还谈什么现代化?中国占世界人口四分之一,吃饭问题比起其他国家来说更显得迫切和重要。近代以来,吃饭问题历来困扰着中国各阶层的人们。

新中国成立前夕,美国当权者曾经预言,没有任何一个政府能够解决中国近五万万人口的吃饭问题,他们等着新中国会像某些国家一样或者国内某些人一样,靠拾美国牙慧、领取美国的洒在地上的救济粉过日子。毛泽东同志在回击美国当权者时就明确指出:中国共产党人不仅能够善于砸烂一个旧世界,我们还善于建设一个新世界。解决中国吃饭问题,就是靠增加生产。

怎样才能根本解决中国的吃饭问题呢?中国共产党人主要从三个方面展开,一是通过农业社会主义改造,建立社会主义制度;二是通过开拓各种水利基础设施,加大水库建设力度,为农业水利灌溉打下基础;三是积极开展农业科学研究,提高农业的综合生产能力。

20 世纪 60 年代,以湖南、广西和海南等省得农业科学家在水稻杂交育种的理论和实践研究方面取得重大突破,实现了高产高效优质。现在杂种优势理论已经成功运用到许多农作物！杂种优势理论和实践,成功解决中国人口吃饭问题。中国耕地占世界不足 7%,却养活 22% 的人口,就是这一项就创造了人类历史的奇迹。新中国成立以来,依靠集体经济的力量,修建了 84000 多座水库,在大江大河的治理方面也取得非凡的成就。现在,在社会主义农业制度的保障下,加上完善的水利基础设施和先进的农业科技,中国农业综合生产能力是完全有保障的。验证了毛泽东同志新中国成立前夕的万丈雄心:"中国人民不但可以不向帝国主义者乞讨也能活下去,而且还将比帝国主义国家要好些。"农业生产的成就就证明了这一点。

第七,建立了社会主义市场经济,推进了中国现代化建设

中国远古时代起都有市场,不过那是小市场,只是调剂生产余缺,没有形成真正意义上的市场。真正市场经济是工业革命开始以来,由于生产力大幅度提高,商品和服务需要寻找出路,才慢慢形成的。商品和服务是为市场需要,通过市场换回自己所需的东西。关于市场经济,传统观念认为:市场经济是资本主义的本质特征,计划经济是社会主义的本质特征。西方和东方都这样认为的。西方国家一直在讨论中国的市场经济地位问题,就是这方面原因在作怪。也可以说是对中国市场经济的歧视。

不管别人怎样看,中国搞市场经济已经搞了近 30 年,在制度建设、法律法规方面都日臻完善。90 年代,强调市场的基础性作用,十八大之后,强调市场的决定性作用。这些都是对市场功能和作用的认识逐渐加深、逐渐符合市场的内在性质的。

中国经济体制改革的目标就是建立和完善社会主义市场经济。这一突破意义太重大了。商品和劳务满足市场需要,这是未来经济发展不可逆转的。所以,现在中国的商品和劳务遍及整个世界、独占鳌头。这是充分发挥市场作用的结果。从社会主义市场经济近 30 年的实践看,中国共产党在经济发展方面,已经号好了脉,把好了大方向的。

第八,积极倡导和切实践行"和平发展、合作共赢"的理念,共同构建人类命运共同体,得到全世界绝大多数国家的赞誉和支持

西方资本主义"强国必霸"的思想是奴役世界人民的思想,尽管它表面强大,其实都是外强中干的。人家"怕"它,是因为在这个阶段,它借助工业革命的浪潮,

先发展起来了,目前掌握着先进技术的缘故。但是人们的心里并不认可！这种“必霸”的思想是违背人类发展本质的,违背人类发展规律和潮流的,因而是短命的。为什么能够这样讲？因为“霸”是以危害别人的自由、侵占别人利益为前提和目的的,这就违背人类的公平、正义、自由、平等、和谐等人类文明发展本质理念,由此,必然导致人们憎恨它、推翻它。

英国霸了一百多年就落伍了,前几天还通过公投决定退出欧盟。日本在明治维新后,有了点发展,又在甲午海战中战胜了中国,并获得2.3亿两白银的赔偿,就得意扬扬,把浮肿当作健壮,也搞起了霸权。结果,在二次大战中被打得粉碎,要不是美国的“怜悯”和袒护的话,都差点被历史淘汰了。二次世界大战后,美国登场啦,开始和苏联争霸,1991年8月,苏联这一“霸”“霸”了46年,突然间跨了,美国单“霸”了十年,迎来了“9·11”事件,之后,逐渐走下坡路。美国这一“霸”现在还在,但是,已经大不如前了,处于毛泽东同志1949年形容美国驻华大使司徒雷登在华所处的“茕茕孑孓,形影相吊”的状态,除了日本、菲律宾等两三个三流国家向他哈腰之外,基本没太多市场了。

“霸”的理念不是人类发展的本质理念。中国曾经引领世界潮流几千年,其实就是“和为贵”思想唱响的几千年,中国共产党倡导的“和平发展,合作共赢”符合人类发展的本质,是人类发展潮流,是世界人民共同追求和遵守的。现在,除了几个白眼狼国家之外,中国在世界上真正的朋友遍天下！

以上列举的这些方面,都是在共产党领导下发生的,并且对中国未来发展将产生深远的影响。

二、中共广西外国语学院党委工作成效

我们学校2004年成立,到现在已经12年了。我们培养了2万多名合格的大学生,也就是说为国家培养了2万多名社会主义合格的建设者和接班人。现在已经达到13000多学生的规模,是一所正正规规的民办本科大学。这样的发展成就在世界高校发展史上是没有过的。趁着纪念建党95年的机会,对学校党委十年来的工作做一个初步的分析和总结,是十分必要的。

(一)健全和完善了党的组织,为政治核心作用奠定了基础

学校2006年1月建立党支部,2018年1月建立党委。与其他公办高校的党委相比,我们少设立了机关党委,其余的都设置了。根据需要,逐渐在学校内部和机关机构中,建立党总支或党支部。学院内部还成立了学生支部。自治区高工委从2007年起,向民办高校派党委书记,到现在已经是两届多了。有了这些机构,党委的政治核心作用才有基础,政治核心作用得到有效的推进。

(二)深入贯彻社会主义教育方针,保证学校的社会主义方向

一直以来,学校党委秉承党的教育方针开展工作,学校的各职能部门中设立党支部,使得党的教育方针真正能够落到实处。在学校教学区的走廊、教室、学校的公共宣传栏,都可以看见宣传党的教育方针的标语、格言等。学校的教师严格按照国家教育法律法规的规定和学校教育教学规章和纪律的要求,教书育人。学校学生工作队伍的教师严格按照中央的精神,结合学生的特点,积极开展学生工作。我经常听学生们称学工队伍的女教师"姐"、男教师"叔"或者"哥"等,我感到学校师生之间的亲切感。学生们积极关心学校的发展,经常向学校、学院反映和汇报教师的课堂表现,反映学生的要求。"中国魂的理念""大爱的理念"已经深入大学生的心坎中。

(三)加强学校意识形态阵地的管理,净化优化学校舆论环境

学校新闻、宣传部门严格执行党的宣传纪律,把握中央精神,积极开展宣传工作。学校的宣传舆论阵地诸如网页、LED 屏、电视新闻、宣传栏等,内容和形式都是健康的、纯洁的、正能量的。教师和学生的言行也是如此。偏激的言语、行为基本没有发生。这些,与宣传舆论的严格科学管理工作是分不开的。

(四)重视和加强学生工作队伍建设,实现学校学生工作的特色和优势

学校学工队伍齐全。学校的教师学工队伍由学工处、团委、学院的支部书记、辅导员、班主任组成;学生自治性群众组织由学生会、团委、社团联合会和各种专业研究会组成。这些组织各司其职、各负其责、互相配合,相得益彰。

学校的学生工作有特色。一方面是学生工作紧紧围绕党务工作和学校的教学工作进行,另一方面是学生工作结合社会的需要、民族特色和学生优势开展,因而,学校的学生工作富有成效,生机勃勃。所以,在区内的各种学生活动中,都留有广外学子美好的倩影。

学生党员发展工作顺利开展。到现在为止,已先后举办了 19 期党校培训班,一万多名入党积极分子参加培训,从成立党组织以来累计有 3500 多名学生光荣加入中国共产党。这些党员都在各自的岗位上努力工作,为民服务,闪烁自己的太阳情怀!

(五)探索出一条适合民办高校发展的党建之路

学校按照《民办教育促进法》的精神,学校实行董事会领导下的校长负责制,党组织起政治核心作用。在体制机制上,党委根据学校的实际,支持和建立了"党政交叉任职制"和"党政联席会议制"的处事机制,党委书记每月列席董事会会议,每周与校长共同主持学校党政联席会议,参与到学校的管理工作。书记和校长既各司其职,又协调统一。党的工作与学校的中心工作紧密配合,实现了"三权"(即

政治上的领导权、管理上的参与权、工作中的监督权）职责。各二级学院的党支部书记都是由分管学生工作的副院长担任，各行政党支部的党支部书记也均由部门中层干部担任，使得党组织与学校治理机构融为一体，全面参与学校工作的决策与管理。

（六）学校党委积极贯彻中央的精神，响应自治区党委的要求，落实自治区高校工委的工作部署，党员管理和教育工作成绩突出

这些年，主要的表现就是积极开展先进性学习教育、群众路线实践教育、“三严三实”学习教育和“两学一做”学习教育，党员积极开展党章党规的学习，践行党的服务宗旨、搞好岗位服务、做好急需的帮扶工作。在各位方面都起到先进性带头作用。

我们的队伍是合格的、是经得起考验的！

在这里，我们向各级党组织、全体共产党员以及关心广外党组织建设的同志们表示感谢！

三、上级党委对学校党委工作的评价

我们自己感觉，十年来，学校党委建设的成绩有目共睹，是巨大的。上级党委是怎么看的呢？

2010 年全区社会组织深入学习实践科学发展观活动先进单位，并被自治区党委组织部、南宁市委确定为非公党建示范点；2011 年荣获自治区社会组织党组织建设年先进党组织。

2012 年在由教育部思想政治工作司举办的“首届民办高校党的建设和思想政治工作优秀成果评选活动”中，我校“委员挂支部，党员挂班级”党建品牌创建活动荣获“首届全国民办高校党的建设和思想政治工作优秀成果奖”。

2014 年，在由全国民办高校党建研究举办的“第三届全国民办高校党的建设与思想工作优秀成果”评选活动中，我校申报的《以先进文化建设引领大学生思想政治工作》被评为优秀奖。

教育部党组副书记、副部长杜玉波同志在今年 6 月中旬检查学校“两学一做”中，感慨说道：没想到广外这所民办高校党建工作做得那么好！他总结说：广外的特点是“用脑想事”“用心做事”“用力成事”，这是广外的特色，更是广外党委的工作特色。

党员同志们：

经自治区党委组织部批准，学校党委的隶属关系已经由中共南宁市委员会转到自治区高校工作委员会，这是学校发展史上的又一件大事。它表明，上级党委

对学校党委前一阶段工作是肯定的。在未来的工作中,党委的工作全面将贯彻党的教育方针,按照“践行广外校训,做好广外事情,讲好广外故事,唱响广外旋律”的要求,努力工作,不辜负各级党委政府、社会各界、广大师生和国际友人的期望,争取为学校的发展做出应有的更大的贡献,争取为国家培养更多更好的社会主义建设者和接班人!

不忘初心,奋发向前[①]

2016 年 7 月 20 日

各位委员、各党总支(支部)书记:

大家早上好!

习近平总书记在庆祝中国共产党成立 95 周年大会上的讲话,从历史、现实的角度,对中国共产党的历史发展做出了科学的总结,对中国共产党的未来阔步前行提出了科学的理论指导,是马克思主义在新时期的一篇光辉文献,对于指导中国特色社会主义稳步向前发展,推进中国梦的如期实现具有重要的指导作用。“不忘初心,继续前行”贯穿整个讲话始终。今天,我就以“不忘初心,继续前行”为主题,交流学习体会。

一、中国共产党的初心是什么?

初心问题很重要,忘了初心,就失去方向,进而失去目标。

一个人是这样,一个团体是这样,一个政党更是这样。

俗话说:不忘初心,方得始终。那么,什么叫初心呢?这里的初心不是指某一短暂的事件,而是指我们的事业以及事业要达到的目标。

共产党人的事业是什么?她的目标又是什么?在《共产党宣言》中,马克思做出了科学的论证。那就是:为人民谋利益,最终实现人类的发展、解放,进而建立共产主义的社会制度。

中国共产党的事业是什么?目标又是什么?

鸦片战争以来,中国遭受西方帝国主义和东方日本帝国主义的侵略和凌辱,国力衰退,民众困苦不堪!因此,救国救民是这一时期每一时段的人们必须面对的首要问题。中国共产党诞生以前,各种理论和方法都试过了,但是都没有获得成功。在十月革命的影响下,在共产国际的帮助下,中国共产党诞生了。

---

① 2016 年 7 月 20 日在学习贯彻习近平总书记七一讲话会议上的讲话。

中国共产党的事业就是科学社会主义所指引的事业。

具体地讲,中国共产党的事业就是:第一步,实现民族独立、人民解放;第二步,建设强大的社会主义国家,完成民族复兴的伟大任务;第三步,继续前进,实现共产主义的社会制度。

这每一步都困难重重,艰巨无比。同时,这每一步都是磨炼意志、历练雄心、惊心动魄的,因而,每一步的成就都辉煌灿烂、光耀千秋的!

以第一步为例,鸦片战争以来,为了实现民族独立,中国人民共花了 109 年!也就是说,为了能够站立起来这一天的到来,中国人民进行了 109 年的艰苦卓绝、不懈奋斗!毛泽东同志在新政协第一次全体会议的讲话,就以“中国人民站立起来了”作为开幕词!意味深长!

中国共产党的成立,是开天辟地的大事变!中华人民共和国的成立,开创中国历史新纪元!社会主义制度在中国的建立,实现中国历史上最深刻的社会变革!改革开放实现了中国人民从站起来到富裕起来、强大起来的伟大飞跃!等等。所有这些都是对中国共产党领导人民进行伟大事业并取得成就,以及由此引起中国发生翻天覆地变化的肯定和赞美!

二、中国共产党为了初心奋斗了光辉的 95 年

中国共产党已经走过了光辉的 95 年。这 95 年大体分为革命、建设和改革三个时期,做出了重大贡献。

第一是团结带领中国人民完成新民主主义革命,建立了中华人民共和国,彻底结束了旧中国半殖民地半封建社会的历史,彻底结束了旧中国一盘散沙的局面,彻底废除了列强强加给中国的不平等条约和帝国主义在中国的一切特权,实现了中国从几千年封建专制政治向人民民主的伟大飞跃。这一步花了 28 年。

第二是进行社会主义改造,完成了社会主义革命,确立了社会主义基本制度,为当代中国一切发展进步奠定了根本政治前提和制度基础,并开启中国现代化的发展历程,取得了社会主义建设的巨大成就。这一步花了近 30 年。

第三是进行了改革开放,巩固、完善和发展了中国特色社会主义。这一步花了近 40 年。现在是历史上最为接近现代化的时期,是最为接近民族复兴的时期。

这从根本上改变了中国人民和中华民族的前途命运,彻底结束了近代以来中国内忧外患、积贫积弱的悲惨境地!

它成功地开启了当代中国沿着社会主义道路走向现代化、走向伟大复兴的历史进程!

中国共产党人把马克思主义基本原理同中国实际相结合,解决中国社会发展

的一系列重大问题，为人类共同的事业做出自己的贡献，为人类的解放和发展做出自己的贡献！

三、“不忘初心，继续前进”的理论总结

95年光辉历程，就是“不忘初心，继续前行”的历程。习近平总书记的“不忘初心，继续前行”是对95年奋斗历程的科学总结，更是对未来历史发展提出的规范和指导。

“不忘初心，继续前行”共分为八个方面。

一是，坚持马克思主义理论指导地位不动摇，不断进行理论创新不动摇。理论是行动的先导，理论的坚定是事业成就的前提。理论的坚定有赖于理论的创新、完善和发展。坚持理论，不断完善、发展和创新理论是科学社会主义事业的基本要求，是中国共产党95年历史发展的经验总结。

二是，牢记初心，坚持理想信念不动摇。有信念才有方向，才有目标。人的理想犹如人体生理的钙质，人的生理上缺钙质，身体就发育不全。人的理想缺失就会迷失方向，严重影响事业的发展。共产党人坚信“革命理想高于天”，所以我们的事业才会有今天的成就。同样，理想信念的坚定，未来的成就才有坚实的中枢。

三是，坚持理论自信、道路自信、制度自信和文化自信。自信来源于理论的科学性以及科学理论指导下实践的成效性。中国共产党95年的历史发展，证明：指导我们前进的理论是科学的；我们所走的道路是实现民族复兴、实现中国人梦想的正确道路；中国特色社会主义制度是切合中国实际、引领中国向前发展的科学制度；中国特色社会主义文化是马克思主义指导下，充分继承中华民族优秀文化基础上创造的科学文化。我们强调自信是有科学根据的，是历史发展的经验总结。有了自信，前行才有自觉，前行才有底气。

四是，统筹推进“五位一体”总体布局和协调推进“四个全面”战略布局。着眼长远、规划全局是中国共产党在革命、建设和改革发展取得胜利的法宝。民主革命时期，毛泽东从政治、经济、文化三个方面论证民主革命的纲领，并科学论证了取得民主革命胜利的三大法宝。新时期，中国特色社会主义“五位一体”的总体布局可以说是对毛泽东布局思想的继承和发展，四个全面就是对法宝思想的继承和发展。民主革命时期：民主革命胜利是目标，统一战线、武装斗争和党的建设是三大法宝。现在，小康梦、现代化梦、复兴梦、共产主义梦是目标，全面深化改革、全面依法治国、全面加强党的建设就是三大法宝。

五是，深化改革，解放和发展生产力，以及全面坚持依法治国，建设社会主义法治国家。改革是中国特色社会主义发展的动力，没有改革就没有发展。改革是

全方位的,涵盖政治建设、经济建设、文化建设、社会建设和生态建设等领域。因此,我们必须高举改革的大旗,切实解决社会发展的动力问题。

六是,坚持人民主体地位,牢记宗旨意识,充分依靠和调动人民群众的主动性、积极性、创造性。我们的初心就是为人民谋福利,实现人类解放的。人民是国家的主人,中国共产党是中国人民利益的忠实代表,全心全意为人民服务是党的根本宗旨。因此,坚持人民的主体地位,牢记宗旨意识是中国共产党的内在本质。于此,我们的初心目标才有根!才能行!硕果巨!

七是,走和平发展道路,构建人类共同体。中国坚决反对霸权主义,摒弃强国必霸的思想和行为。“霸”是以危害别人的自由、侵占别人利益为前提和目的的,这就违背人类的公平、正义、自由、平等、和谐等人类文明发展本质理念。“霸”的理念不是人类发展的本质理念。中国曾经引领世界潮流几千年,其实就是“和为贵”思想唱响的几千年,中国共产党倡导的“和平发展,合作共赢”符合人类发展的本质,是人类发展潮流,是世界人民共同追求和遵守的。

八是,加强党的建设,从严管党治党。中国梦的实现关键在党,党的建设、进步和发展关乎中国现代化事业成败、关乎中国对人类社会发展的贡献大小。中国应当对人类发展做出重大贡献。这种贡献就是要在党的领导下来实现!因此,坚持党的领导、加强和改善党的领导是全党的任务。每一位共产党员都要从自身做起,按照合格共产党员的规范要求自己,争取为党添光彩。学校中的教师党员要在教学、品行、修为、志向等方面,成为学生党员行为的模范,成为他们的引领。

庄子说:作始也简,将毕也钜。这句话似乎是2000多年前,庄子为共产党准备的。中国共产党成立之时,只有50多位成员。当时在中华大地上有300多个政党或政治团体,按照当时的规模,中国共产党算是最小的了。真可谓“作始太简”。然而,经过95年的大浪淘沙,现在,当年其他那些300多个政党和政治团体连名字都没有留下,而中国共产党已经有8800多万党员。在中国共产党领导下,中华民族创造了人类社会发展史上惊天动地的发展奇迹,使中华民族焕发出新的勃勃生机。95年成就只是初心的第一、第二步而已,但她的壮观场面得到友人交口称赞,引起对手胆战、敌人慌乱!可以肯定,未来万里长征的每一步成就,都会惊天动地,震撼无比的!

四、广外的党员领导干部、党的组织,应该怎样践行“不忘初心,继续前进”的思想?

怎样才能有效地贯彻习近平总书记的讲话,真正做到“不忘初心,继续前进”呢?我想,现实中每一个人都有自己的理想,即初心。每一个单位也是一样,都有自己的目标。我们要在世界上活得有意义、有价值,最根本的就必须做到:把我们所从事的事业与国家发展、民族振兴和人类解放结合起来。

从我们在座的各位党员领导干部来说,就是要把我们的初心与党的教育事业联系起来,与广西外国语学院的初心结合起来,为办好以“百年为单位”的大学而奋斗。

一是,要忠诚党的教育事业,从心里热爱教育事业,将自己的青春奉献给教育事业。党的教育事业就是社会主义的教育事业、共产主义的教育事业,从事教育事业是一项光荣的事业。我们要把党的教育事业当成心里最热爱的事业,进而最愿意为她付出我们的青春和汗水的伟大事业。这是自己成长的需要,是学校发展的需要,更是教育事业发展的需要!

二是,从心里喜欢自己的学生、爱护自己的学生,平等地对待每一个学生。学生是受教育者,是我们服务的对象。我们教育质量的高低、成效如何,最根本的就是要通过学生的成长成才表现出来。学生对老师的尊敬、爱戴是学生学习进步的关键。作为教育者,既要把学生当成服务的对象,又要把学生当成知心朋友;既要严格引导、又要彼此尊重、相向而行;对待每一位学生,要一视同仁,不能心存偏私和偏心,大爱面前要体现出人人平等。平等促公平、促和谐、促成效!

三是,不断总结自己、检查自己和提升自己。人的成就的取得和成长的实现是在总结经验中逐步完成的。在高校政治工作干部队伍中,都存在着一个素质提升、职称提升和能力提升的问题。从素质提升来说,素质离不开总结经验、离不开检查自己、离不开与同事相互比较。从职称提升来说,它必定要通过对工作进行认真总结、发现问题,并把遇到的问题再进行科学研究、为工作中的问题服务,并以此为素材,写出有学术思想的学术研究成果。从能力提升来说,通过总结,发现不足,明确工作难点、重点和疑点,在解决这些难点、重点和疑点中累积经验,增强工作的实效。综上,无论从情商的角度,还是从智商的角度,不断总结经验,检查自己和提升自己是高校的政工队伍面临的重要问题。

四是,加强理论学习,加强政策规章的学习,增强明辨是非的能力。加强理论学习是厚实理论基础、提高理论水平的基础性环节。加强政策法规和规章的学习,是提高政策水平、工作水平不可缺少的环节,也是提高分辨是非能力的关键环节。当前的理论学习学什么?主要是学习习近平总书记系列重要讲话为主要内容的经典著作,学习党章党规和高校行政法规。党规方面要重点学习《中国共产党廉洁自律条例》《中国共产党纪律处分条例》《中国共产党问责条例》等。通过学习,厚实理论、政策和法规的基础,坚定理想信念,坚定初心、奋发向前。

五是,要经得起挫折的考验,在挫折中磨炼自己、成长自己。任何事情的发展都不是一帆风顺的,曲折前行是常态。遭受一些挫折是正常的,没有挫折就没有成长成熟。中国共产党的历史发展史,就是一部的曲折前进的历史。民主革命时期,曾经遭受左右倾思想的危害,社会主义建设时期也经历过大跃进和"文化大革命"的严重曲折,改革开放时期也遭受过资产阶级自由化的泛滥,但是,这些挫折都被中国共产党逐个克服,并在克服困难中成长壮大了。党员同志尤其是领导干部,要正确看待一时的挫折和考验。有挫折不可怕,关键是心胸坦荡,勇于面对挫折和困难,要经得起挫折的考验,在历练挫折中成长成熟。

六是,要争取机会,多与同行交流工作经验。要通过对外交流,接受新信息,储存新能量,增加新知识,广交新朋友!在交流中宣传自己的特长、宣传学校学科发展情势、宣传学校的特色。

从广西外国语学院各级党组织来讲,当前,就要切实学习贯彻习近平总书记七一讲话精神,按照"不忘初心,继续前行"的要求指导当前工作。

具体来说:一要从内心上高度重视,增强学习的自觉性。学校各基层党组织和广大党员干部要认真研读原文,通过个人自学、交流研讨等多种形式开展学习,力求学深学透、融会贯通。

二要加大宣传力度,营造学习贯彻"七一"讲话精神的浓郁氛围。新闻宣传部门要充分发挥各类宣传阵地、平台的作用,深入宣传讲话精神,重点宣传中国共产党团结带领全国各族人民 95 年奋斗的光辉历程、伟大业绩、巨大成就等。

三要在"结合"上做好文章,狠抓贯彻落实。要切实把学习总书记讲话同加强和改进学校各级党组织建设结合起来,同推动学校改革发展结合起来,贯穿"两学一做"学习教育全过程,为推动学校事业健康稳定发展提供坚强的保证。

这样,我们在初心指导下的行动就会落地有声、前行有力、硕果永存!

上述是初步的学习体会,提出的一些观点和建议,不很成熟,供大家参考。

发挥政治优势,做好思想政治教育工作[①]

2016 年 8 月 23 日

各位领导,老师:

大家好!

刚才几位分管的校领导从各自的分管范围,就上半年工作做出了报告,对新学期工作做出了展望。可以说,上半年学校工作成效显著,大家功不可没! 学校显著的成绩表明,党委政治核心作用的发挥是有力的,工作是有成就的。下面,我从学校党委在我校发展中的作用谈起,讨论如何做好思想政治教育的问题。因为,这一问题在少数人心中存在疑虑,消除这些疑虑,有利于学校工作的顺利开展。

一、民办高校党组织作用的阐释

按照《民办教育促进法》的定义:民办高校是董事会领导下的校长负责制,党委发挥政治核心作用。这里明确了党组织的作用,就是保证民办高校办学的社会主义方向,以培养社会主义合格建设者和接班人。

但是,现实中,怎样理解和贯彻这一思想在某些同志中间存在着一些疑虑。借此机会,我把我的体会与大家交流一下。

具体地说,第一,围绕党的工作中心,强化党的组织建设,加强党员教育以及发展新成员。

组织建设包括以下三个方面。一是完善党的组织,包括校级组织和二级组织。校级组织:办公室、组织部、宣传部、学工部(处)、统战部、纪委。二是加强对共青团、妇联、工会的领导。三是加强对学校内部二级党组织建设的领导。学校、学院内党建重要事务,均要向党委报告工作。凡是属于上述范围内的重要事务,均由党委讨论决定。

---

① 2016 年 8 月 23 日在 2016 年秋季开学学校中层干部会议上的讲话。

加强对党员的教育工作和发展新成员工作,是党组织的重要工作。党员教育出了问题,党组织的先锋队作用就发挥不出来,就会影响学校的发展;新成员发展工作出了问题,对要求进步的成员尤其是广大先进青年学生就不会产生良好激励作用和引导作用,合格建设者和接班人的培养工作就会受到重大损失,那样的话,学校党委就要检讨自己的工作。因此,党员教育工作、发展新成员的工作始终党委常抓不懈的重要工作,马虎不得!

学校党委将及时向上级党委报告本党委工作情况,争取上级党委的关怀和指导!

第二,保证学校的教学、科研、学工等工作的社会主义方向。任何背离社会主义的言论、行为,任何违反国家法律法规的言行、言论都要受到批判和制止。在我们国家,民办高校也是社会主义大学。学校的各项工作都不能偏离社会主义方向。这些方面成效与否,是检验党委保驾护航的关键因素,是政治核心作用的具体体现。

第三,加强学校师生思想政治工作。毛泽东同志说过:思想政治工作是其他一切工作的生命线,全党同志必须高度重视。有些人说:思想政治工作就是限制人的自由!这是荒谬的。这是对我们开展思想政治工作的误解或者有意歪曲。当然,我们高等学校的教育是有方向的。我们的方向是社会主义的,这是明确无误的。我们思想政治工作是有边界的。我们的边界在哪里?一方面,我们的边界是坚持马克思主义理论,坚持中国特色社会主义理论。马克思主义就是致力于人类的解放和发展,我们的思想政治工作就是致力于人类解放和发展的。讲得通俗一点或者近一点,就是致力于教师的成长和发展的,着眼于学生的成长和发展的。另一方面,我们的思想政治教育要求与中华优秀传统文化是一致的。中华优秀传统文化是社会主义不可缺少的。爱国主义、民族精神、敢为人先、团结和睦、和谐万邦等,都是中国特色社会主义理论的应有之义。

具体到我们的工作,就是培养教师和学生具有社会主义精神,爱国主义、集体主义、民族精神和爱国家、爱校、爱他人、爱自己等都要成为思想领域的主流。“爱己”没有人不赞成,“爱国、爱校、爱他人”好像跟“爱己”有冲突,表现得不积极。但是,若要问,怎样才算真正“爱己”,那就不一定能够答得出来了。其实社会、国家、学校和他人无时不在关怀着我们,我们都是在社会、国家、学校和他人的关怀下成长的。举个简单的例子,大家向外报职称、报项目,我们学校这些相关评委要抽业余时间认真阅读大家的资料,并针对其中的不足,积极提出修改意见。在教育厅等组织的评审中,积极帮助疏通各种关系,希望给学校的教师关怀。这些举措,既代表组织也是代表个人对大家的关怀。所以,要把爱己、爱他人、爱校、爱国统一起来。

第四,加强对宣传意识形态的管理,保证舆论宣传的正能量阵地。宣传阵地是党的喉舌、人民的喉舌。宣传舆论阵地要弘扬主旋律,弘扬社会主义核心价值观。网络宣传要宣传正能量,一切言论都要符合社会主义精神。这是必需的。管理宣传舆论工作是党委的重点工作,具体由宣传部负责。

第五,维护稳定的工作。稳定工作主要是校园稳定、周边稳定和排查各种不稳定因素。这些年来,学校的安全稳定工作,成效显著。当然,不足之处还是有的。我们学校中的极个别学生,喜欢标新立异,接受境外势力的援助,替境外势力服务,这是很危险的。国家安全部门是有备案的。我们的班主任、辅导员、教师,要注意调研、观察,要注意引导,不要让这些学生走向歧路。当然,作为教师,我们更应该注意自己的言行,做遵纪守法的模范。

第六,加强与董事会的沟通协调,把民办高校办好、办出特色。等等。

二、上下半年党建工作亮点

(一)上半年的工作亮点

上半年,除了常规工作外,重点工作就是做好“两学一做”学习教育。两学是指学党章党规、法律法规,学习以习近平同志系列重要讲话为主要内容的经典著作的学习;一做就是做合格党员。这项工作意义太重大了。每个党员同志把党章党规、法律法规和经典著作学习贯彻好了,并按照要求做到合格党员,党就战无不胜。学校党委的这一项工作,得到上级党委的肯定和赞誉。

上半年有几个凸显的亮点:

一是,3 月份,作为“两学一做”学习教育的典型代表,和区内其他两所高校一起,在自治区高校工委组织“两学一做”学习教育动员视频大会上做专题发言。

二是,4 月底,由自治区党委组织部的选派,参加中组部干部学院组织的“两学一做”培训班培训学习。

三是,6 月中旬,接受教育部党组的“两学一做”学习教育典型检查,并获得赞誉和好评。教育部党组副书记、副部长杜玉波同志在 6 月中旬检查学校“两学一做”中,感慨说道:没想到广外这所民办高校党建工作做得那么好!他以“三个用”来进行总结,即广外的特点是“用脑想事”“用心做事”“用力成事”,这是广外的特色,更是广外党委的工作特色。

四是作为非公组织的代表,参加自治区党委非公党建工作会议。

五是经过努力,高校工委报自治区党委组织部同意,学校党委直接归口高校工委的领导。

(二)下半年的工作亮点

下半年,我们党委的工作重点有几个:

第一,继续开展"两学一做"学习教育。要按照"两学一做"学习教育的部署,稳妥推进"两学一做"学习教育工作。要认真学习习近平总书记在建党95周年大会的讲话,不忘初心,继续前进。

第二,纪念红军长征胜利80周年。今年十月是红军长征胜利80周年,全国上下都在举办各种活动,纪念这一伟大事件。学校党委将按照中央和自治区的部署,开展纪念活动。学校党委将在国庆节前夕,举行全校性的以学院为单位大型歌咏晚会,讴歌和传承长征精神。

第三,办理好隶属关系转移的相关工作。我们现在的组织关系已经由南宁市党委转到自治区高校工委,直接接受自治区高校工委的领导。这里有相关的隶属关系要办理。党委各部门要直接对接高校工委相关部门。

三、领导干部要加强思想政治工作

我们在座的大多是党组织多年培养的干部,接受党组织的关怀和教育。在学校的发展中,大家所处的岗位、职责都是至关重要的。要把工作做好,很重要的一条就是做好思想政治工作。

关于思想政治工作,有两点要明确。

一是思想政治教育工作,不仅是从事思想政治教育部门的工作,而且也是每一位领导、教师的工作。上学期末,我在学生中做了关于思想政治工作涉及哪一些部门的调研,结果是:思政课教师(92.3%)和党团部门(90.8%)的人员比例最高,其次是专业课教师(83.6%),再次是学生工作队伍(63.4%),最后是机关部门的人员(56.4%)。

为什么学生有这种结论?因为大学校园里的工作人员都担负起教书育人的工作,只是工作的重点不同而已。教师既教书又要育人。教书是解决学生的知识点的问题,育人是关乎学生为人处世和行为文明的问题。职能部门的同志的言行和服务质量都影响到学生,言行是无形的力量。

二是思想政治工作并不是抽象的工作。有一种误解,就是一讲到思想政治工作,就感觉到就是讲大道理,抽象,不好做。其实不是那么一回事。思想政治教育工作要落到实处,才有实效。

下面,我谈一点做思想政治教育工作的体会,与大家商榷。

一是,内心要喜欢思想政治教育工作,把它当成是分内的事。如果内心拒绝思想政治工作,那当然是做不好工作的。

二是,要有一定的理论功底,要加强理论学习。我们大家有没有理论功底?我认为是有了的。理论是什么?就是马克思主义理论,中国特色社会主义理论,中国传统优秀文化等。专门从事理论研究的同志可能功底深厚一点,在做思想政治教育工作方面有理论优先的特色。但是,其他同志的理论水平也是可以胜任这一工作的。因为,我们都经过多年的学习教育,有一定的理论功底,即使自己感觉不足,也可以通过加强学习来弥补。加强理论学习是必需的工作。所以,在高校的学习教育工作中,都定期安排政治理论学习。

三是,做好岗位工作。岗位工作好像与思想政治教育无关,其实这是一种误解。前面的调研就是最好的例证。我们的岗位表现,就是我们的形象,就是育人的窗口。我们把岗位工作做好了,窗口就会靓丽,思想政治教育工作就会倍增效果。

四是,常怀关怀之心,把关怀落实到岗位之外。光讲大道理,没有现实表现,这样,思想政治工作就会苍白无力。尤其是学生和教师需要帮助之时,我们的关怀是一种无形的力量。

五是,以规范的言行铸就思想政治教育的基础。言行的内容很多。言行中的主要内容之一就要守纪,不守纪,就没有感染力。

守纪的内容也是很多,举一例。使用手机问题。现在,使用手机是最平常的事情,但是,使用手机应该有使用手机的纪律规范。尤其是领导干部和教师。上学期的调研也设计了上课手机纪律这一项。结果是:“可以带手机进入教室,但是要调到静音或者震动状态”,占84%,最高;“不能够带手机进教室”,占4%。前一段时间,对于我们的学生,我们担心“啃老族”,今天我们担心“低头族”。从这一项调研来看,学生认识的态度还是不错的。只要加强教育,低头族可以解决。上学期,我开了两次学生的座谈会,学生确实表现优秀。

现在,我也在担心我们的领导、教师等站在工作岗位的同志,开会变成低头族,在学生中做不好表率。这不仅是学校,社会也是一样。一开会,首先宣布开会纪律。第一时间讲手机纪律。这是不正常的。开会就是来听,来出主意的,要做好笔记的,回去要传达贯彻,这是常理。但是,不少人不以为然,这是错误的。我们大家要“以为然”才对。开会,一般是不带手机进入会场,除非有特别的事,如果带来的话,就要把它调到震动状态或者静音,并工工整整地放在桌面上,不要去浏览开会期间外界的新闻。因为我们这里开会就是大新闻,是大事。如果你认为开会期间的新闻比现在开会还重要,你就不必来开会。当然,必须强调,开会期间,办公室的值班人员要时刻注意电话,一有特殊情况,要及时到会场向领导报告。

综上,只要我们言行规范了,守纪工作做好了,我们的思想政治工作就会凸显成效,我们的其他工作也就顺利顺畅,事半功倍了!

以“洪荒之力”推进广外发展，做合格的广外人[①]

2016 年 8 月 24 日

老师们：大家好！

奥运会刚刚落下帷幕，奥运的生气还在。奥运会给我们留下什么？每一个人会对本届奥运会做出自己的评价，从中学到自己的东西。我想，奥运会中形成的中国奥运精神，对学校的发展是很有帮助的。因此，畅谈奥运精神是很有益处的。

本届奥运会中，有哪些值得人们回味的呢？

从实的角度看，奥运会取得的那些成绩尤其是金银牌等写在国家体育发展的本子上，这是毫无疑义的。

从精神角度看，本届奥运会给我们留下什么？我们应该从中学点什么？这很关键。我自己感觉，本届奥运年会留给我最深印象的是两种力量，即“洪荒之力”的发挥和女排精神。洪荒之力和女排精神与广外的发展有相似之处，对广外的发展有促进作用。

一、洪荒之力

什么是洪荒之力？引起我注意这一词汇的是奥运会上，我国游泳运动员傅园慧在她完成游泳比赛后，接受记者采访时说的。当时没怎么明白，后经过查阅字典，初步有所了解。

洪荒之力是指地球在最初形成过程中，大气层中的地球板块经过多次鳌合、运动，最后演化出活生生的地球的力量，是地球形成的最初原始力量。这个力量是巨大的。

傅园慧的“洪荒之力”用尽后，得到她没有想到的优异成就，她很高兴、很乐观。友谊第一，比赛第二。在一次体育比赛中，能够发挥自己的最佳水平，这就是胜利！不一定得到冠军才算是胜利！有些可能得到冠军，但是没有达到自己的最

① 2016 年 8 月 24 日在 2016 年秋季教职工大会上的讲话。

佳境界,还会有些遗憾。今天,可能许多得到金牌的运动员被人们忘记,但是,傅园慧表现出来的精神,人民不会忘记。如果我们都以“洪荒之力”开展我们的工作,我们一定会达到我们的预期目标的。

二、女排精神

中国女排在世界排坛的崛起是在20世纪80年代。中国女排精神可以说是用尽“洪荒之力”取得成效的最为生动的例子。

1981年在日本大阪举行世界杯排球赛,中国女队七战七捷获得冠军。女排精神从那时起,就在国人心中留下深刻的印象。在女排精神的鼓舞下,女排获得五连冠的成就。这在排坛上是值得大书特书的。后来女排成绩有所下降,但是女排精神一直留在国人心中、留在女排心中。本届奥运会上中国女排又创造奇迹,在第一阶段比赛中,输掉三场比赛,国人都为她们捏一把汗。但是在全体队员齐心努力下,在逆境中奋进,最后女排精神和技术水达到巅峰状态。第二阶段越战越勇,先在四分之一决战中力克2008年奥运会冠军、本届夺标热门东道主巴西队;接着在二分之一决战赛中,又力克第一阶段战胜中国的荷兰女排;在决赛中,又力克第一阶段战胜中国女排的塞尔维亚队,获得冠军。中国女排是在非常艰险的情况下,绝地反弹,为女排精神注入了新的内容。女排在奥运会上的表现给国人为之振奋、欢呼!女排精神又重新醒目地进入人们的视野。

什么是女排精神?

我的理解是:第一,永不言弃。比赛就是一分一分的争取,通过争取表现出永不言弃的精神。

第二,顽强拼搏。在强敌面前不畏惧,大胆拼搏,争取打出自己的水平,争取打出超水平。

第三,振兴中华。体育比赛有两个目标,一是为体育竞技水平的提高贡献力量;二是通过比赛展现国家的形象,通过自己的形象推进国家的发展,就是大家常常讲到的,振兴中华。

第四,代代相传。女排经过中华人民共和国成立几十年的艰苦奋斗,经过几代女排人的努力,取得骄人的成就。

在女排发展史上,有两个突出贡献的人,是会永远记在人们心里。一是,女排精神的培育者,女排三连冠的教练员袁伟民;另一个是女排精神的传承者郎平。

袁伟民是成功的,表现在:三连冠的成就,女排精神的培育,女排精神的传承领头人的培育。

郎平是成功的,表现在:五连冠成就的贡献者,女排精神的锤炼者,新时期是

2015 年世锦标赛冠军和 2016 年奥运冠军的指导者，女排精神的传承者。可以预计，在未来女排精神的传承者中，郎平指导下的队员会做出突出贡献的。

之所以列举这两人的贡献，是因为：一方面是他们自己有成绩，有贡献；另一方面是他们培养了人才，为一代一代传承女排精神奠定基础。一个团队是这样，一个家族是这样，一个学校是这样，一个社会制度是这样，一个国家更应该是这样！

广外是一所培养人才的学校，广大教职工的职责就是教书育人，如果我们在自己顺利成长中，为国家、社会培养出一代一代德才兼备的建设者和接班人，这就是我们的荣幸，是学校的荣幸，是国家的荣幸，是社会的荣幸！

三、以奥运精神为契机，推进广外发展

（一）什么是广外精神？

结合“洪荒之力”和女排精神，我理解的广外精神是：

第一，勇往直前，不懈奋斗。广外是在处女地上从第一届 200～300 人的高职院校起步，经过十多年的不懈奋斗，现在有 14000 多人的本科大学的规模。就是勇往直前、不懈奋斗的结果。

第二，大爱精神。广外的大爱精神是爱国家、爱学校、爱他人、爱自己的统一体。广外的教职工、学生都秉承这种理念。

第三，为校争光，为校点赞。大多数广外人都立志为广外做点什么；在广外的优势、特色的方面我点赞了多少；在对外宣传广外的优势、特色方面，我能做点什么；等等。这些都是难能可贵的。

第四，代代相传。我们培养一代一代的广外人。12 年时间，就共计培养了 10 届 2 万多合格的建设者和接班人。

可以说，这些发展进程和成就就是广外人发挥“洪荒之力”的例证，广外精神是在中国女排精神的鼓舞下形成，与女排精神有相通之处的。

（二）怎样做合格的广外人？

现在，对于每一位广外人来说，我们在奥运会的洪荒精神、女排精神和广外自己的精神熏陶下，如何做一个合格的广外人？这是一个命题提出来，希望能引起大家的思考。

首先，要做好一个广外人，需要从三个角度着手思考：

一是我从学校的发展进程中，学点什么，学到点什么？

二是我为学校的未来发展做点什么？

三是我在广外历史上，我留下点什么？这里，要从服务对象的角度、学校发展的角度来分析。有些广外人的贡献可能对学校来说,谈不上很大贡献,但是,对某些学生的成长做出了重要贡献,在这些学生心中,留下良好的记忆,这也是难得的。

其次,围绕一个核心的出发点:那就是要从正能量的角度去思考问题。就是说,我为广外奉献的是正能量的东西,不是负能量的东西。

再次,思考的落脚点在哪里?

一是我在广外成长了没有,成长了多少?

二是合格人才的培养中,我做了多少贡献?

不同岗位的同志有自己的贡献范围。

职能部门的人员,我们服务的能量有多大?就是昨天黄灿副董事长说的在提高服务力方面展现了多大能量,我的服务对象在我的服务范围内获得多少便利?

第一线课程教师,通过你的课程传播了多少有用的知识点给学生,在育人方面你做了多少贡献?

辅导员、班主任方面,你带的班级,合格人才有多少,比例有多大,是否达到百分之百?

如果能够从这些方面去努力,在学校发展中,去展现自己的“洪荒之力”,我想,这就是一个合格的广外人。

明确岗位职责，做奋发有为的辅导员[①]

2016 年 9 月 6 日

各位辅导员同志：

大家好！

在教师节、中秋节即将来临之际，我代表学校党委、学校董事会、行政祝愿大家：教师节快乐！中秋节快乐！

对于经验丰富的辅导员来说，感谢你们多年来的辛勤工作和无私奉献！正是你们的辛勤工作，广外学子们才能顺利地成长、成才！顺利地就学、就业和创业！学校感谢你们！

对于刚加盟广外辅导员队伍的同志来说，学校欢迎你们！相信通过你们的辛勤工作，广外理念、广外精神一定会深入你们服务对象的心坎，广外理念、广外精神在他们的言行中必将得到很好的传承！

为着把辅导员工作搞好，下面，我谈几点意见，供大家参考！

一、明确辅导员岗位的工作职责

辅导员制度是目前我国高校普遍采取的一种学生管理制度。其中的辅导员专指从事学生的思想政治教育、学生日常管理、就业指导、心理健康以及学生党团建设等方面的工作。这一制度与军队中的政治委员制度相似，政治委员专门从事思想政治教育工作，保证党的政治路线在军队中的有效贯彻。

辅导员的职责主要有哪些？《普通高等学校辅导员队伍建设规定》对辅导员工作职责做出了明确的规定主要内容有八项之多。综合分析其中的内容，我把它梳理了一下，大概的主要内容是三大部分，即思想引领，日常管理，服务解忧。

第一，思想引领。它主要是解决大学生思想政治教育问题，也就是解决培养什么样的人的问题。我们是社会主义大学，从事的是培养社会主义现代化建设的

① 2016 年 9 月 6 日在 2016 年秋学生辅导员队伍培训班上的讲话。

建设者和合格接班人的工作。我们要用马列主义、毛泽东思想和中国特色社会主义理论指导大学生的世界观、人生观、价值观建设，坚定中国共产党领导，走中国特色社会主义道路，树立为实现中华民族伟大复兴的共同理想和坚定信念。这一点是明确无误的，确定无疑的。

在大学校园里，各部门都有思想政治教育工作的责任和义务，只是各部门的任务承担重点不同而已。比如，思想政治课程教师担负起理论教学，灌输理论观点和精髓，解答理论上的疑难问题等。专业课程教师在担负起专业教育的同时，在行为示范上，通过言传身教承担起思想政治工作的任务。这一点，联合国教科文组织指出："教师的职责现在已经越来越少地传递知识，而越来越多地激励思考，除了他的正式职能以外，他将越来越成为一位顾问，一位交换意见的参加者，一位帮助发现矛盾论点而不是拿出现成真理的人。他必须集中更多的时间和精力去从事那些有效果的和有创造性的活动，互相影响、讨论激励、了解和鼓舞。"

辅导员是大学生思想政治教育最基层的实施者，在解决"培养什么人"方面，思想政治理论教学的一些实施环节，课堂上某些解决不清楚的问题，在辅导员这里应该得到补充；现实中的疑难理论问题、焦点问题，在辅导员这里得到荟萃，辅导员有义务尽职尽责解疑释惑；学生规范性行为在这里得到弘扬，不规范的行为，在这里得到批评教育和坚决纠正；等等。

第二，日常管理。学生在校的日常管理工作是辅导员的重要工作。这里内容丰富、繁杂，主要涉及学生的集体活动，学生行为规范和行为仪表，学生的纪律遵守，学生的社会交往，学生宿舍规范要求，学生评优评先，学生奋发向上的引导，学生的工作能力锻炼，学生的就业创业，学生进行理论探讨等，都与辅导员工作息息相关，这些都是学生辅导员的日常工作。这些工作任务繁重，所以，教育部文件明确规定每一位辅导员负责辅导 200 名学生的任务。

第三，服务解忧。辅导员岗位就是服务性的岗位，担负起服务学生成长的工作，学生的理论困惑、心理障碍、现实困难、工作方法粗糙等，辅导员都有责任义务帮助解决和引导。因此，我们要秉承以下的准则：即学生在学期间思想上遇到的困惑问题就是我们思想理论应该研究的问题，因而亟待我们去研究并加以解答；学生学习生活中遇到的现实困难问题，就是应该通过我们的努力能够尽快得到解决的问题，因而，急切我们去帮助解决；学生工作方式方法上的粗糙现状，是学生成长过程中一定会出现的问题，作为辅导员，就应该认真加以分析，并给以指导。这样，才能做好服务解忧工作。

我们开展辅导员岗位工作的时候，我们展现出一种什么样处事风格、文明行为、知识阅历都对学生产生重要的影响，都会对学生的成长有指导作用。

为了做好大学生学生工作，世界各大学都非常重视学生工作队伍建设。从机构设置、人员配备、职责规程都做出了科学规范。美国的德州农工大学是一所世界前50名的大学，在校生40000多人。这所大学里，进行学生工作的专职机构有8个，从事学生工作的专职人员800多人，另外，学校还雇用了1000～2000个不等的学生雇员作为学生事务管理的助理。德州农工大学的发展成就与该校的学工工作扎实推进有极大的关系。

综上，辅导员是高等学校开展大学生思想政治教育的骨干力量，是高校学生日常管理工作的组织者、实施者和指导者，是大学生健康成长的指导者、引路人和知心朋友。它的作用是其他途径不可取代的。

二、如何看待辅导员工作？

首先，这是一项愉快的、光荣的事业！

为什么说辅导员岗位的工作又是愉快的和光荣的？我们天天与思想活跃的青年学子在一起，自己始终似乎处于年轻的思维状态，活力无穷，青春无限！俗话说：年轻没有什么不可以！这就是愉快的真实写照。我们的工作是十分光荣的。因为我们是在为国家培养栋梁之才，为社会培养有用之才，为家庭培养致富脱贫担当之才！当听闻国家的繁荣富强进程中有广外学子在其中支撑之时，当社会的繁花似锦中有广外学子的在其中参与浇灌之时，当致富脱贫的家庭中有大量广外学子的成功报道之时，你是一种什么样的感觉呢？你会感觉到教育事业岗位是无上光荣的事业，辅导员岗位是大有可为的岗位！

其次，这是一项很具有挑战性、艰辛的事业！

为什么说辅导员岗位的工作很具有挑战性？我们服务的对象是具有强烈知识欲望的青年大学生，一方面，他们思维活跃、好学向上，但是，由于阅历所限，他们容易激动，容易受到外来干扰的影响，在现今网络发达的时代，更是如此。另一方面，他们喜欢广交朋友，发展知己，但是，由于他们是来自不同区域，大家聚集在一起，不同的生活方式、行为交往方式的差异容易引起摩擦。因此，要实现学生们的团结互助、和谐共进并不容易，它确实是一项具有挑战性工作，艰辛的工作！尤其是你们每人服务的学生数超过200名的情况下，遇到的挑战和艰辛就显得非同一般啦。

再次，这是一项促进心态年轻的事业。什么叫年轻？它分两方面，即自然的年轻状态和心态年轻状态。自然年轻状态来说，不同的人面前标准不一定相同。在八十岁的人面前，六十岁的同志算是年轻的，但是对处于三四十岁阶段的人来说，六十岁已经算是步入老年状态了。身体健康的人来说，八十岁就不算老，还处于年轻状态。南宁市有几位八十多岁的人,从南宁市开展马拉松赛跑以来,每年均参加每年一度的南宁市马拉松赛,从不间断,到去年已经有已经有二十次了。因此,积极参加体育锻炼,可以保持健壮的体质,活力倍增,即使到100岁也不算老。

什么叫心态年轻?心态年轻是指一个人看问题看得开,没有疙瘩,心态坦然,心胸坦荡,因而生活工作显得轻松自如,活力无限!一个人保持健康的心理,即使上八十岁,甚至上百岁,也处于年轻状态。心态年轻换来身体健康,人就会活力无穷。

心态怎样才能保持年轻状态?一方面是要解决看问题的立场、观点、方法问题,立场、观点、方法科学了,对问题的认识和把握就透彻,游刃有余,遇事就会成竹在胸。另一方面就是要解决生活学习进程中内心的疑惑,促进人的心胸开阔,达到心胸坦荡。人的内心世界与自然世界一样,宽广无限。我们强调,社会主义事业接班人要"胸怀祖国,放眼世界"就是因为人的内心世界宽广无限之故。在校大学生,经过我们辅导员的工作,"胸怀祖国,放眼世界"就完全可以做得到的。学生科学地解决了立场、观点、方法问题,这就解决学业进步和事业成长相关的问题,学生的心态就会轻松;学生在校生活方面遇到的问题和内心疑惑问题解决了,学生心态就会自然和愉快。在帮助学生的同时,辅导员自己也会成熟,成就年轻心态的追求。

这里强调:我们是从事年轻心态的事业,要求做事时要将思想政治内容融入情感世界,秉承将心比心才有效果。当我们把感情因素从思想政治教育中抽离出来,只剩下思想政治教育规范知识传授的时候,那么,我们强调的思想政治教育就不会发挥作用,有时甚至起反作用。将心比心才能入脑入心,以诚相待魅力才会永存!

三、辅导员的未来出路

出路问题是辅导员队伍中非常关注的问题。因为,在一些人的心目中,辅导员工作好像是青春饭,干不了多久的,似乎辅导员工作没有多少出路。其实,这种认识是不正确的。

辅导员队伍是有出息的,发展道路是宽阔的。就在高校而言,我认为辅导员可以向下列三个方向发展,即思想政治教育队伍职业家,思想政治理论的理论家,学科专业的行家等。

首先,思想政治教育队伍职业家主要是指辅导员,学工队伍的领导,行政领导等,这一条线是宽口径的。在高校中,大多数辅导员走向这条路,并且这一条路进步较快。35 岁以前,绝大多数辅导员都达到大学中层领导的副职甚至是正职岗位了。这在一般的行政部门是不多见的。

其次,思想政治理论研究的科任教师,从事理论教学研究。辅导员原来是出身思想政治教育相关专业的,再经过辅导员岗位锻炼之后,实践素材增多了,为理论研究准备了理论研究所需的实践素材,这样理论研究大有可为,从事理论研究市场广大。能够成为这样的一员,能够为思想政治理论做出贡献,这也是一件很愉快的事。

再次,从事专业教学,成为专业教师。原来出身其他专业到辅导员岗位的,经过辅导员岗位的锻炼,加深了对学生行为、心态和个性的深刻了解和把握,对于未来从事专业是有利的,他可以实现专业教学和教书育人的有机统一,达到事半功倍的效果。

当然,这些能否实现,以及实现的程度,就看辅导员自己的努力。不努力,肯定实现不了。

四、如何做好辅导员工作?

(一)坚定理想信念,做学生理想信念的模范。

学生的“三观”树立和坚定有赖于教师“三观”的树立和坚定,教师如果在理想信念上不彻底,不坚定,就很难在学生心中树立榜样。

我们强调三观教育要用马克思主义理论来指导,那是因为马克思主义是科学,是指导社会进步发展的科学理论,在马克思主义理论指导下,我们能够减少不必要的曲折,达到光辉的顶点。这一点已经被中国社会主义实践所证明了的。在马克思主义指导下,中国用六十多年走完了西方近四百年的历程,基本实现现代化。现在中国是世界第二大经济体,世界的大问题,没有中国的参与,是解决不了的。现在美国为什么搞所谓的重返亚太,那就是中国的发展太快了,大有取代美国之势。习近平总书记在二十国集团工商峰会上讲:在短短的几十年中,一个 13 亿多人口的大国实现现代化,在人类历史上没有先例可循。现在人们担心中美会陷入“修昔底德”陷阱。所谓“修昔底德”陷阱,就是新兴崛起的大国和守成大国发生战争,给人类带来灾难。不仅如此,有些二、三流国家,比如日本,屁股尖、坐不稳,东西乱窜,在美国的吆喝下,也想要遏制中国,就是中国的发展使他们感到惊恐。我们多次讲过,我们是爱好和平的国家,我们不称霸,我们强调和为贵,我们强调构建人类命运共同体,实现合作共赢、共同发展,要建设各国共享的百花园。但是,这些国家为什么那么紧张,原因很多,其中很重要的原因就是马克思主义的影响之故。他们担心马克思主义的威力会促进马克思主义在他们国家实现,危及他们的统治。

理想信念的坚定是事业成败的关键。中国特色社会主义科学性的活生生的现实,为大家树立科学的“三观”提供了现实依据。作为辅导员,在这方面要看得准、守得住、藏心坎。这样,对学生就是鼓舞、鞭策和促进。

(二)加强理论学习,提高理论水平

理论水平的提高是搞好工作的基础,缺乏理论,或者理论知识肤浅,就难以开展好工作。也许大家会问:我原来不是从事马克思主义理论研究的,是否能够适应这一项工作呢?我认为是完全可以胜任的,因为,大家都经过小学、中学和大学阶段的学习,对马克思主义理论都有相当的基础,作为党员,在学校党支部的领导下,大家比一般的学生理论水平要深一些、透一些的。你们的理论水平是完全能够胜任这一项工作的。但是,这并不是说,就不用学习了、不用研究了。因为实践是发展的,学生的思想状况是变化的,党的理论成果是不断丰富的,我们要不断的学习和研究,才能跟上时代的步伐。如果我们老是停留在老本上不进步,那样的话,就会落后于时代,就会被时代淘汰。

教育家霍姆林斯基说过:在我们这个时代,没有良好的教养,没有牢固的知识,没有丰富的智力素养和多方面的智力兴趣,要把一个人提高到道德尊严感的高度是不可思议的。现在,我们所从事的是思想政治工作和管理工作,思想政治理论水平、思想政治专业知识水平对于提高我们的工作效率是不可或缺的。这一点,现在就必须向大家讲明白。

(三)真心喜爱辅导员岗位工作

这是做好工作的前提。在找工作之时,有些是按照薪资找工作,薪资符合要求就达成协议;有些是以自己的特色、爱好找工作,先有岗位再谋求发展。这两种都各有理由,没有什么错误的。但是,到了岗位之后,怎样做才好?热爱岗位工作,热心岗位工作,做好岗位工作,这是增薪、晋升、发展的前提。这一条是铁定的。一个人都希望自己活的有价值、有尊严、有意义。但是,怎样才能实现有价值的人生呢?热爱岗位工作,真心投入岗位工作是基础。离开了这一条,什么也谈不上!爱因斯坦说过:一个人对于社会的价值首先取决于他的感情、思想和行动对于增进人类利益有多大的作用!如果岗位态度出问题,就无所谓成绩和价值啦!

什么才叫成功?不同的人会有不同的看法。我认为:一个人的成功与否看两条:一是自己对促进社会发展有利的业绩有多少?也就是自己成长了。二是自己在培养人才方面贡献有多大?按照这两条来衡量,作为高校教师,一方面是我们自己在学科专业建设上贡献多大,自己是否成长了,一方面是我们在教书育人方面的贡献有多大?作为辅导员,一方面是我们自己是否成长了?这种成长是在带领和引导学生过程中实现的;另一方面是思想政治教育工作和管理工作是否做好了?我们所带的学生有多少合格,是否带出一批优秀的学生干部队伍?这些方面体现在日常的表现中,大家都是看得见的。

奥运会刚结束,女排的表现得到全国人民的点赞。习主席在接见奥运代表团的时候,还专门讲到女排夺冠的激情。

在女排发展史上,有两个突出贡献的人,是会永远记在人们心里。一是,女排精神的培育者,女排三连冠的教练员袁伟民;另一个是女排精神的大传承者郎平。

袁伟民是成功的,表现在:三连冠的成就,女排精神的培育,女排精神的传承领头人的培育。

郎平是成功的,表现在:五连冠成就的贡献者,女排精神的锤炼者,新时期是2015年世锦标赛冠军和2016年奥运冠军的指导者,女排精神的大传承者。可以预计,在未来女排精神的传承者中,郎平指导下的队员会做出突出贡献的。

之所以列举这两人的贡献,是因为:一方面是他们自己有成绩,有贡献;另一方面是他们培养了人才,为一代一代传承女排精神奠定基础。

一个人的能力有大小,只要他在岗位事业上,做出正能量的贡献,并培养了对社会发展提供正能量的人才,就算是成功的。一个团队是这样,一个家族是这样,一个学校是这样,一个社会制度是这样,一个国家更应该是这样!

我坚信:未来的你们,成绩也是非凡的!

(四)调查研究,了解学生的思想动态。

热爱自己的学生,关心自己的学生,做学生的良师益友,这是辅导员工作有成就的关键。为此,要及时了解学生的思想动态,并对这些动态进行分析、研究和把握,这样就能够及时了解和解决学生中存在的现实问题。要学会转换角色。在学生面前,一方面我们是教师,是学生成长的引路人;另一方面,我们又是朋友、准同事,我们是平等的,这样,我们的引路工作才能扎实有效。当下,有一些东西是要认真加以管好才行的。那就是要求学生管好网络、管好手机、管好宿舍、管好教室、管好语言、管好行为、管好贷款尤其是非法高利贷网贷,并对这些问题进行调查研究,避免大的错漏。

下面专门讨论手机使用管理的问题。手机已经是人们手中最常见的通信工具,有些人有好几部。手机是通话工具、信息传输工具、图片拍摄工具、新闻阅览工具等。当然,手机还成为个别恶人进行诈骗等违法乱纪活动的工具。由于手机功能的增加,手机的管理使用就成了问题。有的人成天看手机,上课看手机、开会看手机、走路看手机、朋友聚会看手机、躺在床上看手机、睡觉拿起手机等等,成为

“低头族”的一员。上个月,在网上传出一个对比图像,很有比鉴意味。对比的是过去躺在床上抽鸦片和今天躺在床上看手机的情形。这令人三思。抽鸦片的结果迎来了外敌入侵,国土沦丧;如果我们每天都把时间浪费在用手机玩游戏、用手机寻找刺激,那么未来结果会是什么样呢?大家要好好地想一想!

手机为我们的工作、学习、生活提供了方便。我们要利用手机促进事业的进步发展、促进素质提升,但是不能成为手机的奴隶,不能成为“低头族”。网络世界像宇宙一样,无边无际,网上的信息无穷无尽。对于这些信息,我们要有甄别地吸收和利用。由此,决定了我们手机每天的使用时限以及手机使用的规则,并不要求人们时时刻刻都低头看手机。上课、开会时,是不能使用手机去干别的事情的。如果我们蔑视上课和开会,肆无忌惮地使用手机,就是对课堂和会堂的不尊重,对他人的不尊重,结果也是对自己的不尊重!如何才能科学合理地使用手机,可以作为一个课题来深入研究!

(五)依靠和支持学生干部开展工作。

一方面是我们的工作离不开学生干部队伍。学校中有团支部、学生会、社联组织、各种研究会等,他们是我们的助手和帮手。另一方面是提高学生工作能力的需要。学生干部积极参与学生管理工作,是锻炼学生工作能力的途径。这里强调的是,有没有锻炼是不一样的。现在许多岗位都强调大学生在校是否做过班干部、学生会干部、社联干部等,把它作为岗位需求重要条件之一。辅导员的支持和帮助,有助于学生组织、协调、指挥和交流能力的提高。

(六)加强外语的学习。

这一点对广外来说非常重要,也是我们的优势。

外语是现实交往的需要。现在的世界是开放的世界,中外交流日趋频繁,在各种交往过程中,外语就是一种实现了解、加深印象的手段和工具。

外国语是人生斗争的一种武器。对外交往中,我们的正当利益尤其是当我们从事的事业是代表民族利益、代表国家利益是否实现,外语在其中的作用就至关重要了。它就是实现国家利益、民族利益和个人正当利益的斗争武器。

外语是自己现实成长的需要。现在的考研、职称评定、求职创业等各环节,外语是敲门砖。这一点大家深有体会。

外语引领学生成长的需要。教师学习外语就会促进学生学外语。广外每天一小时的晨读是出了名的。它要坚持下去,作为辅导员对此有监督职责和引领责任,于此,促进自己外语的学习和水平的提高。

因此,大家原来的英语等西语不能丢,如果有能力的话,还要加学一门小语种,这会促进自己的发展。

此外，加强沟通协调，多请示汇报对于促进辅导员的工作是有很大的帮助的。

辅导员同志们：

你们这支队伍中，一定会走出一批优秀辅导员，塑造一批优秀的理论工作者，成长一批专业行家里手！这是我们所期待的！

谢谢大家！

严格军事训练,练就坚强的体魄[①]

2016 年 9 月 12 日

各位领导、老师、2016 级的全体同学:

大家早上好!

今天,我们在这里隆重举行 2016 级学生军训开训典礼。

在此,我代表学校党委、董事会、行政向广西陆军预备役师教导队的领导、教官对我校 2016 级学生军训开训工作给予的支持和关怀表示衷心的感谢!向积极准备和组织此次军训开训活动的学校各级领导、老师们表示深深的谢意!向积极准备和参加军训开训活动的 2016 级全体同学表达问候,谢谢你们!

开展大学生军事训练是大学生大学课程学习不可或缺的环节。

首先,军训是学习军事技术的舞台。擒拿格斗、队列分和、瞄准射击、打包叠被等技术既是对敌斗争的需要,更是我们每一位大学生身体内在素质的需要。通过军事训练,可以在短时间内有效地学习这些技巧和技术,提高这些技术的水平,增强自己的身体素质。

其次,军训是进行纪律训练的过程。严明的纪律是人生事业最基本的要求。大家知道,按照部队的纪律要求进行生活、学习和训练,对提高纪律、遵守规则是最有效的途径。通过军事训练,可以终身受益!

第三,军训是国防教育的重要课堂。学习国防知识、增强国防意识、提高国防能力是对公民最基本要求之一。按照部队的要求开展军事训练,让自己身临其境,是达到上述要求的最有效的途径。

第四,军训是磨炼意志的场所。大学是我们人生的重要时期,我们都要努力让自己成为一个文明的、健康的、高素质的当代青年,要有强健的体魄、顽强的意志、坚定的信念和协作的精神。军训可以铸造强健的体魄,磨砺顽强的意志,树立坚定的信念,培养协作的精神!

---

① 2016 年 9 月 12 日在 2016 级学生军训开训典礼上的讲话。

为了搞好此次军训,我对同学们提出几点要求。①

第一,端正态度,严格训练。严是军训的本质所在,只有严格训练,才能有良好效果;只有严格要求,才能达到我们的训练目的。同学们要充分认识到这次军训是磨砺意志、增强体魄、坚定信念的一次良好学习机遇,是大学生活的必备步骤,大家要有一个端正的态度来面对这次军训。从严要求,从严训练。

第二,尊重教官,听从指挥。这次军训,教官是老师,更是朋友,大家对教官既要尊重有加,又要同教官和谐相处。教官的教导——你们要认真听取,教官的要求——你们要努力做到。争取在有限的时间里,尽可能多地把人民军队的优良传统和作风学到手、悟到心。

第三,团结一致,互帮互助。通过军训,大家彼此之间可以建立真挚的友谊。同学们作为军训群体的一员,必须要团结一致、互学互帮、共同进步。只有这样,才能最大化地发挥集体的力量,顺利完成你们的军训任务。

第四,克服困难,磨砺意志。“流血流汗不流泪,掉皮掉肉不掉队”!这是部队训练的真实写照。同学们要发扬艰苦奋斗、顽强拼搏、敢为人先的精神,从严从实,努力锻炼自己敢于面对困难、勇于战胜困难的意志品质。

同学们,从现在,学校就是一座军营,同学们就是军人!军营生活虽然单调但不乏味,军训过程虽然艰苦但不乏美好回忆。迈开你们坚定的步伐,挺直你高耸的脊梁,在训练场上展现靓丽的青春风采!

各位领导、老师,同学们:俗话说得好:木受绳则直,金就砺则利!

我们相信,有广西陆军预备役师教官们的悉心指导,有全体 2016 级全体同学的共同努力,你们一定能够顺利完成此次军训任务!

最后,预祝本次军训取得圆满成功!

谢谢大家!

---

① 这几点是办公室同志所写,经过本人修改的。

从点滴做起，成就美丽大学人生[①]

2016 年 9 月 13 日

2016 级各位新同学：

大家晚上好！

学工处的领导给我出了个题目，要我给各位新同学讲点在大学期间有价值、有意义的事情，以激励大家进步。我思考好久，一直没有找到什么好的题目。恰巧在开学初到学生宿舍进行学生开学到校情况检查之时，我发现有些学生班级学生回校整齐，宿舍卫生、宿舍纪律搞得不错。但是，有些班级的同学回校人数不齐，宿舍纪律、卫生搞得不好，与自己的所居住的美好宿舍环境不协调。“收假回校晚一两天”“宿舍卫生纪律差”等看起来是一些点滴的小事，但是，这些严重地影响了班级的形象，影响了学校的形象。联想到大学学习应该注重的学习生活上的事情，结合这次接待你们入学的感受，于是，我的问题就有了，那就是作为一名大学生，应该从点滴做起，成就自己美丽的大学人生。这对于大家来说是有价值、有意义的。因此，就以这作为题目，与大家共同讨论。

一、什么是小事？

所谓小事就是生活学习中经常遇到的必须应对的规范、要求、行为和礼仪等，是一些看起来名不经传甚至是烦琐的微不足道的事情。对这些事情的把握，表现我们的处事方式。

讲到小事，必然联想到大事。什么是“大事”？就是那些对事物发展起着重要的、有决定意义的重要事情。大事和小事只是相对而言的。一件事在此处是小事，但是把它放到另外一种环境中就是大事。比如，个人的某件事情对个人来讲是大事，但是，对于整体来说，它就有可能是小事。有些在关键节点上的小事，在整个事件中起着决定性的作用，所以这样的小事就变成了大事，决定着整个事情

① 2016 年 9 月 13 日在 2016 级新生开学教育会议上的讲座。

的成败。

二、小事的重要性

小事看起来确实是一些名不见经传甚至是烦琐的微不足道的事情,但是,小事虽小,但是,并不是不重要。某种意义上讲,小事就是大事。人们常说:细节决定成败,其实就是小事决定成败。

为什么这样说?

第一,大事由小事构成。比如一个大的项目,比如,大型飞机建造这样一件大事。大型飞机是由几万个部门共同生产完成的。所以大型飞机就是由几万个小部门协调完成的。其中的每一个部门都很重要,都来不得半点马虎。一个部门出了问题,整个飞机生产都会出问题。但凡世间有成绩的人事,如杰出的政治家、科学家、思想家、艺术家、企业家、社会活动家、体育世界冠军等是从点滴开始,成就人生的。人的人生旅途,不就是经过很多名不见经传的过程和小事构成的?如果从来对小事不屑一顾,那也就无所谓大事了。

第二,小事是须臾都不能离开的重要事情。小事是每人都必须经历的,大事就不一定了。大多数人都必须经历的事情,当然是重要的。人的行为方式,无时不在地通过自己的表象表现出来。因此,柴米油盐、行为礼貌、遵纪守法等这些,平时看起来好像无所谓的东西,它是人们时刻都不能没有的东西,一旦在这方面大家都出了问题,社会就会处于混乱状态。所以小事就是大事。

第三,小事磨炼人的意志,锻炼人的品质。长期进行的事情,就会磨炼一个人的品格、毅力和性质。所以考查一个人就要从小事开始。通过考查他的为人处世、行为表现等这些小事来评价、鉴定。小事做好了,那就为下一步做好重要的事情打下了基础。

第四,小事决定成败。小事每天都在做,摸得着,看得见。好像是最平常的东西,没什么值得炫耀的,常常被人们忽视。其实,这是一种误解。荀子的《劝学》里曾说“不积跬步无以至千里,不积细流无以成江海”。“行千里”是大事,但是这“千里”是由无数“跬步”构成的,离开了这些“跬步”,“千里”这样的大事就完不成。要想成就一番事业,要取得学习上的成功,都必须从简单的事情做起,从细微之处入手。人们常说:细节决定成败,小事决定成败。这说明小事的重要性。

重视日常小事的人们就容易发展进步,忽视小事的人们往往会丧失机会。举一例子。有一个大公司挑选新成员,公司经理有意将一纸团丢在地上,看这些求职者的态度如何?一位求职者按照日常习惯,将纸团捡起,准备丢到垃圾箱中,这时,经理说,请看一下纸团上写着什么再扔。求职者打开纸团,上面写道:“热忱欢迎注重细节的您到我们公司任职。”几年以后，这位注重细节的拾纸团应聘者成了这家公司总裁。这一故事告诫人们，小事是习惯性养成的，往往一个不经意的细节就能决定成败。这样的例子在现实中很多。

第五，学生时代是打基础的年代，可以说我们都在做小事。大学时代就是进行性格的铸造、文化知识的学习、能力的培养锤炼、人际关系的和谐沟通培养等。这些事单看起来，没有一件是大事，但是，这里的每一项事情，都是未来成长不可或缺的，只要我们都认真做，并且做好了，那么未来的发展就可以预见到了。

第六，做小事就是一种习惯。一个人的“行为习惯”，能够折射一个人的品格。以行为礼仪为例。如果一个人在个人行为礼仪（个人礼仪包括仪容仪表、仪态举止、谈吐、着装等几个方面）、公共场所行为礼仪（公共场所礼仪包括走路、问路、乘车、购物等方面）和待客、做客行为礼仪等方面都能够达到和谐得体，那么，他就将日常的行为规范变成日常的行为习惯，良好的习惯可以使他受益终身。培根说：“习惯是一种顽强而巨大的力量，它可以主宰人生。”认真分析培根这一句话，可以得出：好的习惯可以主宰你的光耀快乐人身，不好的习惯可以主宰你失败的人生。为此，我们要从塑造自己良好的习惯着手，砥砺自己的优良品德，为辉煌人生打下基础。

三、做小事的特点

日常事务与计划性或者突发性的大事不大一样，它不需要任何规划，只是日常实务和规范而已，是一种习惯。比如，每一天的刷牙、做饭、锻炼、休息、讲话等，是一种习惯，这些习惯并非每人都做得很好，如果把这些日常性的良好习惯养成的话，就非同一般了。因此，与计划性或者突发性的大事比较，日常事务性小事有以下几个特点。

第一，难在坚持。就是一件事情，要经常反复进行。比如长跑锻炼，这是一件小事吧，坚持一两天，对于一些人来说，有可能。但是，你要长期坚持每一周按规定数目跑步锻炼，不少人很难坚持。有些人，记性很好，一目十行，但是，他缺乏毅力，不坚持，终究没有大成绩。

第二，成在坚持。只要坚持，就会有成就。那些每天坚持跑步锻炼的人，换来身体健康，近九十岁还在参加马拉松比赛。抗日战争就是坚持的缘故，如果我们像那些亡国论者的话，就没有抗日战争的胜利。中国社会主义建设的成就，不就是全国人民齐心坚持的结果吗？广外的十二年的发展成就，就是广外师生员工共同坚持的结果。

第三，易在坚持。一件日常事务，只要坚持，就变成习惯，习惯成自然。那就很容易了。

第四,贵在坚持。坚持就是锻炼恒心。俗话说,有恒心就会有恒产。恒产是什么?就是贵重的事业、重要的事业。有恒心就有毅力、有品格,何愁大业不成?毛泽东同志说过:很多事情的成功就是“再坚持”一下的工夫。这说明坚持的重要性。

把日常性的小事做好了,才能谋取计划性的大事。有一位成功的企业家说得好:“能把每一件简单的事做好就是不简单,把每件平凡的事做好就是不平凡。”

四、在校有哪些方面的小事?

在大学的学习中,我们要注意一些什么样的点滴小事呢?并将它们养成良好的习惯和品格呢?

1. 纪律。纪律内容丰富厚实。各行的行规就是纪律。对你们而言,学校里面主要有宿舍纪律、课堂纪律、手机使用规范、开会纪律、集体活动纪律等。在宿舍纪律中,作息安排很重要,处理不好,容易造成冲突。在作息安排上,是遵守学校规章按时作息,还是自行其是,我行我素?晚上 12 点不睡觉、早上八九点还在睡觉?这是要引起注意的。

这里,我要专门讲一讲手机的使用问题。这一问题,在开学初的一次会议上也说过了,对你们来说,也是重要的。

手机已经是人们手中最常见的通信工具,有些人有好几部。手机是通话工具、信息传输工具、图片拍摄工具、新闻阅览工具等。当然,手机还成为个别恶人进行诈骗等违法乱纪活动的工具。由于手机功能的增加,手机的管理使用就成了问题。有的人成天看手机,上课看手机、开会看手机、走路看手机、朋友聚会看手机、躺在床上看手机、睡觉拿起手机等,成为“低头族”的一员。上个月,在网上传出一个对比图像,很有比鉴意味。对比的是过去躺在床上抽鸦片和今天躺在床上看手机的情形。这令人三思。抽鸦片的结果迎来了外敌入侵,国土沦丧;如果我们每天都把时间浪费在用手机玩游戏、用手机寻找刺激,那么未来结果会是什么样呢?大家要好好地想一想!

手机为我们的工作、学习、生活提供了方便。我们要利用手机促进事业的进步发展、促进素质提升,但是不能成为手机的奴隶,不能成为“低头族”。网络世界像宇宙一样,无边无际,网上的信息无穷无尽。对于这些信息,我们要有甄别地吸收和利用。由此,决定了我们手机每天的使用时限以及手机使用的规则,并不要求人们时时刻刻都低头看手机。上课、开会时,是不能使用手机去干别的事情的。如果我们蔑视上课和开会,肆无忌惮地使用手机,就是对课堂和会堂的不尊重,对他人的不尊重,结果也是对自己的不尊重！如何才能科学合理地使用手机,可以作为一个课题来深入研究！

另外,课堂纪律、开会纪律、集体活动纪律等都有各自的规范,大家慢慢体会和遵守吧。

2. 仪表。学校是一个教书育人的场所,穿着打扮与社会上的要求不尽相同。穿着打扮得体没有？男女打扮是有区别的。符合场合需要没有？体育课、室内文化课、体育比赛、休闲娱乐等场所,着装是有差别的。衣着清洁没有？学生的衣着要以整洁、清洁为要。

3. 行为。文明是关键。是随手捡起一包垃圾扔到垃圾箱里,还是随手丢掉一包垃圾到公共场所？一捡就捡回了文明,一丢就丢掉了文明。别人确实有困难,我是尽力帮助一把呢,还是装着没看见？看见有人跌倒了,是扶他一把,还是注重拍照进行网上发帖？同学之间遇到磕碰了,怎么办？是大打出手,还是互相谦让,讲究团结？这些都是不言自明的。

4. 仪态举止。主要从站、坐、行以及神态、动作提出要求。古人对人体的形态曾有过形象的概括:"站如松,行如风,坐如钟,卧如弓。"优美的站立姿态,给人以挺拔、精神和帅气的感觉,是精气神三者合一。这样的话,有谁不喜欢？

5. 言语。语言要文雅、庄重、简洁、明确、得体。在日常学习交往中,不能使用辛辣刺耳的、讽刺挖苦的、嘲笑的语言。公共场所有公共场所的规范和要求,不能大声喧哗。

6. 卫生习惯。怎样对待公共卫生？注意打扫宿舍、清洁区、教室卫生区域。我们要有"一屋不扫何以扫天下？"的气概,搞好宿舍卫生、校园卫生,注重个人卫生习惯,塑造自己爱好整洁、清洁的习惯和形象。

7. 向上追求。政治上要立场坚定,认真学习马列主义、毛泽东思想和中国特色社会主义理论,切实践行社会主义核心价值观,向党组织靠拢,培养自己优良的品德。要认真学习中国优秀传统文化,做优秀传统文化的传承者。学习好学上进,刻苦钻研学科知识,努力攀登科学高峰;不能得过且过、六十分万岁,如果那样的话,是相当渺小的。

8. 做事的态度。认真与否,做好与否,这是自己要时常关注的。要以女排精神为榜样,不言不弃,勇往直前。一件事情不做则已,一做必须要讲认真。毛泽东同志说:世界上做事最怕认真二字,共产党人最讲认真。这就是我们的准则。

9. 爱护公物。公物分两类,即有形的公物和无形的公物。

有形的学校内的公共财物有多种,我们都要爱护。比如:桌椅、电脑、空调、风扇和橱窗等,要真爱护。再比如:节约水电。节约是一种美德,看见水管坏了,及时报修;看见水龙头没关上,及时伸手关上;外出宿舍、走出教室要伸手将开关关好,这样就为学校节约一度水、一度电,降低办学成本,提高资源的利用率,同时也练就我们节约的品格。

无形的公物就是学校的荣誉和名声。出国比赛、学习等,要视国家的荣誉为首要,为国争光。外出参加国内、区内的比赛,或者搞活动等,都要视学校的名声为首要,加以爱护,为学校争光。学校在向上发展过程中,会出现一些发展中的问题,这是所有大学都遇到的,没有什么稀奇的。我们要把这些问题当成是发展进程中的问题,加以理解和包涵;学校给我们的关怀:内要铭感在心、外要化为爱校护校的实际行动。要爱自己,通过各种良好的表现使得自己的成绩得到同学、教师学校的认可,自己的行为得到大家赞赏。在这一点上,要做到爱国、爱校、爱自己三者统一。

除此之外,还有很多小事要注意,大家可以慢慢体会。

五、怎样才能做好小事?

1. 树立好标准。在学校学习中,有很多事情是慢慢出现和引起注意的。我们注意到之后,应该在脑海里想一想,这些事情是否值得学习和效仿?如果是值得学习和效仿的话,要树立什么样的目标呢?

2. 坚持。坚持就是胜利。所谓坚持,就是要磨炼意志和恒心。没有恒心,没有毅力,就不可能胜利。这是历史经验。一日曝十日寒,是不会有效果的。广外的外语特色明显,有优势。我们要利用广外的优势,学习外语,坚持日积月累,把外语学好。其他的事情也是一样。

3. 律己。学校各种规章的日常遵守,要靠大家自律自觉地维护才行。学生的各种行为规范,要靠大家共同品行才能发扬光大。所以,律己之后,律他,人人自律,各个遵守、做模范,大家都会进步。

4. 回看或者反省。唐太宗说:以铜为镜,可以正衣冠。以史为镜,可以知兴替。我们要经常回看自己,照一照镜子,洗洗澡,梳理一下自己做得怎样,有什么没做好,有什么还需要改进的?自己给自己打分。古人云:“知不足,然后能自反也;知困,然后能自强也。”通过照镜子,发现自己的不足,发现与他人的差距,发现别人的长处。这是很珍贵的、难得的。

5. 监督。学校纪律行为的模范执行和规范,要靠大家的相互监督和维护。在学校中,所谓监督,就是人人接受监督、人人相互监督。监督就是矫正,监督就是鞭策;监督就是相互学习,监督就是鼓励。自觉接受监督是一种优良品质,自觉监督别人也是一种责任。

6. 宣传。发现好的言行，就大力宣传；发现坏人坏事，就要批评和帮助！好人好事不宣传，就会打击好人好事；坏人坏事不打击、不批评，就会助长坏人坏事！通过宣传好人好事，就是要弘扬正能量；通过打击坏人坏事，就是让负能量无藏身之地！

7. 善于抓住机会学习。学习很重要，善于学习更为重要。言行的美丑，要靠我们去发现、去辨别。美的东西就要抓住机会善于学习，巧于学习，把人家美好的东西学好、学实，学出自己的特色和模样。丑陋的东西，就要引以为戒，增强抗丑、抗邪、抗恶的能力。

在写到这里的时候，心里为此悟出了一首题为《学子》的七绝诗歌，现奉献爱给你们。

学子

学科研习在课堂，为人处世全天亮。
点滴律己身心健，翻山跨海洒阳光。

大学与高中阶段的学习不尽相同，高中及其以前的阶段是基本知识的学习和灌输，大学是分学科专业的。所以，第一句就说“学科研习在课堂”，“学科”学习有别于过去的学习；“研习”就是研究和学习的意思。第二句“为人处世全天亮”。为人处世是一个人的行为表现状况，不仅体现在课堂，而且还体现在全天候的任何时段，为此，要处处留心学习和表现。第三句“点滴律己身心健”，无论是上课还是课后，每位学子都要从“点滴”学起，按照各方面的纪律、规范严格要求自己，即“律己”，这样，你们的身心就会健康、知识充实，成为好似天上的星星和太阳。最后，你们就能够抱着“太阳情怀”翻山跨海将你们的光和热洒向国内外，服务好你们所服务的对象，真正践行“留住中国魂，做好国际人”的校训！

这样的比喻好不好？

俗话说：玉不琢，不成器；人不学，不知义。你们要将自己这块“玉”好好地进行点滴雕琢，雕成大器为止！你们要认真学习，知晓礼义廉耻，知晓科学精神，崇尚科学精神，将点滴精神融入探索学习过程中，成就自己的大学美好的人生！

树立四种意识，扎实推进评估工作①

2018 年 10 月 20 日

各位老师：

大家下午好！

对于评估工作，大家应该心中有了一点底了。但是，从整体上讲，还是不那么自信。下面，我先谈总体印象，然后谈一点要求。

一、对评估工作的总体印象

（一）振奋

1. 学校发展快。办学才 12 年，现在学生规模达到 14000 多人。这在大学办学历史上是前所未有的。

2. 特色明显。一是，语种相对齐全，外语言类的语种达到 12 个，这是广西高校中语言种类最齐全的学校。二是，按照应用型的要求，加强学生的应用能力培养，学生的应用能力得到加强。三是国际性。加强与东盟国家高校的交流与合作，国外上学，国外就业、创业。突出的例子就是泰国的“广外一条街”创业模式得到推从。接受东盟国家高校留学生到学校就读。

3. 区内外高校的各种比赛获奖励。无论是教师的，还是学生的，只要参赛，基本上都有重要奖、大奖落户广西外国语学院。

4. 社会对我们的认可度高。这些年来，社会、家长和各级政府对学校格外关注。前些日子，中央电视台、广西电视台、南宁电视台等，多家媒体进行了专访采访报道。教育厅主要领导还专门为此写了批语给予表彰。

（二）担心

1. 教学评估是一项系统工程。评估涉及学校建设的方方面面。涵盖教学、科研、学生工作、安全、党建、宣传等，是一个大的系统工程。要求高，难度大，任

① 2018 年 10 月 20 日在迎接本科教学水平合格评估大会的讲话。

务重。

2. 我们确实还有很多问题。比如，师资队伍不足、师资队伍的结构不甚合理等都是客观存在的，这些都是民办高校共同的大问题。师资力量不足必定会影响教学质量的提高。除此之外，还有其他的不少问题。当然，这是发展中的问题，是可以克服的、可以改进的、可以做得到的。

（三）欣慰

1. 国家对民办高校的关怀、重视前所未有。现在，民办高校在学校规模、学生规模等方面占三分之一。国家将会出台很多政策，鼓励支持民办高校的发展。这是肯定的。

2. 社会的关注前所未有。社会关注民办大学、关心民办大学是高等教育发展的趋势。只要我们把工作做好了，他们一定会把自己的弟子送到民办大学来培养。

3. 兄弟高校和专家一直对广外给予很大的支持和帮助。未来，只要我们做好工作，加强沟通和往来，这种作用会更大。

4. 学校有信心。从领导层面、教师层面、学生层面都看到这种迹象。

二、树立四种意识

为把评估工作做好，必须树立四种意识。

1. 大局意识。每一个人都有自己的“局”，学校有学校的“局”。自己的“局”是学校“局”的一部分，自己的“局”对学校有重要影响。不能认为自己做得怎样，是自己的事情，与学校无关。每一个人的表现都事关全校的发展。只有学校发展好了，个人才有可能更好。因此，要以学校的大局为重，要把个人的荣辱、成长、发展与学校的荣辱、发展联系在一起。

2. 责任意识。每一个人都要按照岗位的要求，承担自己的岗位责任。教师岗位的应该怎么做，管理岗位的应该怎么做？每个部门、每个单位和每个岗位的同志都要认真思考。第一，要树立责任意识。责任重于泰山。有岗有责，在岗有责，守岗有责。要有责任自觉。第二，明确自己的岗位职责是什么？第三，检查自己的岗位工作做得怎样？在交叉领域，要明确界限，要分清责任，按“界”执行责任。

3. 纪律意识。首先是自律意识。作为教师，要按照岗位纪律要求，按时到课堂，按照要求写好教案，按照要求讲好每一堂课，把自己纪律工作做好。其次，就要律他。教师要管好课堂。主要是学生的到课纪律、课堂纪律、课堂氛围等。要让学生感到学有所获，有获得感才行。学生的不良表现要纠正，在纠正中提高学生的纪律意识和纪律行为。最后，要监督意识。加强纪律监督工作，每个老师、每个学生、每位领导都有监督责任。

4. 规范意识。办任何事情都有各自的规范。教学评估涉及的方方面面都有自己的规范。

这里主要有:教学方面的规范。论文规范:我们的论文要来自问题,通过调查研究解决问题,增强动手能力。试卷规范:大学生的试卷要有统一规范才行,不能各行其是。课堂规范:教师课堂规范、学生课堂规范等。

学生工作规范。学生行为规范、学生活动、学生的交往规范、学生的早读规范等。

档案规范。这个很重要。很多人不注意档案。其实,档案很重要,很多事情最后的决断来自档案。因此,必须把档案按照规范要求做好。

卫生工作规范。要按照美化亮化的要求,制定相应的规范,并严格按照规范来检查督促,保证学校清洁、美化、绿化。

宣传规范,也可以说是宣传纪律。一是大力宣传正能量。二是,对学校的电视台、LED 屏、学校和学院的网页、易班、微信群体、QQ 群体以及学校内部的横额、宣传橱窗进行管理。三是要明确各自的责任,学校宣传部负责全校的宣传舆论阵地的管理与监控。各学院的书记、院长以及机关单位的一把手要承担第一责任。四是监督宣传新闻工作,监督各种宣传媒体工作。

讲到这里,我想起毛泽东同志的名言,世界上的事就怕“认真”二字,但共产党人最讲认真。评估工作是一项复杂艰巨的工作,但是,只要我们有“认真”的精神和态度,我们就无往而不胜。

长征精神永放光芒①

2016 年 10 月 21 日

老师们、同学们：

大家下午好！

今年是中国工农红军长征胜利 80 周年，举国上下都在举行各种纪念活动，纪念人类这一历史进程中史诗般的重大事件。此时此刻，我们也和全国各族人民一样，对长征的先烈们表示崇高的敬意！对他们所创造光辉业绩表示钦佩！我们要坚决弘扬长征精神，把革命先烈所开创的革命事业继续推向前进！

自长征开始直到现在，每时每刻都会在正义人士的心中，树立起对长征的敬佩和追寻。中国人如此，外国人也是如此。赞美长征、研究长征、弘扬长征精神成了大家共识和愿望。今天，趁着纪念长征 80 周年之际，我就从"长征的含义、长征是人类历史上的伟大创举、坚定的理想信念是长征精神集中体现"三个方面谈谈对长征的认识。希望对未来大家弘扬长征精神有所帮助。

一、长征的含义

什么叫长征？过去人们大多是表达"远途跋涉"的意思。比如打背包徒步长途旅行，或者有些探险活动，寻找刺激，从某种意义上讲，这些的主要作用是休闲等。自从中国工农红军长征胜利结束之后，对长征的关注、研究和宣传就迅速增多起来。长征的含义也因此进入人们的研究视野，内容比过去深刻。

"长征"的含义有哪些呢？当然，长征的原初意思还在，即长征就是长途徒步远行。除此之外，还包含如下一些内容。一是军事上的远地征戍、征伐，讨伐敌人并取得胜利。主要是从某一军事集团利益的立场说的。二是从对人类历史发展进程起的作用而言进行的长征，它就是人类历史而言。人类的历史就是一部不断解放和发展自己的长征征途。毛泽东同志说的"民主革命胜利只是万里长征走完

---

① 2016 年 10 月 21 日在纪念红军长征胜利 80 周年大会上的讲话。

的第一步”，就是指这层意思。三是特指中国工农红军1934—1936年由江西陆续转移到陕北的二万五千里长征。

当然，对长征的理解还会有不同，这里就不一一列举了。但是，一讲到长征，它有什么特征呢？一是，它是以人力和畜力为行走动力的，不是以机械力、电力等作为行走动力的，即徒步行走为主的、辅之以畜力的行动。你开车或坐飞机走几万公里，那不是我们讲的长征。二是，它一定是对社会发展有一定的积极意义。有些慌忙逃命的大溃败，那就没有人称它是长征。比如，解放战争期间国民党军队的大溃败，从大陆逃跑到台湾，能说它是长征吗？当然不能。国民党自己也没有人称它是长征，其他人就更不用说了。石达开带领二十万大军出走，最后在大渡河的覆灭，总不能叫长征吧。三是，作为长征，一定是在人们心中引起极大反响的、人们公认的征程。如果是无声无息，谁会说你是长征呢？四是，一定是多数人的行为，不是单个人或者少数人的行为。

在人类历史上，真正引起人们关注的长征就是指中国工农红军二万五千里长征。现在，只要一提到长征，人们首先就会想到这一层意思。可见，中国工农红军长征的影响、作用和意义有多么重大！80年前，毛泽东同志曾经说过：“讲到长征，请问有什么意义呢？我们说，长征是历史记录上的第一次，长征是宣言书，长征是宣传队，长征是播种机。”美国著名记者索尔兹伯里在《长征——前所未闻的故事》中，把中国工农红军长征定义为“人类有文字记载以来最令人振奋的大无畏事迹”。

二、红军长征是人类历史上的伟大创举

红军长征是人类历史上的伟大创举，这是公认的历史事实。但是，怎么理解这一事实，也就是伟大创举体现在哪些方面？在一些人心中并未真正能够做出解释。

首先，长征实现了中国革命战略大转移

所谓战略大转移，就是实现从国内革命战争向抗日战争转变的完成。大家知道，1927年，蒋介石发动四一二反革命政变之后，中国革命就从北伐战争转向土地革命战争。这是一场国内革命战争。九一八事变之后，如何实现从国内革命战争向抗日战争转变呢？中国共产党首先举起抗日的大旗，在九一八事变不久，中国共产党就发表宣言，要求中国各党、各派、各人民团体团结起来，共同抗击日本侵略者。但是国民党蒋介石却置民族大义不顾，坚持“攘外必先安内”的反动政策，坚持内战。怎么样才能实现这种转变呢？事实证明，那就是长征。长征实现了这种自觉。当然，长征开始的时候，是没有这种预见的。长征的开始是迫不得已的，

是由于第五次反围剿的失败不得不做出的举措。当时的中央对于红军的撤退，心中是无数的，没有多少预见的。当时的目的有两个，一个是跳出敌人的包围圈，做一次大的战略迂回，最终再次回到苏区根据地；一个是到湘西，与红二、红六军团会合。这两个都是绝对幼稚、行不通的。第一种情况可能吗？因为苏区本来好好的，有 32 万军队。才半年不到，被临时中央搞得一塌糊涂，在蒋介石百万大军的围剿之后，怎么可能回到这里呢？第二种也是绝对行不通的。这些都是蒋介石早就算计好的，他的百万大军正在布下口袋，这种后果是不言自明的。

湘江战役之后，部队受到重大的创伤，八万六千人的红军，损失了五万六千多人，毛泽东力主放弃到湘西会合的计划，改向敌人力量薄弱的西边前进，并且这是蒋介石根本想不到的，这样，我们才有活路。这是毛泽东的"惊奇者，人类之生涯也"思想的展现。这一主张得到政治局绝大多数同志的赞同，红军就从广西经过湖南转向贵州。李德在《中国纪事中》，叙述了这一过程。他是为自己的辩解，但是道出了实情。他说：毛泽东拍案而起，政治局的绝大多数同志都接受了毛泽东的意见。经过通道会议、黎平会议、猴场会议、遵义会议，改组了中央领导层，为转变提供了组织保证。中央长征胜利后，紧接着，就迎来的西安事变的爆发和西安事变的和平解决。毛泽东在 1935 年 12 月就说：长征一完成，新局面就开始了。新局面是什么？就是实现从国内革命战争逐渐向抗日战争的转变。所以说是长征实现了这种战略转变。

其次，长征是在艰难困苦的环境实现自我理想的洗礼和升华

毛泽东曾经感叹祖国大好河山的魅力、美丽，他在《沁园春·雪》中说：江山如此多娇，引无数英竞折腰！然而，"多娇的江山"与险峻联系在一起的。西方记者在采访中感叹：长征突破了敌人严密防守的十数个雄关险隘，翻越了众多高山峻岭，渡过了 30 多条河流——其中不少堪称"天堑"，还走过了世界上海拔最高、人迹罕至、自然环境极其恶劣、遍藏死亡陷阱的广袤湿地——海拔在 3000 米至 4000 米以上的"草地"。李德在《中国纪事》中提道：红军行程 1 万多公里，横贯 12 个省，翻过 18 座大山，其中有 5 座终年覆盖着冰雪，渡过 24 条大河。真可谓：山高路险风浪急，或者山川风雪傲，关隘沼泽步步骄！

险到什么程度？举两例。

大渡河的险峻。云南与四川来往，非要经过大渡河。大渡河水深流急，两岸都是高山峻岭，大渡河干流全长 1062 公里，天然落差 4177 米，河宽 200 米，落差很大，礁石林立，浪能够溅起几丈高，河水沿着险要的石壁向下奔泻。当地的著名说法是：云南人要把木材运到对岸的四川，但是由于水流和乱石的缘故，木材到江心变成了碎片。当年，数十里也找不着一个渡口。泸定桥这一段的情形怎样？多年

平均流量1200立方米/秒。泸定桥边的大石上,镌刻着架桥者的印象:泸定桥边万重山,高峰入云千里长。

美国著名学者布热津斯基在参观完大渡河后,写了《沿着长征路线朝圣记》一文,有这样的一段记载:"在我们走近大渡河时,曾经一度怀疑它是否真的像长征战士在回忆录中描述的那样水流湍急,险象环生;及至亲眼目击,才知并非言过其实。这条河水深莫测,奔腾不驯,加上汹涌翻腾的漩涡,时时显露出河底参差狰狞的礁石,令人触目惊心,不寒而栗;有几处,河水还以异常的速度倒流回环。我们一行之中谁也没有见过这种水流现象。"

夹金山的险峻。按照当地的方言,"夹金"就是很高很陡。夹金山海拔4200米,这里地势陡险,山岭连绵,重峦叠嶂,危岩耸突,峭壁如削,空气稀薄,终年积雪,天气变化无常。当地流传着的一首民谣:"大雪山,大雪山,只见人上来,不见人下来。""夹金山,夹金山,鸟儿飞不过,人不攀。要想越过夹金山,除非神仙到人间!"就是对此恶劣环境的真实写照。山海拔太高,首先会遇到高原反应,越靠近山顶,空气就越稀薄,体质虚弱的战士,一坐下来,就永远站立不起来。氧气太少,说话就得小声。风浪太大,瘦小的身材人就有可能被大风吹滚下山;风浪太大,划不着火柴,冰块难以融化,没有水喝。

食品的奇缺。我们自己说红军长征很苦,没有粮食,吃草根、树皮,这是真的吗?瑞士籍英国传教士薄复礼(即鲁道夫·勃沙特),他在1934年10月,在贵州被红军俘虏。在此后长达18个月的时间里,他随红军转战于黔、湘、鄂、川、滇五省间,直到1936年4月初方才离开。薄复礼在其著作《神灵之手》中记载了自己的一段亲身经历和感受:"我们开始了一种新生活。大部分日子,一天到晚只吃一顿饭,一天天没有休息日和星期日的行军。后来我们开始连续的夜行军,我们学会了边走边睡","一天晚上,我们靠近一个小村庄宿营,可这里没有粮食,每人只分得一点白水煮土豆。两小时后,又传令继续前进","连续走了二十七天后,红军得到了一次休息"。这些文字生动地再现了漫漫长征路是何其艰难!

再次,长征是在强大敌人面前完成的

敌人有多强?敌人的武器是先进的。蒋介石在基本完成他内部内乱之后,重点针对中央苏区进行大围剿。他把自己从德国等先进国家买到最先进武器用于对苏区的围剿,西方报道评说:这是一次把苏区当成屠宰场进行的一场大屠杀。

敌人的人数是红军的数十倍,号称百万大军。毛泽东说:十二个月光阴中间,天上每日几十架飞机侦察轰炸,地下几十万大军围追堵截。

敌人恶意宣传造成红军的困难。敌人是中央政府,宣传机器庞大,宣传手段多样。他们把红军描绘成十恶不赦、杀人不眨眼、吃人、共产共妻等,谁不害怕?

战斗频发。美国著名记者埃德加·斯诺曾如是描述道:"几乎平均每天就有一次遭遇战,平均每天行军七十一华里。"索尔兹伯里曾说:"长征不是一般意义上的'行军',它是一曲人类求生存的凯歌,是为避开蒋介石的魔爪而进行的一次生死攸关、征途漫漫的撤退,是一场险象环生、危在旦夕的战斗。"蒋介石调集了数十万人马,千方百计地进行围追堵截。红军始终要面对数十倍于自己的敌军,遭遇的大小战斗在600场以上,激战不断。

再其次,中共中央内部意见分歧,加剧了长征的难度,解决这些问题,凸显了这一事件的魅力

首先是解决战略转移方面的意见分歧。临时中央是共产国际的代表,一方面他们对党建、军队建设、政权建设不熟悉,另一方面就是排挤打击正确意见。于此,才造成苏区陷落和长征的。怎么纠正?要纠正,就要更换主要领导。这看来是不可能的。因为,中国共产党是共产国际的一个支部,所有的大事要经过他们的批准才行的。现在,又是他们的代理人在执掌政权,没有高超的智慧和时机是做不到的。

其次,解决张国焘分裂行径。张国焘的资历、能力、红四方面军的强大队伍是张国焘分裂党和红军的资本,处理不当,红军就会遭受灭顶之灾。张国焘的资历很高。他是北大的学生,五四运动的学生领袖,党的创始人之一,党的领导层的核心成员,在创建苏区方面有重要贡献的。他目空一切。一、四方面军会合时候,红四方面军有7个军,8万多人,可谓兵强马壮。一方面军才有不到一万人,并且衣衫褴褛,骨瘦如柴。所以,张国焘就说:一方面军过去是英雄,是巨人,现在全身的肉都掉光了,只剩下一副骨头,打不了仗了。这次真是走到绝路了。在这种情况下,他的野心膨胀起来,他要按力量分权。所以,他明目张胆地实施了分裂党和红军的险恶举措。

但是,在毛泽东同志为首的中央领导下,成功地处理了这一重大难题。通过通道会议、黎平会议、猴场会议和遵义会议解决了组织问题,也就解决了战略转移方面的问题。在一、四方面军会合后,领导层分两部分,毛泽东等一部分率领一方面军继续北上,朱德等跟随四方面军,继续做张国焘的工作,对他的分裂行径进行批判,尽量减少分歧和四方面军的损失。可以说,这是最好的处理办法。难道这不是创举吗?

最后,长征留下了很多谜团,永远值得人们去研究、思考和借鉴。

长征之后,为什么有那么多的人去追寻、研究、发现长征?国内的、国外的都络绎不绝。以外国人为例,美国记者斯诺冲破重重封锁,最终到陕北,进行采访,《红星照耀中国》成为世界人民了解红军的最初经典文献。之后又有她的爱人海

伦斯诺，来到陕北，采访众多红军将领，并把访谈记录安全带回，写成文章发表，整理成《红色中国内幕》（中译本为《续西行漫记》），既匡正了视听，又扩大了红军在国内外的正面影响。文化大革命时期，她又回到中国，写下了《重返中国》，现在她的著作成为研究长征以及中美关系的重要著作。

英国传教士薄复礼在临别之时，他十分怀念那充满“恐惧、希望、追求”的难忘岁月，流下了激动的眼泪。后来，他饱含深情地写下了这样的诗句：“感谢‘被捕’，我的心得到了基督徒的爱。友谊和血的联结，超过世间的一切……我们患难与共，我们共勉负责。为那珍贵的互助，我洒下深情的泪珠！”这些文字勾勒出这支部队是怎样的一群钢铁战士，绘就了一幅人间真情的感人画面！在他被迫参加的长征中，他是长征的参与者、经历者、证明人，红军的热情、信仰和追求深深地感染了他。离开红军后，他用近 4 个月的时间口授完成了亲历红军长征见闻录——《抑制之手——为基督在中国被俘》。由于该书的题目看起来与红军长征并没有多大联系，结果该书中他关于红军长征的事迹没有引起人们的注意。1985 年，该书无意间被发现，1989 年翻译成中文，中译本全名为《神灵之手——一个西方传教士随红军长征亲历记》。该书于 1936 年 12 月在英国出版，比美国记者埃德加·斯诺《红星照耀中国》还早一年出版，是目前西方世界所知的第一个“长征故事”。

1937 年，美国记者史沫特莱来到延安，对红军官兵进行了多次采访，她感慨道：“长征是革命战争史上伟大的史诗，而且不仅于此。”它“绝不只是一部无可匹敌的英雄主义的史诗，它的意义要深刻得多。它是国家统一精神的提示，也是克服落后东西的必要因素”。

德国友人王安娜，在 20 世纪 30 年代中期来到中国，在此生活、战斗了 19 年，把中国当作她的第二故乡。1964 年，她的回忆录《中国——我的第二故乡》正式出版。她在这本书中从不同侧面描述了中国工农红军进行的长征，她认为“毫无疑问，长征是人类历史上一个伟大的业绩”。据此，她对于中国革命的胜利充满了坚定的信心——“巨人中国醒了，它正震撼着世界！”这部著作被译成多种文字，成为在国际范围内介绍中国社会伟大变革的生动、真实记录。

几十年后，1983 年，美国记者索尔兹伯获得中央批准，1984 年，他以 75 岁的高龄，戴着心脏起搏器走完当年的长征路，写下了《长征——前所未闻的故事》，完成他的战友斯诺在《西行漫记》中的愿望，即“总有一天会有人写出一部这一惊心动魄的远征的全部史诗”。他在书中赞叹道：“本世纪中没有什么比长征更令人神往和更为深远影响世界前途的事件了。”正如哈里森·索尔兹伯里总结的，“长征实际上成了中国革命的熔炉”，“长征中，没有任何革命领导人投敌，长征的每一步都使他们变得更为坚强。”

2001年,美国学者杨·海伦历时16年写成的英文著作《选择革命——长征中的红军女战士》出版了。杨·海伦研究长征女战士始于20世纪80年代中期,当时她在北京担任大学外教。她到处寻找长征女战士的足迹,并采访了22名红军女战士,用人类学家做口述历史的方法记录她们的回忆。杨·海伦强调:长征只有中国才有的故事,但故事的主题具有世界魅力。

如此等等,还有很多关心和研究长征的事例。

三、坚定的理想信念是长征精神集中体现

长期以来,是什么力量能够使得红军完成长征?为什么有如此影响广泛的魅力?长征,为什么有如此强大的历史穿透力?答案就是因为为理想而奋斗到底。

为共产主义而奋斗的理想信念指导着每一位红军战士的行动自觉。正如毛泽东所说的:“经过政治教育,红军士兵都有了阶级觉悟,都有了分配土地、建立政权和武装工农等常识,都知道是为了自己和工农阶级而作战。因此,他们能在艰苦的斗争中不出怨言。”

1938年,中共中央负责人张闻天为陕北公学的学生做演讲,他说:“为什么二万五千里长征能够有这样伟大的影响呢?原因就在于中国共产党在这次长征中充分表现出了她为了自己的理想而牺牲奋斗与坚持到底的精神。在这次长征中,我们的确曾经碰到了无数的困难。困难几乎是不能克服的。然而,那时我们只有一个思想,就是无论如何要克服这些困难,要为自己的理想奋斗到底。”

理想信念坚定,就绝不承认失败。美国记者埃德加·斯诺在《西行漫记》中说道:“这是一次丰富多彩、可歌可泣的远征……冒险、探索、发现、勇气和胆怯、胜利和狂喜、艰难困苦、英勇牺牲、忠心耿耿,这些千千万万青年人的经久不衰的热情、始终如一的希望、令人惊诧的革命乐观情绪,像一把烈焰,贯穿着这一切,他们不论在人力面前,或者在大自然面前,上帝面前,死亡面前都绝不承认失败。”

长征已经成为人类坚定的信念、坚强的意志以及无与伦比的英勇的精神范本;长征已经成为一种能够支撑人类克服一切困难推动国家或民族改天换地的历史进步的精神财富。李德尽管对长征中中央的做法有看法,但是在长征这件事上,还是做出了比较实事求是的总结。他认为,长征一个不可磨灭的功绩,是中国红军——共产党领导下的农民军队的全体战士伟大的勇敢、坚韧的毅力和革命的热情的明证。

在当代人看来的超越人的生理极限、几乎不可能完成的任务,却总在红军面前换来“万水千山只等闲”和“三军过后尽开颜”的回答。这就是信念的力量!这就是红军高度的觉悟性,超人的坚忍性和战斗精神的体现!也正是中国共产党缔

造无数英雄的奥秘所在。

多年后,以色列老兵武大卫,从瑞金出发重走长征路,走到大渡河,他无论如何不敢相信红军是爬着铁索冲过去的,认为靠小木船和竹筏子渡过去也是不可思议的。但事实已经做出证明。这一切伟大胜利都来源于"红军战士都有非凡的理想和抱负。他们全心全意为事业而战,赴汤蹈火,在所不惜"。正如美国军事史学家格里菲斯在其《中国人民解放军》一书写道:"中国共产党人,以他们反复经受的考验证明,他们能够忍耐难以言状的艰难困苦;能够击败下定决心要消灭他们的敌人而达到自己的目的。"英国元帅蒙哥马利盛赞长征"是本世纪最伟大的军事史诗,是一次体现出坚韧不拔精神的惊人业绩"。

这些,就是长征的魅力、长征震慑人心的力量所在。

有了理想信念,我们才能够为战胜困难进行艰苦卓绝的斗争。开动脑筋想出各种办法解决长征途中遇到的各种各样的问题。

主要表现在:一是,如何战胜客观存在的恶劣的自然环境。红军在苏区打仗,情况是熟悉的。但是撤出苏区之后,这些情况就不熟悉了。哪些情况?跨越高山阻截,横跨河流,过雪山、草地等。怎么办,在长征中学习,在长征中锻炼,在长征中提高!

二是,利用长征宣传党的民族政策,宣传党的北上抗日的主张。中国共产党在二大上就提出要实现民族平等。但是这些政策在苏区得到实施,在其他地区,由于国民党的恶劣宣传,人们怎么能够认识和了解我们?这些事情是不得不做的事情。怎么执行?长征所经过的区域大多数都是少数民族地区,历史上由于历朝历代政府对少数民族的歧视,国内汉族与少数民族之间有很大的隔阂。现在,这一形势就更加严峻。一方面,国民党的恶意宣传,增加了宣传工作的难度。另一方面,我们的民族政策要在长征的艰难时期结合战略转移来完成,这是一项神圣光荣而又艰难无比的工作。共产党人就是为人民服务的,她确实有能力面对的问题、解决这些问题。在长征路上,导演了一幕幕军民鱼水情的场景。典型的例子就是彝族领袖小叶丹与刘伯承结拜兄弟的事迹成为红军长征史上的佳话。可以说,长征是民族平等政策的一次大检阅、大宣传,并取得重大成就的一次演习。

三是,长征促进党内的高度团结,是团结向前的楷模。长征能否胜利,党的团结统一是关键。中国共产党不愧为一个马克思主义政党,它能够克服自己前进道路上的问题。即使是在意见分歧时候,绝大多数同志的意见分歧不是为了个人私利而产生分歧,而是在完成革命事业中对问题认识产生的分歧。

当时的党内斗争,犯有严重错误的同志能够接受组织和同志们的批评教育。博古在中央明确指出他的错误以后,能够服从组织决定,自觉以党的大局为重,把中央的团结放在首位。李德曾策动博古反对党的决议,不交权。但博古没有同意李德的意见,把党的团结置于个人恩怨荣辱之上。

1935 年 6 月中央红军与红四方面军在懋功会师后,面对张国焘的分裂行径,中央从大局出发,综合考虑,对张国焘多次进行教育。周恩来将红军总政委的职务让给了张国焘,并增补了四方面军的一些军政领导干部到中央和中革军委工作。中央红军与红四方面军分离后,朱德跟随四方面军行进。面对张国焘宣布另立"临时中央",朱德义正词严地说:"大敌当前,要讲团结嘛! 天下红军是一家……不论发生多大的事,都是红军内部的问题,大家要冷静,要找出解决的办法来,可不能叫蒋介石看我们的热闹!"红二、四方面军会合后,张国焘曾经试图拉拢红二、六军团的领导人,但当二、六军团的领导人了解到事实的真相后,坚定地站在党中央一边,维护党的团结。在庆祝会师大会上,张国焘要发言,贺龙给他拉袖子,提出警告:"国焘啊,只讲团结,莫讲分裂,不然,小心老子打你的黑枪。"表现出坚定的党性原则。

长征促成了红军三大主力与陕北红军的大会师,结束了中国革命武装割据局面,获得空前的团结和统一,而这空前的大团结又是经历了空前的大分裂嬗变而来。

四是,长征锻造出讲大局、讲奉献的革命精神。长征途中,红军干部自上而下以身作则、勇于献身,真正成为大无畏英雄精神的楷模。土城一战,红军伤亡 1000 多人,这是遵义会议以来伤亡最大的一次作战。毛泽东、周恩来、朱德等都亲自上战场指挥。朱德曾说:"只要红军胜利,区区一个朱德又何惜!"

湘江战役中,负责殿后的红五军团,几乎全军覆没,三十四师师长陈树湘重伤被俘后,躺在担架上,趁敌不备,从伤口拉出肠子扯断而壮烈牺牲,实现了自己"为苏维埃流尽最后一滴血"的誓言。

一位红军母亲分娩后,为了不拖累部队,把刚出生的孩子抛入水中,而就在抛孩子的一瞬间,那个母亲也举身跳入水中,母亲与孩子一起消失在水中。这位母亲她为什么这么做? 就是为了大局的缘故。她想到如果为了孩子和自己,不仅她和孩子的命保不住,还会有更多的战士会因此失去生命,这对于整个事业是多大的损失!

面对这些为了大局做出的举动,我们难道还不为之感动吗? 高尚的人们一定会为他们洒下热泪!

五是,锻造了逆境中乐观向上、激情满怀奋斗精神。力量是需要激情来调动的,调动激情有多种方式。用大气磅礴的诗词和嘹亮的歌声来激励革命战士向前进是红军的重要方式。唱歌是红军内在精神世界的外在表现。在长征途中,无论敌人多么凶残,无论党内斗争多么严峻,也无论自然条件多么恶劣,红军指战员始终保持着高昂的斗志,对革命前途充满着必胜的信心。

有资料记载,不仅宣传员们通过快板、唱歌的形式激励战士,而且红军领袖们如毛泽东、周恩来、叶剑英等领导同志都用各种方式激励红军战士。

毛泽东用诗词激励革命战士的事迹无人不晓。这一点,李德在《中国纪事》的回忆录中也不得不承认:“他喜欢引用民间的形象比喻,引用中国历史上哲学家、军事家和政治家的格言。……毛不仅在私人谈话或小范围里运用这些格言和比喻,而且还把它们引用到他的讲话中,并以革命的激情从中引出令人铭记的口号。我自己就经常亲眼看到,他是怎样用这种办法深深地影响了听他讲话的农民和士兵。”

周恩来进入草地后,他带领大家唱起了他熟悉、喜爱、意思清澈的革命歌曲:“八月继续向前进,草地行军不怕冷。草地从来无人过,无坚不摧是红军。”在野外露营时,茫茫草地上空时常回荡起叶剑英浑厚的《国际歌》的歌声,“起来,饥寒交迫的奴隶……”歌声引起战士们共鸣、共唱,革命的激情驱赶走了寒气、困意,振奋了精神。

长征中,李伯钊同志率领的红星剧社在战斗间隙给红军将士们演出精彩的文艺节目,鼓舞士气。过草地时,由陆定一、李伯钊作词的《打骑兵歌》在红军中广泛流传,给了红军战士们无穷的力量。歌词是“无敌的红军是我们,打败过蒋贼百万兵,努力再学打骑兵,我们百战又百胜”。

过夹金山时,红军宣传员编写的顺口溜,并用打快板的形式鼓励红军战士互助协作。“夹金山,高又高,注意事项要记牢,裹脚要用布和棕,不松不紧好好包。到了山顶莫停留,坚持一下就胜利了。病人走不起,帮他背东西,大家互助想办法,一定帮他过山去。”

这些红军歌曲,谈不上具有很高深的文学素养,但它是那个环境下激励红军战士奋勇向前的真实流露。红军队伍中的欢快歌声嘹亮情景,与国民党的部队则死气沉沉形成了鲜明的对比。

六是,战胜伤痛疾病,展现红军旺盛的生命力。古代三国时期关公刮骨疗毒,这一佳话流传近两千年。然而,长征时期红军指战员类似刮骨疗毒的事迹比比皆是。

中革军委副主席、红军总政治部主任王稼祥在中央苏区第四次反“围剿”作战中腹部受重伤,他是带着弹片开始长征,伤口时时向外流着脓血。到达陕北后,印度援华医生马海德为王稼祥诊断治疗,他在回忆录中说:“我看了非常吃惊,心想这么重的伤,居然能长征过来,这要有多么顽强的意志啊,简直难以想象!”

红5师师长贺炳炎，右臂六次负伤，必须做截肢手术。可当时又没有手术器械，医生只好用锯木头的锯子锯掉他的伤臂。没有麻醉药、止痛药，他硬是把咬在嘴里的毛巾都咬碎了。贺龙特意留了块锯下来的碎骨头，常常拿它教育、激励干部，说："看，这就是共产党的骨头！"

红18团在长征途中前后有四任团政委或受伤或牺牲。首任团政委余秋里左臂被机枪打伤，血流不止。由于无药可治，只能用冷毛巾敷在伤口上镇痛，他就这样强忍着剧痛坚持战斗行军，实在痛得不行就将左臂浸泡在冷水中。直到走出草地，医生才用剃刀刮去腐肉，用钢锯锯掉骨头。余秋里因伤离职后，继任者杨秀山在一次战斗中被一颗子弹打伤左眼，在没有麻药的情况下硬是让卫生员用刀取出子弹后，绑上纱布继续指挥战斗。

在人类往后的历史记录中，如果要用忍痛刮骨疗伤的案例启迪人们战胜困难的话，人们固然可以想到关公，但是长征中红军战士的案例将是压倒性的，更为典型。

参加长征革命战士中，不少人只不过是20岁左右的年轻人，但是，他们具有坚韧不拔的精神，能够与其他红军战士一起，共同开创了大无畏勇往直前的壮举，塑造了永不磨灭的长征精神，打造了永远值得敬仰的历史丰碑，而其精髓，就是坚定的理想信念。

近代以来，中国积贫积弱，中华大地整个民族精神的溃败，被西方蔑称东亚病夫。长征的横空出世，惊天地泣鬼神，开启了中国历史上最有活力精神创建的局面，使雄毅刚健的中华文化得以回归和超越。长征表明了新的精神力量的诞生，是近代中华民族伟大复兴的精神支柱。

长征精神培育和锻炼了一大批红军的中坚力量。后来经过抗日战争、解放战争和抗美援朝的洗礼，一支新型的强大的人民军队建立起来了，他们无坚不摧。毛泽东同志为此给予高度概括：这个军队具有一往无前的精神，它要压倒一切敌人，而决不被敌人所屈服。不论在任何艰难困苦的场合，只要还有一个人，这个人就要继续战斗下去。

站在广袤无垠的大地上，长征先烈们的伟大业绩，对得起中华祖先创建的万里河山！对得起父辈对他们的抚育！对得起民族复兴所赋予他们的历史任务，对得起子孙万代事业发展所需的坚实精神根基！

长征所表现出来的传奇般的精神力量，已经超越了时代和国度的界限，在人类发展史上树立了一座无与伦比的精神丰碑，从而唤起了世界各国亿万群众对中国革命的向往、同情和崇敬。从此，人们对中国革命和中国共产党的认识和了解，总是把它同伟大的长征联系在一起。

有感于长征精神,前些日子,填写了一首七律的诗,献给长征胜利 80 周年。

七律　咏长征

万里长征万里长,丰碑光焰耀心房。
山高路险风浪急,雄关漫道事寻常。
百万堵截连昼夜,大步流星布战场。
钢铁意志山河炼,天降大任我担当。

孟子说:故天将降大任于斯人也,必先苦其心志,劳其筋骨,饿其体肤,空乏其身,行拂乱其所为,所以动心忍性,曾益其所不能。

近代以来,由于外敌入侵,中国人民饱受三座大山的压榨,中国人民困苦不堪,受到的压迫和不自由的程度是世间罕见的。中国要从三座大山的重压下解放出来,实现民族复兴的历史任务,进而为人类的解放发展贡献自己的力量,必须要有先进的政党来引领才行。谁能够担当起这样的重任呢?先进政党的领导地位和作用不是自封的,她必须经受得住各种艰难困苦的考验、磨炼出坚强的革命意志从而得到人民信赖才能担当起重大的责任。人民从中国共产党和红军的身上,看到了翻身解放的希望,看到民族复兴的希望,自觉接受和支持中国共产党的领导。

孟子两千多年以前的话,用在中国共产党和红军身上,是最贴切不过的了。

我们怎样弘扬长征精神?就是要坚定理想信念,顾全学校发展大局,本着“留住中国魂,做好国际人”的理念,不忘初心,继续前进,自强不息,不屈不挠,把本职工作做好。具体来讲,作为教师的,就是要上好课,做好表率,成就自己美丽的广外教学生涯!在机关岗位工作的同志,就要立足岗位,为学校教师、学生做好服务工作,成就自己美丽的广外职业生涯!作为广外的学生,就要把学习搞好、积极参与学校的各项有益的活动,从小事做起,成就自己美丽的大学人生!

谢谢大家!

积极行动起来,认真学习贯彻十八届六中全会精神①

2016 年 11 月 3 日

各位委员、各位总支(支部)书记、各位党员同志:

大家下午好!

10 月 24—27 日,中共中央在北京举行了十八届六中全会。在党的建设发展史上,这是一次具有重要里程碑意义的会议。

为什么这样说? 一是,进一步明确了加强领导核心建设的重要性。一个国家、一个政党,领导核心至关重要。有了领导核心才能保证党的路线、方针、决策的有效贯彻。本次会议形成共识,强调要紧密团结在以习近平同志为核心的党中央周围,这是党的事业的要求,这是民族复兴大业的要求。

二是,本次会议全面论述加强党的建设,通过了《关于新形势下党内政治生活的若干准则》和《中国共产党党内监督条例(试行)》文件,这对于加强党的战斗力、增强党的凝聚力、激活党的内在活力具有重大现实意义和深远的历史意义。

三是,本次会对于协调推进“四个全面”战略进行了科学部署,确保“四个全面”战略的落实具有决定作用。大家知道,“四个全面”战略部署中,全面建成小康社会是目标,全面深化改革、全面依法治国是手段,全面加强党的建设是掌握全面深化改革和全面依法治国这两个有力武器去实现全面建成小康社会的先锋队战士。可见,先锋队这支队伍的状况决定了民族复兴大业能否顺利实现。

因此,学习贯彻好六中全会精神,是当前“两学一做”学习教育的重要工作,学校各级党组织、各位党员同志,要认真学习和领会全会的思想,把六中全会的精神贯彻到自己的工作中去,以此推进自己的工作上台阶。

为了更好地学习贯彻好六中全会精神,我提出以下几点意见。

① 2016 年 11 月 3 日在学习贯彻十八届六中全会精神动员大会上的讲话。

一、明确六中全会的重大意义

六中全会是在全面建成小康社会决胜阶段的一次关键会议。中国共产党是执政党,工农商学兵政党,党是领导一切的。“办好中国的事情,关键在党,关键在党要管党、从严治党。”在中国,社会主义现代化事业成败的关键在党,在党的各级干部和千千万万的党员。刚刚胜利闭幕的党的十八届六中全会,全面分析全面从严治党面临的形势和任务,系统总结近年来特别是党的十八大以来全面从严治党的理论和实践,审议通过了《关于新形势下党内政治生活的若干准则》和《中国共产党党内监督条例》这两个重要文件,就新形势下加强党的建设做出新的重大部署。这充分体现了以习近平同志为核心的党中央坚定不移推进全面从严治党的坚强决心和历史担当,体现了全党的共同心声和全国人民的共同愿望。学习贯彻六中全会精神,就是明确加强党的建设在全面建成小康社会决胜阶段的重大意义。要把从严治党落实到实际工作中去,从本身做起,以实际行动推进党的建设。

二、要明确六中全会文件的闪光亮点

党要管党,必须从党内政治生活管起,从党内高级干部抓起。要横下一条心,“严”字当头,上下一心,内外一致,把从严治党延伸到每一个支部,落实到每一名党员。

严肃党内政治生活,加强政治文明建设,是中国共产党党员砥砺品格、锤炼党性的“大熔炉”,也是全面净化党内政治生态的重要途径。

六中全会的亮点,就是主要体现在这两个新文件上。

第一,强调党建的重要目的。那就是“坚决维护党中央权威”。这是办好一切事情的关键。要自觉维护以习近平同志为核心的中央权威,坚决执行党的决议。

第二,强调监督的重点是“各级领导机关和领导干部”。领导机关最主要的是党政领导机关,领导干部尤其是高级干部特别是中央委员会、中央政治局、中央政治局常务委员会的组成人员。领导机关建设好了,领导干部选配好了,什么事情就好办了。

第三,强调坚持基本路线的重要性。党在社会主义初级阶段的基本路线“是党和国家的生命线、人民的幸福线,也是党内政治生活正常开展的根本保证”。这在党内是首次提出的。邓小平同志曾经说过:基本路线要管 100 年,动摇不得。本次会议的“生命线、幸福线”的提法是在新形势下对邓小平关于基本路线论证的继承与发展。

第四,论证严明纪律的重要性。严明的纪律“是全党统一意志、统一行动、步调一致前进的重要保障,是党内政治生活的重要内容”。它表明纪律在党的团结中的地位和作用。同时明确提出："党内不准搞拉拉扯扯、吹吹拍拍、阿谀奉承。对领导人的宣传要实事求是，禁止吹捧。"历史发展的事实表明：阿谀奉承的人历来都是不安好心的。

第五，强调党建的根本要求是"保持党同人民群众的血肉联系"。这是党的宗旨和性质使然。过去有时提道：党群关系是"鱼水关系"。其实，讲党群关系是血肉联系更贴切，更具有比鉴意义。党来自人民，党离不开人民，因此，党组织必须服务好人民，在为人民服务中彰显自己的宗旨和本色。同样，人民也离不开党组织。只有在党组织的坚强领导下，人民才能够明确人类社会发展的美好方向，才能过上美好幸福的生活，民族复兴大业才能实现。因此，党组织要进步发展，必须时刻保持与人民的密切血肉联系。

第六，强调党内民主的重要性。"党内民主是党的生命"，是党组织团结的基础。"党内决策、执行、监督等工作必须执行党章党规确定的民主原则和程序，任何党组织和个人都不得压制党内民主、破坏党内民主。"只有真正实行了党内民主，党组织的各种意见才能得到表达和综合，党组织的内在活力才能得到充分发挥。

第七，强调组织建设的重要性。组织建设是党发挥作用的枢纽。组织枢纽要有效发挥作用，必须"坚持正确选人用人导向"，选取德才兼备、勤政为民、敢于担当的干部才有可能。因此，必须树立"为敢于担当的干部担当，为敢于负责的干部负责"的规则。"任何人都不准把党的干部当作私有财产，党内不准搞人身依附关系。规范和纯洁党内同志交往，领导干部对党员不能颐指气使，党员对领导干部不能阿谀奉承。建立容错纠错机制，宽容干部在工作中特别是改革创新中的失误。"这一规定对未来开展组织建设做出了更加切实的规范。

第八，加强和执行利器的重要性。"批评和自我批评"是党的优良作风。"领导干部特别是高级干部必须带头从谏如流、敢于直言"，率先开展比评与自我批评，这是党的优良作风的体现，是搞好党的团结统一的重要体现。

第九，建立健全党中央统一领导的党内监督体系。按照《中国共产党党内监督条例》规定："党中央统一领导，党委（党组）全面监督；纪律检查机关专责监督，党的工作部门职能监督，党的基层组织日常监督，党员民主监督的党内监督体系。"

从本规定看出，这是一个科学的监督体系，各级组织、各级组织机构都有了自己明确的监督职责，这样有利于党内监督工作的顺利开展。

党委监督的主体责任。"党的中央委员会、中央政治局、中央政治局常务委员会全面领导党内监督工作。党委（党组）在党内监督中负主体责任，书记是第一责任人,党委常委会委员(党组成员)和党委委员在职责范围内履行监督职责。”

纪委在党内监督中的专职责任。“党的各级纪律检查委员会要履行监督执纪问责职责。”

监督的全方位责任。“各级党组织应当把信任激励同严格监督结合起来,强化自上而下的组织监督,改进自下而上的民主监督,发挥同级相互监督作用。”

全党的共同任务。“加强和规范党内政治生活、加强党内监督是全党的共同任务,必须全党一起动手。各级党委(党组)要全面履行领导责任,着力解决突出问题,把加强和规范党内政治生活、加强党内监督各项任务落到实处。”

三、明确党的建设取得成效的重大措施

本次全会的加强党建工作的精神,其实就是十八大以来,党在管党治党中的集中体现,即它体现在思想、管党、执纪、治吏、作风和反腐等六个方面:

第一,从思想上解决理想信仰问题。理想信念犹如人体的钙质,人体缺乏钙质就会发育不良;人没有理想信念,人的成长就缺乏动力和方向。从思想上从严治党,着力教育引导全党坚定理想、坚定信念,增强理论自信、道路自信、制度自信和文化自信。

第二,从管党上解决党悟意识问题。按照党性要求,从严管党,引导全党增强政治意识、大局意识、核心意识、看齐意识,不断增强各级党组织管党治党胆略、意识和能力。

第三,从纪律上解决步调一致问题。按照党章党规党纪要求,从严执纪,坚持把纪律摆在首位,严明党的政治纪律和政治规矩,保证全党团结统一、步调一致。

第四,从用人上解决用人环境建设问题。按照干部路线的要求,从严管理干部。着力整治用人上的不正之风,坚持五湖四海、德才兼备,优化育人选人用人环境。

第五,从作风上解决党的形象问题。党的作风是党的形象,按照从严要求,抓好党风建设,着力解决官僚主义、形式主义、享乐主义和奢靡之风,推动党风政风不断好转。

第六,从反腐的角度解决党的机体健康活力问题。按照“踏石留痕、抓铁有印”的措施抓反腐,坚持“老虎”“苍蝇”一起打。以打“老虎”震慑贪官,以打“苍蝇”正风肃纪,把权力关进笼子里。十八大以来,全面从严治党带来的巨大变化,党风政风学风民风展现的新气象,为开创党和国家事业新局面提供了重要保证。

四、切实加强学习,提高自己的理论水平和工作能力

第一,学习内容上,要认真研读公报和两个文件。同时,要把学习党章、党规和学习习近平同志重要讲话精神结合起来。党规还包括《八项规定》《中国共产党廉洁自律准则》《中国共产党纪律处分条例》《中国共产党问责条例》等。

第二,学习方法上,把集中学习和自学结合起来。各单位要组织学习和讨论,各位党员要抽时间认真自学。要积极参加下一阶段组织的学习讲座活动。积极参与各种宣传活动。

第三,学习目的上,把理论学习与自身素质提高结合起来,要把理论学习和提高岗位工作效率结合起来。不是为了学习而学习。

党员同志们,俗话说:"小智治事,中智治人,大智立法。"党的建设要靠法律法规,有了法律法规,坚决执行法律法规,这样党的生机与活力就倍增无限。

作为执政党,我们面临的形势是非常清醒的。党的执政面临执政考验、改革开放考验、市场经济考验、外部环境考验等四大考验;与此同时,党自身建设面临精神懈怠的危险、能力不足的危险、脱离群众的危险、消极腐败的危险等四种危险。这些都时刻在考验我们。但是我们坚信,中国共产党的先锋队性质、中国共产党的服务宗旨、中国共产党的责任担当,只要我们认真开展"两学一做"学习教育,学好贯彻好党章党规、学习贯彻好以习近平总书记重要讲话为主要内容的经典著作的学习,我们一定能应对重大挑战、抵御重大风险、克服重大阻力、解决重大矛盾,我们就一定能够无往而不胜。

让体育运动之风吹遍广外校园①

2016 年 11 月 22 日

老师们，同学们：

大家下午好！

今天，我们在这里隆重举行广西外国语学院第九届运动会开幕式，在此，我代表学校对本次大会的召开表示热烈的祝贺！

向为本次运动会做出辛勤工作的老师们、同学们表示衷心的感谢！

大家知道，体育工作是学校工作的重要组成部分。

具体体现在以下几个方面：

第一，体育工作是教学工作的重要组成部分。大学历史发展表明，大学生成长过程中，除了加强各种文化课之外，还要开设各种体育课。体育课程对提高学生的体育技能，从而提高学生综合素质具有重要作用。这表明体育竞技技能的学习是大学学习的重要组成部分。在当前的大学体育课程中，主要有各种球类项目、各种田径项目和各种传统体育项目。今天我们举行运动会，其实，就是检验学校学生体育课程学习效果的举措，是展示学校体育教学工作成效的舞台。

第二，体育运动是学校的主要活动之一。如果说，大学的学习分为室内课堂教学的"有""字"的部分和各种室外教学活动的"无""字"部分话，那么，体育活动就是这"无""字"部分中最主要的部分之一。大学的室外活动是展示班风、学风、校风的主要形式，是班风、学风、校风的重要体现，是践行学校校训的具体体现。在学校活动丰富多彩的校园文化活动中，缺少体育活动是无法想象的。体育活动成了大学校园活动中最具经常性、最具多样性、最具全员性、最具影响力的课外活动。可以说，大学校园体育运动开展情形是展现一所大学生机活力的重要指标之一。

第三，体育运动是健康体魄养成的主要方法之一。健康的体魄是搞好学习、

① 2016 年 11 月 22 日在 2016 年学校运动会上的讲话。

做好工作的根本条件。生命在于运动,运动是生命的根本机理,没有运动就没有生命。通过运动,增强生命的活力。多运动,多健康;多运动,多健壮;多运动,多和谐!可见,健康的体魄来自经常性的体育锻炼和体育活动。

第四,体育是陶冶情操、锻炼意志、磨炼毅力的根本举措之一。良好的道德情操、坚强的意志力和持久的毅力是事业成功的根本保证。没有良好的情操,就没有良好的文明心态;没有坚强的意志力,就没有刚强的决心;没有持久毅力,就没有坚忍不拔的精神。良好的道德情操、坚强的意志力和持久的毅力与体育运动是分不开的。因此,加强体育锻炼,坚持体育运动是人类良好习惯性养成的举措!

因此,我们要积极关心体育运动、支持体育运动、参加体育运动,为体育运动的文明发展做出自己的贡献。

在此,我们向长期以来积极开展体育锻炼、积极参加体育比赛的老师们、同学们表示崇高的敬意!

向一直以来关心体育运动、支持体育运动的老师们、同学们表示衷心的感谢!

一年一度的校运会,是对我校体育运动水平的一次大检阅,也是对全体师生拼搏精神的一次大考验,更是全校师生精神风貌的一次集体亮相。在以往成功举办的八届运动会上,全体参赛队员发挥吃苦耐劳的精神,顽强拼搏,不怕困难,坚持到底,表现出了极强的毅力和斗志,并且创造了优秀的成绩,多次刷新学校纪录,为学校增添了无数荣誉和光彩。今年的校运会同样吸引了大批师生参与,共有学生 1076 人次、教职工 352 人次报名参加竞赛,体现了师生良好的精神风貌及我校浓厚的体育文化氛围。

为了办好这次运动会,我提几点希望。

第一,希望全体运动员、参赛队秉承更快更高更强的奥运精神,发扬“友谊第一,比赛第二”的赛场风格,赛出勇气、赛出风格、赛出水平、赛出成绩,让自己的竞技体育技能水平在赛场上得到充分的展现!以此推动学校体育工作迈向新台阶!

第二,希望教练员们做好“后台工作”,勤于指导,乐于奉献,科学管理,使得学生竞技水平能够得到充分的展现,为学校的竞技体育技能水平的提高做出贡献,让奉献精神弥漫广西外国语学院美丽的校园!

第三,希望全体裁判员秉承公正、公平、公开、公认的原则,严格按照各体育项目的评分规程精准评分,让赛场的良好竞技得到切合实际的精准成绩,让“公正、公平、公开、公认”深入人心!

第四,做互助友善的啦啦队。这是啦啦队讲的。啦啦队是赛场的不可分割的组成部分。啦啦队最根本的性质是“啦”体育精神、“啦”体育风格、“啦”赛场气氛的。一般情况下,啦啦队是拉自己队伍的,啦啦队的形象是队伍的形象。但是,在某些情况下,啦啦队也要为竞赛对手的优良表现鼓掌,为赛场上文明礼貌行为欢呼!希望啦啦队"啦"出风格、"啦"出水平、"啦"出文明!

第五,做文明守纪的热心观众。这是对观众讲的。体育比赛是由"动""静"两个部分组成。"动"的部分就是场上运动员的表现,"静"的部分就是观众的表现。"动"的部分固然是重要的,但是,"静"的部分也是不可或缺的。"动""静"两部分的有机结合,才使得体育赛事展现勃勃的生机。因此,观众的观赛纪律表现、观众的观赛水平、观众的赛场情趣、观众的文明程度直接影响着比赛。希望观众们以纪律观赛、以文明观赛、以正能量观赛!

最后,祝愿各位参赛选手,各参赛队赛出风格、赛出成绩、赛出友谊、赛出文明!

祝愿本届运动会取得圆满成功!

谢谢大家!

从十八届六中全会中吸取智慧[①]

2016 年 11 月 25 日

各位组工战线的同志们：

欢迎大家来到广西外国语学院就“两学一做”学习教育进行交流、学习和研讨。认真学习十八届六中全会精神，是当前和今后一个时期“两学一做”学习教育的重要内容。为什么这样说？十八届六中全会通过的《关于新形势下党内政治生活的若干准则》和《中国共产党党内监督条例（试行）》是全面从严治党重要的党内法规，习近平同志就这两部法规相关问题做出了重要论述，这些对于加强党的建设、做合格党员都有重要的指导意义。为着更好地掌握领会全会的精神，推进“两学一做”学习教育的开展，下面，我从十八届六中全会的主题、十八届六中全会的历史贡献和十八届六中全会人才管理智慧举措三个方面与大家共同探讨六中全会相关问题。

一、十八届六中全会的主题

（一）中央全会的主题

中国共产党的代表大会召开之后，围绕大会制定的目标，还要召开若干次中央全会，结合当时的实际，专门贯彻党代会精神。因此，每次全会都有自己相关的主题。

十一大以前，由于历史所限，党代会的召开时间没有能够固定下来，因此，中央全会所开的次数不很一致。十一大以来，两次党代会的时间间隔为 5 年，其间要举行 7 次中央全会。这种形式已经定了型。

这些中央全会的主题是有所分工的。一中全会是代表大会一结束，新一届中央委员会就马上召开。它的议题就是确定中央领导组成人员，即选举中央政治局、中央政治局常委、中央委员会总书记，选举中央纪律检查委员会书记、副书记，

---

① 2016 年 11 月 25 日在罗城县组织部“两学一做”学习教育交流座谈会上的讲座。

决定中央军事委员会组成人员等。二中全会的议题就是决定国家政权机关的组成人员，主要是人大、国务院、政协、最高检、最高法的领导以及各职能部门的正职人选等。可以说，一、二中全会就是讨论人事安排问题。

三中全会是讨论经济问题。如十二届三中全会通过《中共中央关于经济体制改革的决定》（以下简称《决定》），该《决定》明确中国经济体制改革的目标是建立以公有制为基础的有计划的商品经济，中国经济改革的重点从农村转移到城市。十四届三中全会通过《中共中央关于建立社会主义市场经济体制若干问题的决定》，明确提出我国经济体制改革的目标是建立社会主义市场经济体制。这些都是经济相关的大问题。四中全会是讨论依法治国问题、政治文明建设问题；五中全会是讨论社会发展规划问题；六中全会讨论精神文明问题、意识形态问题；七中全会主要议题是就新一次党代会的准备情况进行梳理、完善，为新一次党代会的召开做会前准备工作。党建工作精神贯穿于历次中央全会，只不过是在不同时期体现的分量不一定相同而已。有些时期还专门讨论党的建设。如十四届四中全会集中讨论党的建设问题，通过《中共中央关于加强党的建设几个重大问题的决定》。

除了中央全会之外，每一年中央都要召开一些重要会议。中央委员会总书记莅临讲话的会议，主要有中央纪委会议、中央工作全会、中央农村工作会议等，这些会议的主题鲜明，它们都是作为中央全会的补充，充分贯彻中央全会精神的会议。

（二）十八届各次全会的议题

党的十八大以“坚定不移沿着中国特色社会主义道路前进，为全面建成小康社会而奋斗”为主题，勾画了加快推进社会主义现代化、夺取中国特色社会主义新胜利的宏伟蓝图。围绕这一蓝图，几次全会就依次按照主题，分别做出相应的决定，推进小康社会的全面建成。十八届三中全会主要讨论经济发展面临的重大问题，审议通过了《中共中央关于全面深化改革若干重大问题的决定》，强调改革相关问题，明确市场在资源配置中的作用是决定的作用，为此，制定实施了相应的措施。十八届四中全会首次专题讨论全面依法治国，建设社会主义法治国家，审议通过了《中共中央关于全面推进依法治国若干重大问题的决定》，往后，国家就是按照法治国家的规范和要求，稳妥推进社会主义法治国家的完善和发展。十八届五中全会审议通过了《中共中央关于制定国民经济和社会发展第十三个五年规划的建议》，吹响全面建成小康社会决胜阶段的号角。

按照四个全面的战略部署，就剩下如何把党建设成为中国特色社会主义领导核心，确保中华民族伟大复兴实现的重大问题。所以，六中全会重要议题是如何加强党的建设问题。根据党发展的现状,优化党内政治生活和完善党内监督是党的建设遇到的重大问题,这一问题就是六中全会的主要议题。这一问题是意识形态、精神文明建设的内容,更是政治文明建设的内容,尤其是会议确立习近平同志的核心地位,这对于加强党的建设,进而推进政治文明建设具有重大作用。

二、十八届六中全会的历史贡献

(一)确立习近平同志在全党的核心领导地位。

一个国家、一个政党,领导核心至关重要。有了领导核心才能保证党的路线、方针、决策的有效贯彻。一个政党,真正能够锻炼和培养德才兼备的领导核心是不容易的,但是革命事业的顺利发展又有赖于核心集体发挥作用。列宁指出:"造就一批有经验、有极高威望的党的领袖是一件长期的艰难的事情。但是做不到这一点,无产阶级专政、无产阶级的'意志统一'就只能是一句空话。"核心的作用是党的需要,人民的需要,共产主义事业的需要。核心人物的出现是人民之幸,国家之幸,党组织之幸。

习近平同志的核心地位是经过十八大以来四年的执政实践,表现出的责任担当和卓越贡献确立的。确立习近平同志的核心地位是党的需要、国家发展的需要、复兴大业的需要,表达了人民内心的期盼。

(二)丰富基本路线理论内涵,为复兴大业提供更为清晰的理论思路

基本路线形成于十一届三中全会后,经过改革近十年逐渐形成的。最初相关的表述是十二大的政治报告,该报告是讲总任务,即中国共产党在新的历史时期的总任务是:团结全国各族人民,自力更生,艰苦奋斗,逐步实现工业、农业、国防和科学技术现代化,把我国建设成为高度文明、高度民主的社会主义国家。总任务突出的就是基本路线中的"一个中心"内容最早的表达形式。两个基本点在其中没有体现,但是内容也包含在其中的。

两个基本点是在随后的几年中逐渐形成的。1987 年春节团拜会上,中共中央初步提出了基本路线的雏形。那就是:三中全会以来的路线,就是从中国的实际出发,建设具有中国特色的社会主义。这条路线的基本点是两条:一条是坚持四项基本原则,一条是坚持改革、开放、搞活的方针。在十三大上,"一个中心,两个基本点"的基本路线在政治报告中得到充分的阐释。党在社会主义初级阶段的基本路线,主要内容是:领导和团结全国各族人民,以经济建设为中心,坚持四项基本原则,坚持改革开放,自力更生,艰苦创业,为把我国建设成为富强、民主、文明的社会主义现代化国家而奋斗。

这次全会上基本路线丰富表现在哪里?

第一,从她的作用上,提出:党在社会主义初级阶段的基本路线"是党和国家的生命线、人民的幸福线,也是党内政治生活正常开展的根本保证"。这在党内是首次提出的。它的意义是重大的。

第二,丰富了四项基本原则的内容。十八届六中全会提出:"坚持四项基本原则,根本是坚持党的领导,坚持中国特色社会主义道路、中国特色社会主义理论体系、中国特色社会主义制度、中国特色社会主义文化。"有什么丰富内容在里面?一方面是提炼了两个"根本",一是坚持党的领导,一是坚持中国特色社会主义。另一方面是丰富中国特色社会主义内容。中国特色社会主义的内容,在十八大增加"中国特色社会主义制度"的基础上,六中全会又增加了"中国特色社会主义文化"。这样,中国特色社会主义的内容包括中国特色社会主义道路、中国特色社会主义理论体系、中国特色社会主义制度、中国特色社会主义文化。

第三,全会第一次把对党的基本路线的态度纳入考察识别干部的内容。六中全会强调:"考察识别干部特别是高级干部必须首先看是否坚定不移贯彻党的基本路线。党员、干部特别是高级干部在大是大非面前不能态度暧昧,不能动摇基本政治立场,不能被错误言论所左右。"基本路线要党的各级干部尤其是高级干部带领人民执行,这样基本路线才起作用。干部不执行基本路线,就等于没有基本路线。党的各级领导干部,必须提高贯彻落实党的基本路线的自觉性。

(三)完成四个全面的部署工作

大家知道,"四个全面"战略部署中,全面建成小康社会是目标,全面深化改革、全面依法治国是手段,全面加强党的建设是掌握全面深化改革和全面依法治国这两个有力武器去实现全面建成小康社会的先锋队战士。可见,先锋队这支队伍的状况决定了民族复兴大业能否顺利实现。

六中全会进行全面从严治党的部署,完全是按照四个全面的总要求开展的,体现了中央的智慧、能力和水平。在六中全会上,习近平同志指出:"几年来,党的十八届三中、四中、五中全会相继就全面深化改革、全面依法治国、全面建成小康社会进行了专题研究,这次六中全会再以制定修订两个文件稿为重点专题研究全面从严治党,'四个全面'战略布局就都分别通过一次中央全会进行了研究和部署。这是党中央根据'四个全面'战略布局对全会议题的一个整体设计。"至此,"四个全面"战略布局的四大主题都在党的全会上得到系统研究和全面部署。

本次会对于协调推进"四个全面"战略进行了科学部署,确保"四个全面"战略的落实具有决定作用。

(四)全面从严治党方面有新的贡献

第一,要坚决维护党中央权威。马克思主义创始人在创立科学社会主义理论、建立无产阶级政党的实践中,始终强调"权威"的必要性和重要性。1873 年,恩格斯在著名的《论权威》经典著作中,强调权威和服从不是以人的主观意志为转移的,而是社会发展的客观要求。无论是在革命时期还是在夺取政权以后,无产阶级都必须维护无产阶级专政的权威,利用这个权威推翻资产阶级的统治,建立无产阶级新政权,并运用这个政权去组织社会主义建设。在马克思主义经典作家看来,不仅革命权威、政治权威具有重要作用,个人权威、领袖权威同样对无产阶级政党建设具有重要作用。在总结巴黎公社失败教训时,恩格斯深刻指出:"巴黎公社遭到灭亡,就是由于缺乏集中和权威。"

中国共产党是执政党,工农商学兵政党,党是领导一切的。"办好中国的事情,关键在党,关键在党要管党、从严治党。"习近平同志指出:党的领导是中国特色社会主义最本质的特征,是中国特色社会主义制度的最大优势,是做好党和国家各项工作的根本保证。坚持党的领导,首先是坚持党中央集中统一领导;维护党的权威,首先是维护党中央权威。在当前和今后一个相当长的时期之内,全党同志要紧密团结在以习近平同志为核心的党中央周围,因为这一个领导核心是"最有威信、最有影响、最有经验"的领袖组成,它能够凝聚中央委员会、中央政治局各位成员的智慧,凝聚各级领导干部的智慧,凝聚全党的智慧。全党都自觉向习近平同志看齐,向党的理论和路线方针政策看齐,向党中央决策部署看齐,党中央就有权威,党中央制定的理论和路线方针政策就能得到全面贯彻落实。

党中央有权威,才能把全党8800 多万名党员和440 多万个基层党组织牢固凝聚起来,进而把全国各族人民紧密团结起来,形成万众一心、无坚不摧的磅礴力量,完成民族复兴的伟大事业。

第二,全面从严治党,抓关键少数。从严治党的重点,在于从严管理干部,要做到管理全面、严格标准、配套措施、明确责任。各级党组织的关键少数,要做到"身体力行,率先垂范"。按照习近平同志讲的,要人家做到的自己先做到,要人家不做的自己坚决不做。坚持思想建党和制度治党,严明政治纪律和政治规矩、加强纪律建设。公报特别提出:"党的十八大以来,以习近平同志为核心的党中央身体力行、率先垂范,坚定推进全面从严治党,坚持思想建党和制度治党紧密结合,集中整饬党风,严厉惩治腐败,净化党内政治生态,党内政治生活展现新气象,赢得了党心民心,为开创党和国家事业新局面提供了重要保证。"这是历史事实的真实写照。

第三,严肃党内政治生活。党要管党必须从党内政治生活管起,从严治党必须从党内政治生活严起,党组织的作风、干部的作风、党员的作风需要严格的党内政治生活来规制和引导。任何一名党员,不论职务高低、资历深浅、成就大小,都必须自觉遵守党内政治生活准则。在这方面,党员领导干部要率先垂范,要从正己开始。全体党员、干部特别是高级领导干部必须增强党的意识,时刻牢记自己第一身份是党员。落实党章要求,健全相关制度机制,严格党内政治生活,加强党风廉政建设,切实担负起全面从严治党的责任。要坚持不懈严格党内政治生活,坚决反对党内政治生活庸俗化,着力增强党内政治生活的政治性、时代性、原则性、战斗性,不断提高党内政治生活质量和水平。习近平总书记曾经说过:“新形势下严肃党内政治生活,专题民主生活会和组织生活会敢于揭短亮丑、真刀真枪、见筋见骨,点准了穴位,戳到了麻骨,开出了辣味,起到了脸红心跳、出汗排毒、治病救人、加油鼓劲的作用。明白了党内政治生活是什么样、该怎么过。”只有这样,才能在全党形成又有集中又有民主、又有纪律又有自由、又有统一意志又有个人心情舒畅生动活泼的政治局面。

第四,完善党内监督。组织任用干部,首先是信任干部。但是,信任不能代替监督。监督是权力正确运行的根本保证,是加强和规范党内政治生活的重要举措。必须加强对领导干部的监督,党内不允许有不受制约的权力,也不允许有不受监督的特殊党员。监督的内容是什么?《中国共产党党内监督条例(试行)》做出了规定:遵守党章党规和国家宪法法律,维护党中央集中统一领导,坚持民主集中制,落实全面从严治党责任,落实中央八项规定精神,坚持党的干部标准,廉洁自律、秉公用权,完成党中央和上级党组织部署的任务等情况。党内监督的重点对象是党的领导机关和领导干部特别是主要领导干部。因此,要完善和强化权力运行制约和监督机制,形成有权必有责、用权必担责、滥权必追责的制度安排,形成不敢腐的惩戒机制、不能腐的防范机制、不易腐的保障机制。要建立健全党中央统一领导,党委(党组)全面监督,纪律检查机关专责监督,党的工作部门职能监督,党的基层组织日常监督,党员民主监督的党内监督体系。

(五)强调建立报告请示制度重要性

在党的历史上,对建立报告制度曾有严明的规范。如在抗日战争时期,我们党明确提出在各级领导机关中必须建立有系统的检查和报告制度,强调“在决定含有全国全党全军普遍性的新问题时,必须请示中央,不得标新立异,自做决定,危害全党领导的统一”。在解放战争时期,毛泽东同志写了《关于建立报告制度》《关于健全党委制》《党委会的工作方法》等著作,就建立报告制度做出科学的规范。但是在相当一段时期之内,没有得到严格的遵循。党的十八大以来,党中央特别重视依规管党治党,反复强调要严格执行请示报告制度。习近平同志指出:“请示报告制度是我们党的一项重要制度,是执行党的民主集中制的有效工作机制,也是组织纪律的一个重要方面。”党的十八届六中全会通过的《准则》,根据新的情况对重大问题报告制度做出更加细致严格的规定。维护党中央权威,做到令行禁止,还必须建立健全行之有效的制度规章。《准则》明确提出“全党必须严格执行重大问题报告制度”。

三、人才管理智慧举

(一)理想信念筑根基

根基不牢,地动山摇。共产党员最根本的根基是什么?是理想信念。筑根基首先就要从理性信念开始。就是要强化思想信念基础、基本路线基础、政治面貌基础。理想信念就是人身体里的钙质,是人心里的指路明灯。理想的最终实现是遥远的,但是,理想的现实活动就是具体的,理想要靠一步一步的现实实践来实现。因此,可以说:理想既是遥远的,但也是现实具体的。

共产主义理想能否实现?这里有一个对共产主义理想的理解问题,对马克思主义的理解问题。共产主义的另外一个词就是自由人的联合体,马克思主义是关于人类解放和发展的学说。共产党人是追求人类解放和发展的,追求自由与发展的,因此,共产党人最有资格讲自由、讲民主的。人类解放和发展是分步骤进行的,分步骤完成的。中国共产党是马克思主义政党,是最高纲领和最低纲领的统一论者。我们每一代人都在践行马克思主义所指出的那样,在为人类解放和发展做出自己这一代人的贡献的。所以说,共产主义远大理想和中国特色社会主义共同理想,是中国共产党人的精神支柱和政治灵魂,也是保持党的团结统一的思想基础。

六中全会提出,全党必须把坚定理想信念作为开展党内政治生活的首要任务。全党同志必须把对马克思主义的信仰、对社会主义和共产主义的信念作为毕生追求,坚定对中国特色社会主义的道路自信、理论自信、制度自信、文化自信。忘记理想就会迷失方向,就会走到邪路上去。领导干部特别是高级干部要以实际行动让党员和群众感受到理想信念的强大力量。必须以党章为根本遵循,坚持党的政治路线、思想路线、组织路线、群众路线“四大路线”,坚决执行好政治纪律、组织纪律、廉洁纪律、群众纪律、工作纪律、生活纪律“六大纪律”。

(二)强化宗旨意识

政党的宗旨是政党立身之本。共产党人的宗旨是什么?这个问题好像不应该成为问题。但是,在现实生活中,对这一问题的认识模糊就会出现一系列问题,“言”为人民,“行”为自己个人。“言行不一”导致问题的出现。

六中全会强调,我们党来自人民,失去人民的拥护和支持,党就会失去根基。在我们的血液中,为党和为人民是高度一致的,党性和人民性是高度统一的。我们的根本就是为人民服务。因此必须把坚持全心全意为人民服务的根本宗旨、保持党同人民群众的血肉联系作为加强和规范党内政治生活的根本要求。如何做到？那就是：依靠和服务人民是党的工作的根本准则，这些准则要体现在党的具体工作中，体现在各位党员同志的行动中。

六中全会提出：全党必须贯彻党的群众路线，为群众办实事、解难事，当好人民公仆，各级领导干部必须深入实际、深入基层、深入群众，千方百计为群众排忧解难。要坚持问政于民、问需于民、问计于民，决不允许在群众面前自以为是、盛气凌人，决不允许当官做老爷、漠视群众疾苦，更不允许欺压群众、损害和侵占群众利益；"形象工程"和"政绩工程"名义上为人民，实际是劳民伤财，是权力的滥用，损害了群众利益。对此必须坚决给予问责追责，依纪依法处理，并把它当成是反"四风"在现实中的具体体现，不断把群众路线做到实处。这些思想充分写在六中全会的文件上。

（三）选拔德才兼备、敢于担当的干部队伍

全会指出：坚持正确选人用人导向，是严肃党内政治生活的组织保证。选拔任用干部必须坚持德才兼备、以德为先，坚持五湖四海、任人唯贤，坚持信念坚定、为民服务、勤政务实、敢于担当、清正廉洁的好干部标准。

组工干部选人、用人要着眼于为县委选、为市委选、为自治区选、为国家选、为人民选，为事业选的理念才行。

在选人用人上，六中全会提出了精准原则。

第一，"为敢于担当的干部担当，为敢于负责的干部负责。"这就为敢于担当、敢于负责的干部扫除了后顾之忧，使他们更加敢于担当，更加敢于负责。

第二，"任何人都不准把党的干部当作私有财产，党内不准搞人身依附关系。规范和纯洁党内同志交往，领导干部对党员不能颐指气使，党员对领导干部不能阿谀奉承。"党组织的岗位、政府职能部门的岗位都是公共岗位，姓"公"不姓"私"，不是个人的私有财产。这些岗位的要求是公正、公开、公平、公认、公选。

日常生活中，偶尔听到一些声音，极少数领导干部说自己离开了岗位之后，就没有人理睬他了，人走茶凉，感到世事炎凉。这话本身代表他自己没有摆正位置，是一种把公共岗位当成自己私人财产的说辞。世间的关系中，有几个层次，一是领导与被领导的关系；二是公共岗位和服务对象的关系；三是同志之间的建立在信任程度和尊重程度的个人关系；四是师生关系；五是亲情血缘关系。

领导与被领导的关系是建立在公共服务规则之上的，如秘书为领导工作提供相关的材料、服务等，这是岗位要求的。这一层关系随着领导的更替就会自动失去，这是必然的，必须是人走茶凉。如果人走茶还不凉的话，那就出现不在其位而谋其政了,那才是问题呢!

公共岗位与服务对象个人的关系,那是不会改变的。按照规定,公共岗位必定要为它所服务的对象做好服务,并且还要接受监督,提高服务质量才行。作为在岗位工作的同志,要铭记领导对自己的关怀,抽时间拜访、问候和关怀过去的领导同志,并把它做好,这是应当的,它属于是自己工作的一部分。即使自己不在领导岗位上了,也要时常关怀那些在职期间恪尽职守、公道正派、敢于担当、热心为民的历任领导和同事。

同志之间的关系,就要看个人的性格、爱好和平常的待人态度而定。有些人小人得志,在领导岗位的时候,盛气凌人,看不起群众,当然就不会换来别人的信任和尊重了。如果一个人都平等地对待他人,热情、大方、诚实、守信的话,这样的人,当然会得到群众的热爱和关怀。说人走茶凉的同志,可能是没有摆好工作岗位的服务关系,把公共岗位当成自己的私有财产之故。

至于师生关系、亲情血缘关系贯穿一生的,变不了的。尤其是血缘亲情关系,那是根深蒂固的。尊师重教、尊老爱幼、夫妻恩爱那是为人的根本。赡养老人、关怀亲人是分内的义务和责任。

过去,在地方基层工作期间,偶尔也听到个别领导说,在当职期间提拔了谁和谁,好像他是以个人名誉提拔干部。这种表达是欠准确的。应该明白:是组织选拔和使用干部,是书记岗位选拔和使用干部,不是以个人名誉提拔和使用干部。你在组工岗位工作一天,是按照岗位的要求,为党、为政府、为社会大众进行公共服务的一天。你在书记岗位一天,就是按照书记岗位的要求,为组织、为人民服务一天,不是为自己私利服务一天。这是必须要分清的。当然,书记的慧眼不同,选人用人具体到谁的头上,会有一些差别。但是,能够得到组织考核通过并使用的,肯定是站在党的立场上给予关怀的。

第三,“建立容错纠错机制,宽容干部在工作中特别是改革创新中的失误。”出现差错,要分清是主观的还是客观的,是态度问题还是能力问题。如果是客观的、能力问题,可以容错纠错的,这样就能激发和调动干部工作的积极性、主动性和创造性。如果是立场问题、态度问题,那就要按照规矩的要求、按照法律的要求进行处理。

第四,组工干部队伍的同志,要从党的事业出发,积极支持干部队伍建设工作。韩愈的《马说》中感叹:世有伯乐,然后有千里马。千里马常有,而伯乐不常有。我们现在要改变这种格局,党委政府的所有机构都是伯乐机构,单位领导人和组工干部都要做伯乐,推荐千里马到适合的岗位任职,为党担责、为民担责,做到人尽其才。同时,我们自己也要练好本领,做千里马,接受组织的挑选。因此,要积极创造条件,争取为党分忧、为党担责、为民担责;要积极向组织推荐干部,积极向组织如实反映候选人的情况,做好伯乐;要是积极关心和爱护干部。组工战线的同志既是千里马,又做伯乐。通过我们的工作,实现千里马跃进、伯乐上台阶的局面。

(四)领导干部要自我反思

恩格斯曾称赞:人类思维是地球上最美丽的花朵。多思增智慧。孔子曰:“学而不思则罔,思而不学则殆。”只学不思会被书牵着鼻子走,为书所累,被书本的表象迷惑而不得其解;只思不学,容易产生妄想,不但问题得不到解决反而会因为知识的欠缺而产生更大的疑惑。只有把学习和思考辩证地结合起来,在学习中思考,在思考中学习,才能学得真知、学以致用。领导干部在实际工作中,会接触到形形色色的人,遇到各种各样的局面和问题,对于具体事件的处理,如果不“多思慎想”,就不能透过现象看本质,不成形成自己独到的见解和科学的处理问题方法,容易人云亦云,随波逐流。

思行。领导干部行为的直接辐射力和影响力是不言而喻的,其一言一行、一举一动都代表着事业的形象,领导干部应对自己的日常行为做到“吾日三省吾身”。

思民。全心全意为人民服务是党的根本宗旨,实践全心全意为人民服务,在新时期则具体体现为做到权为民所用、情为民所系、利为民所谋。各级领导干部深入基层,贴近职工,倾听一线心声,关心职工的冷暖疾苦,满腔热情地为基层和职工服务。

思廉。俗话说:人无羞耻之心,不可为人;人无清廉之德,不可为官。知耻是做人的底线,清廉是做官的前提。人有了羞耻之心,才能明是非、辨善恶;官有了清廉之德,才能恤民情惜民权。正因如此,无论是做人还是为官,都应知耻明廉、思廉行廉。廉洁,正是我们每位领导干部的美德,同时也是我们每位领导党员干部的责任。领导干部只有廉洁了,在职工群众中才有威信;不廉洁,再有能力也不是一名好干部。

(五)慎“言”重“行”,言行一致,领导干部要起表率

慎“言”。荀子曰,君子必辩。语言表达是领导干部进行工作的主要手段,是个人思维能力的直接反映,是实际工作能力的具体体现。高水平的语言表达能力,既可帮领导干部顺利打开工作局面,又可以在关键时刻摆脱困境、化险为夷。因此,领导干部必须具备较好的语言表达能力,清晰地表达自己的主张。

注重“行”。清华大学培养的俊杰不少,这与它的校风有关。清华大学的校风是“行胜于言”。古语说:纸上得来终觉浅,绝知此事要躬行。现实的“实干兴邦,

空谈误国"就是要注重"行"。任何工作,都要"做",要"行"。没有"行",什么事情都不可能实现。"言"要按照岗位原则来"言","行"要按照岗位原则来"行"。在岗言"岗",离开工作岗位,就不能讲岗位方面的语言了。

"行"还表现在对待自己家属、亲戚、朋友上,是鼓励他们利用自己的职权,骗取国家、集体、他人的财产呢,还是管理好自己的这些关系户,按规矩办事呢?这是大是大非的问题,不能含糊。这几年暴露出来的各种腐败行为,都是这些"贪内助"在作怪,严重危害国家安全、侵吞国家财产、严重破坏党和政府的良好形象。这些"贪内助"行为就是这些贪官的行为,他们要么直接谋划,要么暗中支持,要么是默认,至少也是失察之过。这些东西已经危害到党执政地位稳固与否的程度了。领导干部栽跟斗、进监狱,首先是自己行为造成的,但是,某种意义上讲,也是这些"贪内助"所为,是他们把这些领导送进监狱的。六中全会对这个问题做出了科学的规范和要求,即各级领导干部是人民公仆,没有搞特殊化的权利,要带头执行廉洁自律准则,自觉同特权思想和特权现象做斗争,注重家庭、家教、家风,教育管理好亲属和身边工作人员。禁止利用职权或影响力为家属亲友谋求特殊照顾,禁止领导干部家属亲友插手领导干部职权范围内的工作、插手人事安排。要坚持有腐必反、有贪必肃,坚持无禁区、全覆盖、零容忍,党内决不允许有腐败分子的藏身之地。

完成这项任务,要做的工作是一项系统工程,要从各个方面抓起。第一,筑牢拒腐防变的思想防线。领导干部特别是高级干部必须带头讲修养、讲道德、讲诚信、讲廉耻,带头践行社会主义核心价值观。第二,筑牢拒腐防变的行为底线。各级领导干部要时刻践行宗旨意识,服务意识,做好人民的公仆,要带头执行廉洁自律准则,自觉同特权思想和特权现象做斗争。第三,筑牢拒腐防变的制度防线,着力构建不敢腐、不能腐、不想腐的体制机制。古人都要求,做人要格物、致知、诚意、正心、修身、齐家、治国、平天下。古人不知道人类历史发展的规律,尚且如此。我们有马克思主义的理论武器,有为人民服务的宗旨,有为人类解放和发展的雄心壮志,难道还不能把这些私心、私利、私愿抛弃吗?

要言行一致,立言力行并行。"言"不是乱言,不是空言,要言之有物,言之有据,言之有理。言之而后行,"言"为"行"开路,"言"为行指明方向;"行"为"言"提供素材,提供经验,检验言的正确性。

言行一致。通过"言""行"提高能力,提高本领。要按照习近平同志讲的"领导干部要坚守正道、弘扬正气,坚持以信念、人格、实干立身;要襟怀坦白、光明磊落,对上对下讲真话、实话、心里话,绝不搞弄虚作假、口是心非那一套;要坚持原则、恪守规矩,严格按党纪国法办事,不成为不正当社会关系的编织者,绝不搞看人下菜、翻云覆雨那一套;要严肃纲纪、疾恶如仇,对一切不正之风敢于亮剑,绝不搞逃避责任、明哲保身那一套;要艰苦奋斗、清正廉洁,正确行使权力,在各种诱惑面前经得起考验,'不以一毫私意自蔽,不以一毫私欲自累'"。

(六)施恩为正义和知恩图报相结合,做君子

子曰:"君子坦荡荡,小人长戚戚。"我们要做真君子,不做伪君子,不做小人。

这里讲的"恩",要分"公恩"和"私恩"。"公恩"是指党、政府和社会对我们的关怀。"私恩"是人们向社会和他人提供力所能及的帮助。

施恩有没有原则?有!总的就是施"恩"为正义。

关于施恩,有几点应该是明了的。

一是,施恩为正义。这是首要的,关键性的。处于逆境、险境和困难时期的人们希望得到社会帮助,摆脱困境,这种要求是正当的,这种事业就是正义的事业。党组织、各级政府、社会组织和社会中的群众,施恩救助这些需要帮助的人群,这是正义之举,义不容辞。

二是,施恩有范围。确实需要帮助的人,才能得到资助。比如说,资助困难学生就学、资助遭天灾人祸的群众、资助那些处在自然环境恶劣的贫困人群、资助老弱病残的人群等。那些家财万贯的是不能享受这种恩泽的。现实中,出现违背正义行为和后果的,是要坚决批判的。前些年,有些县在扶贫问题上,通过欺诈手段,将贫困资金发放到那些富豪身上,而真正需要资助的人得不到资助。这种行为是要坚决打击的,这种现象是要坚决杜绝的。

三是,施恩有目的。他的目的是要那些接受资助的人群或人,能够摆脱困境,成为自立自强的人,授渔于人,使得社会焕发出向上发展的勃勃生机。党和政府花大力气培养一代一代的接班人,它的目的是希望一代一代接班人能够茁壮成长,在人类解放和发展的道路上,能够为人类解放和发展做出贡献,做正义的事情。

四是,施恩有时限,受恩也有时限。学生接受教育,到毕业之时,要积极投身到社会发展的大潮中去,施展才华,为社会做贡献,不能一辈子待在学校里,接受恩惠。处于困境中的人,要尽自己的所能,在正义力量的帮助下,摆脱困境,渡过难关,成为自立自强的人,争取为社会做出自己的贡献,而不是长期依赖资助过活,变成懒汉。老弱病残、孤寡老人等接受恩惠只能是他们自己,而不应该惠及他们属下健康的后代。社会中,坚决遏制那种安于现状、不求长进、争取贫困,进而以接受施舍为乐行为的出现。

五是,施恩不图报。施恩不图报,才是君子。我们在公共岗位上,代表党和政府施"公恩",为的是正义的事业,为了社会发展的事业,在施"公恩"的过程中实

现自己的人生价值。社会中的人们,面对那些遇到困难的人群,确实需要帮助的时候,就要尽能力帮助那些急需帮助的人。做君子,施恩不图报。

俗话说,知恩不报非君子。知恩图报也是我们必须遵循的原则。

对于"公恩",每一位同志都要"知恩图报",这里的"报"要按照党和政府的要求,爱党的事业、爱社会主义事业、爱国家事业,通过我们的岗位,尽力为我们服务的对象提供好社会服务,以此来回报党和政府的关怀,回报社会的关怀。对于"私恩",每一位同志都要"知恩图报",这种报恩方式或是当年帮助过我们的人急需要帮助时,我们要及时给以帮助;或是我们把接受帮助的行为转化为去帮助那些急需帮助的人,让真诚的相互帮助之花开放中华大地。南宁精神说的"能帮就帮,敢做善成"就是这个意思,古人云:知恩图报是君子。

现实生活中,坚决反对把"公恩"变成投资,勒取报恩。这种情形是存在的。有极少数人是把自己公共岗位的服务当成个人施"私恩"的行为,施恩图报。那些跑官要官、买官卖官的行为就是这种恶劣行径,对于这种行为,必须给以严厉打击。

现实生活中,我们也要防止下列现象,那就是把组织的关怀当成是某个人对自己的关怀,要报恩。这种情况表现在学生入党、干部任用等环节上。

成为党员之后,我们是向党旗表忠心,向事业表忠心,向正义表忠心;不是向支部书记个人、支部委员个人表忠心。

在党政部门,在组织的关怀下,我们有了机会为党分忧,我们要感谢组织,就要向组织赋予的职位负责,做好岗位赋予的任务,不是向某某领导表忠心。

如果是具体到向某某个人表忠心,那就把事情的本质搞颠倒了、搞混乱了。

(七)要有忧患意识

俗话说,生于忧患、死于安乐。人世间,"忧"是必然的。但是,"忧"什么,那是要认真思考的。在公共岗位工作的同志,"忧"是从岗位出发,思考做好工作,思考如何为党分忧。忧天下,忧人民,忧党的事业。先天下之忧,后天下之乐。不是"忧"自己腐败了,怕被曝光;不是"忧"如何利用岗位权力,去侵占国家财产,谋取个人的私利。

任何事物都是过程的集合体。大凡生物都是经历出生、生长、发育、兴盛、衰老和离去的过程,无一例外的。在这方面,人也不例外。但是,人与其他生物有严格的不同,人是生活,其他动物是生存。生活与生存是有很大区别的,根本不同的。动物的生存和他的生命活动是一种直接的统一的关系。人的生活是有意识的、有目的生命活动,通过改变世界来达到目的。人与世界的关系就不是一种直接的、肯定性的统一关系,而是一种否定性的统一关系。

人在世间不图别的，就应该图个好名声，所谓好名声，就是自己潇洒走一回了，实现自己的人生价值。

有些人说：我不图什么好名声。但是，总不能留有坏名声吧！

作为公共岗位工作的同志，要像习近平同志指出的那样："要在党言党、在党忧党、在党为党，带好头、做好表率。自觉按党提出的标准要求自己、磨炼自己、提高自己。职位越高，越要夙兴夜寐工作，越要毫无私心把自己的一切奉献给党和人民，越要按规则正确用权、谨慎用权、干净用权，越要像珍惜生命一样珍惜名节和操守，扎扎实实改造主观世界，诚心诚意接受监督帮助，努力使自己成为一名党和人民信赖的好干部。"

习近平同志的教导，正是我们的行为准则！

认清职责，坚定信心，提升自己身心素质①

2016 年 12 月 9 日

辅导员同志们：

大家早上好！大家辛苦了！

昨天，习近平总书记在全国高等学校思想政治工作会议上做了重要讲话。他指出：高等学校要把立德树人作为高校首要的根本性的工作。怎么样贯彻好习近平同志的讲话精神？今天，我们在这里开会，就是学习贯彻的第一步。这个学习贯彻非常及时。作为辅导员，要贯彻好习近平同志的讲话精神，有几点是必须明确的。

第一，辅导员工作是繁忙的、艰辛的。辅导员就好像学生的在校父母，学生的很多事情都要由辅导员亲自关怀、过问和处理的。“忙”是必然的，尤其是在信息发达的网络时代，学生遇到的问题很多，这也就决定了辅导员遇到的问题很多、很复杂，要解决的问题很多、很复杂。大家要有思想准备和心理准备。

第二，辅导员责任重大。德才兼备是教书育人的目标。“德”是第一位的。“培养什么样的人，怎样培养人”在辅导员工作中，得到最好的体现和诠释。思想政治工作是大学教书育人中排在第一位的工作，是铸魂的工作。政治方向明确才能谈发展，如果方向错误那就什么也谈不上。辅导员工作是引路人的工作，是为学生发展指明方向的工作。因此，大家树立政治意识、大局意识、核心意识和看齐意识，以党的教育方针引领我们的工作。

第三，辅导员要信心十足、底气充足。信心十足、底气充足来自哪里？来自我们有党的路线方针政策的指引，有自己近 20 年的马克思主义理论学习和研究的水平，有自己对学生的关爱之情，有对自己工作的热心情怀，有学生对他们自己专业的热爱，有广外多年来成功的学生工作经验。这些，都给我们的工作增添了信

① 在 2016 年 12 月 9 日学校党委召开辅导员队伍学习贯彻习近平总书记在全国思想政治教育工作会议上讲话精神座谈会上的发言。

心，增加了底气。

第四，辅导员的前程远大。前程远大与否，与自己施展的平台有关系。我们的平台如何？学生工作这个平台就是施展人生的大舞台，大舞台造就大事业、产生大成果、成就大人生。除此之外，在广外，我们有“大爱”做平台，通过这个平台，可以把大爱精神传播到千家万户；有“大江”做平台，通过这个平台，可以把广外的语言宣讲到世界各地；有“大山”做平台，通过这个平台，可以把广外的雄心铭刻在学生们的心里，通过他们展现广外的雄心。通过这些平台，成就辅导员的美好人生。

第五，辅导员要提升自己。这里包括知识、能力、业务和学术水平。这是自己能力提升的需要，是工作岗位赋予我们的义务，因此，大家既要勤恳工作，又要提炼自己，把二者有机地统一起来。

“全过程育人,全方位育人”的精神统率学校思想政治教育工作①

2016 年 12 月 15 日

同志们:

习近平总书记在全国高校思想政治工作会议上的讲话,紧紧围绕“培养什么样的人”,“如何培养人”问题,阐述了一系列的重要观点,是新时期高校思想政治工作的纲领性文件。希望各岗位上的同志,认真学习,加以领会并认真贯彻。

习近平总书记的讲话内容很丰富,意义深远。习近平总书记指出:我国高等教育肩负起培养德智体美全面发展的合格社会主义事业的建设者和接班人的重大任务,必须坚持正确的政治方向。为此,要坚持把立德树人作为中心环节,把思想政治工作贯穿教育教学全过程,实现全过程育人、全方位育人,努力开创我国高等教育发展的新局面。

认真学习习近平总书记的重要讲话,就要用“全过程育人,全方位育人”的精神统率学校思想政治教育工作。

在我校,怎样才能贯彻落实好“全过程育人,全方位育人”的精神呢?

首先,学校的每一位教职员工都负有立德树人的重要职责。思政课教师、专业课教师、学工队伍、学校各职能管理岗位的老师都是立德树人的一面旗帜,关乎学生成长成才,马虎不得。任何一个岗位出现问题,都会影响到全校育人工作的大局。所谓育人,就是给学生提供优良的岗位服务,热情服务学生,让学生从我们的服务态度、服务水平、服务质量中,感受到温暖、激情和方向。当然,各自岗位的服务重点不相同。思政课教师要担负起思想政治教育的主渠道和主阵地的作用,要在马克思主义基本原理、中国特色社会主义理论的学习上给予引导和督促,在解答社会发展过程中遇到的问题上给予解疑释惑,在践行中国特色社会主义中提

---

① 2016 年 12 月 15 日在学校党委主持召开的学习贯彻习近平总书记在全国思想政治教育工作会议上讲话精神的讲话。

供示范。

学生工作岗位方面的教师具体负责学生的日常事务,是学生在校的直接管理者,犹如学生的在校父母,在学生的理论学习态度、行为表现、为人处世和能力培养等方面有引导和表率作用,同时,学工队伍的教师大多也担任思政课教学任务,因此,在主渠道和主阵地方面与思想政治理论课教师具有相同的职责。

在立德树人方面,专业课教师具有同等重要作用,作为教师,本身就要行为示范,育人就是第一位的工作,只有在育人方面有成绩,专业知识的学习才有方向、才有作为。中华文明几千年历史始终强调“立德树人”,这是经验总结,是育人的方向。专业课教师应该树立“先育人、教人,然后才是专业知识的学习教育”的理念。缺乏思想政治修养的教师,以及忽视思想政治教育的教师不能成为合格的教师。

管理岗位是学校的服务窗口,犹如人的眼睛一般,我们的眼睛要给学生传递什么样的眼神和信息呢? 这是各管理岗位的同志要认真思考示范的。我们代表的不只是我们自己,而是学校、是整个高等教育的窗口。

学校思想政治工作是一个大舞台,要靠全体教职工共同来完成,每一个教职工的责任重大、任务艰巨、使命光荣!

其次,党委书记们要引领“立德树人”的工作,做好表率和示范。习近平总书记指出:我们的高等学校是党委领导下的高校,是中国特色社会主义的高校,办好社会主义高校,必须坚持马列主义为指导,全面贯彻党的教育方针。作为党领导下的高校,党委书记们的作用是至关重要的,那就是引领和示范! 怎样引领和示范? 一是学习理论。学习党章和党规,学习以习近平同志重要精神为重点的经典著作的学习,厚实理论水平,提升理论素养。二是做行为的标杆、岗位的模范、纪律的典范。三是把握思想宣传的舆论阵地,弘扬正能量。既要充分利用网络媒体,又要特别注意对网络媒体的监控。四是狠抓思想政治教育。这里包括对教师的思想政治教育、学生的思想政治教育。要认真总结这些年来,对自己所在学院教师和学生的思想政治工作表现,在心中要有一杆秤。年轻的书记们要按照岗位的要求来办事,抓思想政治教育就是抓人才培养,我们的理由充分,我们的底气充足,我们的力量无限。五是关怀特殊群体尤其是学生特殊群体。要掌握工作范围中的特殊群体,要把党组织的关怀和学校的关怀送到他们的心坎! 要让他们感到党组织的关怀! 感觉到学校的关怀!

第三,建设和谐校园文化。环境对人才成长的作用是不言而喻的。要积极开展健康向上的校园文化活动;要塑造一种和谐向上、奋发有为的氛围;要打造学校的品牌,以品牌促发展,这里主要有学科特色品牌(外语类:特色品牌、外语晨读品牌等;经贸管理、文学艺术如何塑造品牌等)和学校职能岗位特色品牌等,让品牌成为学校的标杆;宣传方面,要大力宣传、善于宣传好人好事,要引导学生宣传正能量,杜绝不良思想和行为的出现,让正能量之风吹遍校园。

第四,加强学校各部门之间的监督和配合工作,相互促进和提高。学校教育是一个综合工程,党务、教务、学工、人事、安全、体育、环卫等各部门要及时沟通、协调,共同提高服务质量,这样学校的思想政治教育工作效果才会倍增,立德树人的工作才会真正富有实效。

民主生活会是批评与自我批评的有力抓手[①]

2017 年 1 月 13 日

各位同志：

经过大家的共同努力，本次民主生活会的各项议程进行完毕。本次民主生活会的成果怎样？

首先，开了一次很好的民主生活会。把自己放在组织中，大家直面主要问题来开会。围绕主题找问题、围绕工作岗位查问题、围绕学校发展找问题，围绕上述存在的问题抓整改。当然，学校党的建设还存在很多问题，一次会议不可能都解决清楚，但是，按照当前的水平，是达到我们预期的目的的。

其次，成果丰硕。每一个人均着眼于加强学校党的建设，提高党的战斗力，着眼于学校发展事业，开诚布公，畅谈自己的看法。提出的问题有针对性，解决问题的办法有针对性。

最后，大家接受批评的态度端正，都虚心接受同志们的意见。这对于未来的工作有极大的推动作用。

“知不足，然后能自反也。”各位委员要严格对照《准则》《条例》要求，对照工作，对照班子列出来的那些条款，对照会上大家提出的意见，进行认真的整改和执行。委员们提出的批评意见要虚心接受，认真鉴纳；班子列出的整改措施就是规矩，大家要认真遵守。

各位同志：从 2013 年以来的几次民主生活会来看，我感觉民主生活会是开展批评与自我批评的有力抓手。

一是，开好民主生活会不容易。为什么这样讲？这里主要是存在三难。一是难“挖”。自己要“挖”自己在作风方面存在的不足，还要“挖”班子以及班子成员在作风建设上存在的不足。哪些叫不足？这里有一个比较的问题，就是说，讲“度”，把握“度”。这是个要花时间、花精力、聚精会神的过程。二是难“说”。你

① 在 2017 年 1 月 13 日民主生活会上的总结讲话。

怎么说自己？尤其是怎样说别人？你看见别人确实有问题，怎么说，说到怎样的分儿上才能达到效果，尤其是达到好效果？三是难“改”。提出改进意见。很多事情解决方法看起来，很容易，但是要做到就有难度。

二是，民主生活会效果好。直面问题，不论问题揭露了多少，问题的根源找到了多少，解决问题的办法找到了多少，都是其他方式达不到的。因为这是公开的，着眼于治病的，是“挖”问题的会议，是要出汗的会议。谁没有问题？没有问题是不可能的，只是问题大小而已。不出汗，那就达不到效果。好像一个人感冒一样，要捂住被子，出一身汗，排毒，之后，身体才会好。往后，工作就会得心应手，至少比过去好！

三是，民主生活会是提升自己的好方式。表现在：其一，自己要认真总结自己存在的问题，深“挖”存在问题的根源，并认真思考下一步怎样改进，是一次排毒健身的会议。与一般的总结不一样。写一份民主生活会材料，花的精力和时间要比总结材料多得多。开好一次民主生活会涉及的方方面面，是一般的总结材料没法比的。其二，通过帮助班子和其他成员排毒，或者是参加这种工作，就会学到如何开展工作的新方式方法。见场面，增智慧。其三，通过会议，从别人的不足中，更加可以发现自己的不足。有些问题，可能是讲在别人身上，但自己是否具有？起到反省的作用。有的，就改进；没有的，就是警示和警醒。

“欲影正者端其表，欲下廉者先之身。”只要大家同心协力，新的一年里学校党建工作一定迈上新台阶。

领导干部要讲政治责任[①]

2017 年 2 月 21 日

各位领导:刚才学校的各位领导就自己分管方面的工作,做出了安排。希望大家认真加以贯彻。对于我们全体中层领导干部,下面我强调几点:

第一,要讲政治。领导干部要有政治立场,有政治方向;要讲中国魂,讲中国梦;要讲中国特色社会主义,讲坚持中国共产党的领导。在我们领导干部的一言一行中,要体现我们坚定的政治立场。抓师德建设就是要从坚持政治立场和政治方向着手。

第二,要讲纪律,讲规矩,做模范。一是严守岗位纪律,要遵守岗位制度;二是加强工作纪律,提高工作效率,尤其是通过严格开会纪律,提高开会效率;三是注意交往纪律,尤其是师生之间的交往,要有严格的要求,必须遵守规范。

第三,要有担当意识。有担当才有动力,进而有好思路。

第四,要提升、要进步。领导干部要提升自己的素质,要在专业上、学术上有所进步才行。要挤时间开展研究工作。

第五,要讲全局、讲大局意识。个人的"局"要服从学校发展大局,学校发展好了,个人才能有好的发展。个人只有在集体中,才能得到发展;离开了集体,个人的发展就无从谈起。

第六,讲团结,加强沟通汇报工作。要经常开展批评与自我批评,通过批评和自我批评实现真正的团结。当前学校正处于发展的关键期,2018 年底学校要接受教育部的本科教学水平合格评估。这项工作是非常重要的,现在正在进行各项的准备,只要我们齐心协力,就一定能够把评估的相关工作做得更好。

---

① 2017 年 2 月 21 日在 2017 年春季学期开学全体中层领导干部会议上的讲话。

增强自觉自律意识，促进学校发展[①]

2017 年 2 月 28 日

老师们，同学们：

大家早上好！

一元复始气象新，世间万物笑迎春。报春鸟啼真畅快，广外学子乐心情！

新年刚过，新学期就开始了！

今天，我们在这里举行隆重新学期学校开学的升国旗仪式，迎接新学期的到来！

仰望国旗升起，我们心潮澎湃；高唱着国歌，我们豪情满怀！

这种喜悦的心情既是对春天到来的流露，是对学校发展成就饱含的情怀，更是对学校明天的期盼！

对于广外学子来说，“十三五”期间，我们最期盼的是什么？那就是我们要以饱满的热情、积极的态度、严明的纪律、扎实的工作和卓越的成绩，争取顺利通过 2018 年的本科教学工作合格评估！

为了做好 2018 年的本科教学工作合格评估，我们该做些什么，该注意些什么呢？这是大家非常关心的问题。

下面，我从学生工作的角度，谈几点意见。

第一，要按照“以评促建”的要求，实现学校的发展和师生成长成才的有机结合。学校的发展是学校师生共同努力的结果。没有师生的共同努力，学校的发展就是一句空话。因此，在学校的发展中，每一个人都要积极工作，奋发有为。同时，每一个人的成长成才都是在集体中实现的，个人只有在集体中才能够发展，实现自己的价值。因此，我们要把自己的成长成才与学校的发展紧密结合起来，在学校发展中奉献自己的青春和汗水。

第二，要严明学校纪律，促进自己的成长成才。纪律是事业取得成效的根本

---

① 2017 年 2 月 28 日在 2017 年春季学期开学升旗仪式上的讲话。

保证。对于高等学校而言,每一所大学都根据高等教育发展的特点和要求,并结合学校的实际,制定了一系列的纪律、要求和规范来促进学校的发展,促进师生的成长成才。因此,这些纪律、要求和规范有赖于大家的共同遵守和执行。对于学校的纪律,我们要怀着敬畏感,认真遵守和执行。同时,我们要以主人翁的精神,在严格遵守纪律过程中,为丰富和完善学校的纪律建言献策。

第三,要靓化我们的环境,提高我们的生活质量。学校是一个人口密度很大的集体。在这一集体中,环境的质量直接影响到我们的生活质量,影响到我们的健康和学习。学校的环境主要有宿舍环境、教室环境、食堂环境和户外公共环境等。这里的任何一个地方,都会留下大家的足迹。因此,学校环境的好坏要靠大家共同维护、创造和保持。我们随手的一个动作表现,都会影响到环境的清洁与否。反过来,环境的好坏,会严重影响到我们的心情,影响到我们的学习和生活质量。因此,每一个人都要警觉到自己的每一个行动的文明程度,不仅是关乎自己的事情,更是关乎学校整体的事情。因而,自觉地遵守环境卫生的要求,维护宿舍、教室、食堂和室外的公共卫生是师生的一种内在要求。坚决反对任何人以任何形式将自己的不满发泄到环境中的行为;坚决反对任何形式的忽视环境建设甚至故意脏乱差环境的恶劣行径。我们要以自己的文明行为,靓化校园环境。

第四,打造特色品牌迎接评估,为评估工作添光彩。我们的特色是什么?大家要认真分析和凝练。举一个例子来说吧。我们是语言研究为主要特色的学校,学习和研究语言是我们的一大特色。我们要把这一特色打造好,打造出特点和品牌。学校的晨读是一道亮丽的风景线,我们要积极主动开展晨读。既要把晨读工程当成学校学习中的必须工作,通过晨读,为学校的晨读工程做出贡献;更要通过晨读,养成早读的习惯,借以提高自己的外语语言学习和研究的水平。

第五,要美化自己的心灵,锻造良好的思想品格。“德”是人才的第一标准,一个人的道德情操如何决定了该同志的发展程度。没有“德”的人是走不远的。学生良好品德的养成,既靠学校教师的引导,靠社会引导,更要靠学生自己的修为。“立德树人”是学校教育的根本任务。从学校层面来说,学校要把社会主义核心价值观融入教育教学的全过程,把大爱精神、校训精神融入学校教育的全过程。从学生层面来说,要自觉践行社会主义核心价值观、自觉践行学校的大爱精神、校训精神,实现社会主义核心价值观、大爱精神、校训精神和学校的纪律规范入脑入心,以此练就自己高尚的道德情操。把自己锻造成道德高尚、理想远大、胸怀宽广的人才。

第六,加强相互之间的监督工作,促进和谐校园的形成。学校各项事业的发展,离不开对学校纪律的自觉遵守,更离不开师生之间的相互监督。监督是一种责任,是一种义务,是一种自觉,是一种关心！自觉接受监督也是一种责任,也是一种义务,更是一种自我提高！因此,我们要把监督工作纳入自己的工作日程,纳入我们的工作范围。我们自觉接受同事同学的监督,欢迎别人监督,接受别人提出的意见。在我们的学校,我们要塑造一种既监督别人、又自觉接受别人监督的良好氛围,实现学校的良性发展。

老师们、同学们:习近平主席在今年的新年祝词中指出:天上不会掉馅饼,撸起袖子加油干!

我们坚信:只要我们按照习主席的号召,撸起袖子加油干,奋发有为,顺势而上,我们的目标就一定能够达到!

最后,祝愿大家新学期学业进步！工作顺利！生活愉快!

谢谢大家!

以实际行动切实践行雷锋精神①

2017 年 3 月 3 日

老师们、同学们：

大家下午好！

雷锋同志是一位普通的革命战士，助人为乐是雷锋同志的一贯作风，其先进事迹早已经为其所在的连队的人们所熟知。在雷锋同志因公殉职后，由于其生前助人为乐行为的一贯性、典型性和感染力，后经过记者从基层中调研出来，并以长篇通讯的形式先后在《人民日报》、《光明日报》等媒体刊登出来，为全国人民所熟知的。1963 年 3 月 5 日，毛泽东同志发出向雷锋同志学习的伟大号召，随后，中央其他领导同志也都分别题词，就雷锋同志的优良品德进行了论述。从此，学习雷锋就在中华大地上蓬勃开展起来。每年的 3 月 5 日就确定为学雷锋活动日。

2009 年，新中国成立 60 周年之际，全国广大群众通过网投的方式，共评选出 4 位当代中国的楷模人物，他们分别是知识分子的代表、两弹元勋功臣——钱学森同志，工人阶级的代表——大庆铁人王进喜同志，公务员队伍的代表——兰考县委书记焦裕禄同志，解放军战士的代表雷锋同志。这其中，雷锋同志是一位普通革命战士。

一个普通战士的事迹，为什么能够长久地激起全国人民良好的共鸣？主要是这些事是平凡而伟大的、纯朴而高尚的、可学而又可以做得到的。这就解释了雷锋同志、雷锋精神在广大群众的地位和影响。今天，现代化发展达到很高的水平，但是，学习雷锋并没有过时，而且更具现实意义。

雷锋同志是新中国成立以来，在毛泽东思想阳光雨露下成长起来的革命战士。在他短短一生中，在平凡的岗位上，做出了平凡而伟大的事业。雷锋同志的事迹展现出来的助人为乐的高尚品格，是中华优秀传统文化精神在当代的集中体现。

---

① 2017 年 3 月 3 日在学雷锋活动月动员仪式上的讲话。

全国开展学习雷锋活动已经近60年了。60年来,学习雷锋形式多样,效果明显。通过互相帮助,见义勇为,有多少急需帮助的人们得到帮助?通过有组织开展的一系列好事活动,为国家节约多少钱财?为国家社会赢得了多少发展好时光?有多少社会环境得到很好的改善?有多少人的心灵得到升华?这是不能用简单的数字就能够说明得了的。一句话,雷锋精神是永存的!

今天,我们在这里开展学习雷锋活动月的启动仪式,我想具有很重要的现实意义。为着把学习雷锋活动搞得更好,下面的几点意见值得思考。

第一,要从自身的事情做起,从身边的事情做起,从点滴事情做起。这是学习雷锋的基础。自己的事情自己做好;身边的事情自己做好;要看得起点滴的小事,把点滴的小事做好。这样,学习雷锋才有底气,自觉性才会增强。相反,自己的事情不做好,身边的事情不做好,点滴事情看不上,就很难想象他内心会自愿参与学雷锋活动。

第二,要见贤思齐,见不贤而自内省。要有看齐意识。见好的,就要看齐,就要学习。见到不好的,一要内心自省,检查自己是否存在这样的问题?有的话,就改过来;二要帮助那些致力于改正不良行为的同志,欢迎他们改正不足之处。

第三,积极参加有组织的学雷锋活动。学习雷锋是一种自觉的行为,似乎不需要组织。其实,这是一种误解。现实中,很多事情是可以通过个人或少数人就可以完成帮扶工作的,对于这些,当然不需要有系统的组织进行。遇到这样的情况,大家就会毫不犹豫出手相助。但是,现实中经常有一些个人想不到、个人办不好或者办不到的事情,这就要组织起来,共同完成。这种情况下,作为个人,就要积极参加组织活动,并在活动中积极工作。

第四,加强宣传工作,树立正气,打击邪气。宣传好人好事,宣传正能量,这是新闻宣传的本分。正气上来了,邪气就失去存在的空间。对于歪风邪气,就要坚决打击,绝不手软。

第五,要实实在在开展学习活动,切忌形式主义。做事情,要讲究形式、方式,但不是形式主义,注重花架子。面上轰轰烈烈,骨子里没有硬通货,没有干货,那是不行的。能够做一件是一件,能够做两件就是两件。不要浮夸。浮夸太多,就会糟蹋学雷锋活动,对学习雷锋活动起反作用,使得别人对我们失去信心,我们自己对自己也会失去信心。

第六,讲究实实在在的效果。学习雷锋活动有没有目标?当然是有的。这种目标是事情本身要达到的目的。比如,开展植树造林活动,我们所种植的树木成活了没有?我们搞清洁卫生,环境是否因我们的努力而得到改善?等等。至于那些想通过学雷锋活动来达到给自己个人带来实质性好处的目标,我们是不追求的。学习雷锋活动应该从几方面思考一下我们的成效:一是,事情本身要达到的目的是否达到了?如果是搞卫生的话,环境是否得到改善?宿舍、教室的卫生环境是否变好了?下一步怎样才能保持下来?二是,经过学习雷锋活动之后,我们的心灵是否得到升华?自己的自觉自律的意识是否得到增强?等等。

第七,学习雷锋活动要常态化。活动月是集中的学习活动,集体行为占主要。活动月之后,“学雷锋、见行动”要体现在日常的学习生活中。不能把学雷锋活动等同于集中月开展的学习活动。集中月活动只是一种特例。因为现实中需要帮助的事情、需要帮助的人是经常的。这也就决定了助人为乐是经常的。

我要说的就是这些。下面,用一首《鹧鸪天　学雷锋感言》结束本次讲话。

鹧鸪天　学雷锋感言

三月五日树新风,助人为乐学雷锋。
六十年来常态化,惠泽华夏千万众。
平日里,危难时,及时扶助乐融融。
文明义举五千年,代代相传露峥嵘。

放松心态，抓住重点，及时总结[①]

2017 年 3 月 7 日

一、以轻松的心态积极开展工作

学工战线的同志们从事的工作主要有招生、就业、学生心理健康、思想政治工作、团学工作、评优、资助工作以及学生生活上遇到的问题等，要做好这么多繁重的工作，必须要有良好的心态才行。要有什么样的心态呢？根据多年从事行政工作的经验，我感觉下面的几句话可以提出来与大家讨论。

一是，喜事闻过喜。什么是喜事？喜事有多种意思，这里主要是指把我们要事情做好，即使做得不十分完美，但是也按照规则，自己已经以积极端正的态度尽自己的能力去完成了。态度问题很重要。我们共产党人就是先讲态度。态度端正，态度积极，任务就会得到落实。任务完成了，就去思考新任务，或者认真去完成尚未完成的工作。不要沾沾自喜，尤其是得到领导表扬的时候。这些喜事在我们心中确实很快忘记，除非你仔细回忆它。

二是，疑难心中留。对于完成不好，或者存在疑难的事情，应该怎样办理？我们就得花心思认真解决，不能敷衍了事。在学校，学工事情无小事。稍有不慎，就会出问题。只要认真执行，疑难之事很快得到解决。疑难之事不能老是留在心中，要及时清理解决，给自己头脑创造轻松的环境，达到心情愉快。

三是，喜忧常相伴。我们每一天都在完成任务，都在接受任务，是喜与忧的结合，这是行政工作人员工作的性质。我们就是在这种环境中进步的。

四是，宽心解心愁。我们做这些事情，就要保持一种宽心的心态。要有长眼光、大境界才行。尤其是遇到困难之时，要与人沟通、汇报，宽心些。这样事情就好办了。

---

① 2017 年 3 月 7 日在 2017 年春季学期学生工作会议上的讲话。

二、理清工作思路,明晰工作重点

做工作必须思考工作思路,工作思路理清了,就会事半功倍。本学期的工作内容很多,每一项工作都要有清晰的工作思路才行。希望大家自己给予理清。

要明晰工作重点。工作任务很多,哪些是重点?这里要分清。这学期的重点是什么?开学之前,结合2018年的评估工作,我们进行了调研分析。感觉学生的自觉自律意识不够强。所以,本学期或者今年的工作重点就是以操行评定建设为抓手,增强学生的自觉自律意识,增强纪律性。

作为大学生,我们要强调看齐意识,应该向先进看齐。大学生作为时代的骄子,作为奋发有为的时代,每一位同学都应该明确一个道理:我们为社会创造的财富要远远大于我们向社会索取的财富,要为社会做贡献,提供正能量。这是基本的要求。明确了这一点,下面的工作就好办了。

开学检查工作之时,发现学生的宿舍境况不是很好。脏乱差在一些宿舍存在,公共环境方面也有相关的表现。少数学生不遵守宿舍规章,成为宿舍的空气"雾霾";不遵守公共规章,造成学校"边区"卫生的"死角"。这是很不应该的。我们的这个校区1200亩,整个教室学习区域、运动场、广场、道路、草坪和图书馆等占了四分之三。这些地方平时都搞得不错。真正属于学生自己整理的清洁区就是宿舍、宿舍走廊、宿舍前后相关的少数公共区域。我们有一万五千个学生生活在这里,每一个人的卫生区是很小的。做好这一点工作,应该是最简单的事情。加上我们有几百名共产党员在那里,每一年评选了上千人的优秀分子在那里,怎么连一个宿舍都搞不好。为什么做不好呢?值得认真思考。这里既有学生的态度,也有我们的工作思路、工作方法问题。学生的教育要靠主题班会解决清楚。工作思路方面就是要实行学生宿舍的操行评定与评优结合起来。

下一步,学工处要拿出文明宿舍建设的方案,认真管理好宿舍。宿舍不达标的,评先、评优工作要放一放。连宿舍都搞不好,何来先进?怎么称优秀?奋发有为的学生才能得到奖赏的,通过奖赏促进先进更先进、后进赶先进才行。先进真正起表率才行,这样的集体才是有凝聚力、向心力的集体,值得向往的集体。

这里讲的只是就宿舍纪律方面说的。其他工作重点有待于大家把握。

三、做好总结工作

做工作要做好总结,尤其是年终的总结工作。

做好总结工作,下面的几点应该值得注意。一是,做好平常性工作。也就是日常工作。二是,分析重点工作。以重点工作引领常规工作。三是,寻找闪光点。就是亮点,就是特色,与众不同的亮点,与众不同的特色。以亮点引领工作总结。

四是,以论文形式来写总结。学生工作要以科研工作为支撑,与科研工作结合。现在,学工建设的经费不少,部分可以用于科研工作。

现实中,我们所做的事情中,有些事是有止境的,有些事无止境的。我们既要做好有止境的工作,我们更要向无止境的方向发展。

从学工队伍来说,一方面是做学生管理的行政工作,一方面是从事学生工作研究的学术工作。行政岗位级别有止境,但是学术研究无止境、道德修养无止境。

行政岗位很具有诱惑性,但是它的特点也必须明白:一方面,行政岗位的晋升是金字塔式的,级别越高,岗位就越少,行政升迁是有止境的;另一方面,我们在某一行政岗位时间长了,也要调换的。

至于学术研究工作、道德修养那就不一样了。我们现在是助教、讲师,下一步还要评审副教授、教授等,即使到了教授,学术研究无止境,我们发挥的空间很多。我们的道德修养更是无止境的,我们的道德修养要随着年龄的增长、工作经验的丰富而逐渐提高的。

所以,我们在学生管理的岗位上,既要踏踏实实做好学生管理的日常事务,热情为学生服务,为组织分忧;又要把我们的研究工作渗入学生管理现实中去,工作中有研究,在研究中开展工作,做到学术研究与行政工作两不误。同时,在管理中和学术研究中提升自己的道德素养,成就自己的人生。

严明教学纪律，提高教学效果[①]

2017 年 3 月 10 日

各位领导、老师们：

今天开一个重要的短会，主要是针对如何严明教学纪律问题。开学开会开了几次了，但是总觉得这一问题还有许多尚未讲清楚，尤其是联想到高校近年来发生的一些问题，诸如有极个别的教师课堂宣传法轮功，课堂下参加法轮功组织和练习法轮功；极个别教师在平时暗地里宣传邪教，并暗地里发展信徒；极个别教师在课堂上宣传一些错误的政治言论，把自己对问题的偏激错误的认识强行灌输给学生。更有甚者，还把有明显政治错误的题目作为考试题目出现在试卷中，要学生按照他的错误观点答题才能得分，等等。这些行为在明目张胆地与党和政府作对，与学校作对。

在我们学校中，也出现极个别的教师有违反学校教学纪律的行为，如有极个别的教师几年来上课不到课堂，虚报上课的课时数，吃空饷；如极个别教师私自许诺，只要学生给钱，考试获得优良都没问题等，言外之意，就是不给钱，就别想通过考试。这些行为已经严重影响学校教学工作的正常秩序。可见，加强纪律建设问题实在是太重要了，尤其是我们现在正在开展迎评准备工作，我们的一切准备都要按照党的教育方针来开展、来规范、来检查、来准备，以保证学校各项工作的顺畅发展。

下面讲三点意见。

一、加强教学纪律建设的重要性

纪律重不重要呢？回答是肯定的。纪律是执行路线的根本保证。上学期初期，曾经做过一个有关纪律问题的调查，84%的受访者认为上课纪律是很重要的。

为什么？首先，纪律是革命事业的保证。毛泽东同志曾经讲过：加强纪律性，

① 2017 年 3 月 10 日在教学纪律会议上的讲话。

革命无不胜！没有纪律保障，什么事情也办不好。

其次，纪律是人内在素质的内容。我们培育"四有"新人中就有"有纪律"这一"有"。

再次，纪律是公平的表现。每一个都讲纪律，大家才是公平的，如果差别执行纪律，那就是不公平的。

党的十八大后，习近平总书记强调：加强纪律建设，把守纪律、讲规矩摆在更加重要的位置。

一个组织，一个政党，一个社会，乃至一个国家，必须有科学规范纪律要求，并得到很好的贯彻执行，他才会兴旺发达，才有生气，才有前途。反之，就会失去活力、失去向心力，就没有任何前途。

在广外的发展中，尽管存在不少问题，但学校的发展是生机勃勃的，为什么？就是因为我们严格加强纪律建设的缘故。从建校以来，学校都一直在探索学校纪律建设问题，在严抓纪律工作的执行问题。学校中好的学院、优秀的职能部门等在纪律建设与执行方面都有良好的表现的。就是一个单位，纪律执行得好的时期，事业就顺利，就发展，学院就兴旺。

所以，作为老师，对纪律要心存敬畏感！要坚决贯彻党的教育方针，严格按照教师纪律、规范和要求，来从教从学、从事科学研究，严格执行学校各项纪律。

纪律问题不仅要天天讲，而且要时时刻刻都有纪律观念。

二、教师要严格学校的纪律规范

教师怎样才能做到严格执行学校的纪律规范？

第一，要有坚定的政治立场，自觉贯彻马克思主义、毛泽东思想和中国特色社会主义理论，要宣传社会主义核心价值观。在课堂上，是在按照党的教育方针的要求，开展教学工作，任何人不能在课堂上传播与社会主义教育相违背的东西。不能将自己偏激的言论强行灌输给学生，不能让学生为你的偏激错误的言行付出代价。不能乱标新立异。我们讲课堂要创新、要改革、要激发活力，但是我们所讲的改革、创新、激发活力实在遵守党的教育方针，尊重本门课程基本原理的前提下，吃透本门课程内容，通过生动活泼的授课形式，让学生更好地掌握学科基本知识。

这里，尤其是思想政治理论课程的教师要起表率作用。要讲好马克思主义理论知识，要讲好中国特色社会主义理论课程，要学生明辨是非的能力，让学生增强抵制错误思潮侵袭的能力。这方面，我们从事思想政治理论教育的教师做得不错。现在，很多不规范事情的揭露是通过学生来完成的。

第二,要有育人的责任。立德树人是高校最基本的职能。立德树人事关社会主义发展问题,事关中国梦的顺利实现问题,事关中华民族现代化事业的实现问题。现在有一种误解,认为学生道德品质的形成只是思政课教师的事情,或者是从事思想政治教育工作人员的事情。

教师的责任是教书育人。教书只是一方面的工作,育人是另一项重要工作。在学生道德品质的养成方面,学校中的每一位教师都有责任,学校中的每一个窗口都有责任。

当然,从事思想政治教育课教育教学的教师和从事思想政治教育工作的教师要起到表率作用。因为你教的课程是思想政治理论方面的,你从事的工作与三观教育是直接联系的。我们讲课要认真,要讲好、讲透、讲实、讲活,讲出魅力、讲出风格、讲出定力。同时,我们要言行一致,做到真信、真定、真行、真用。以自己的言行引导学生、教育学生、规范学生,促成学生养成坚定地政治立场、明确坚定地政治方向、塑造良好的道德品质。

专业课教师、学生管理岗位上的老师和学院领导在引导学生方面也是不能替代的。因为专业课教师、学生管理岗位的教师和学院领导与学生的接触时间最多,四年大学中,至少有 3 年以上的接触时间,因此,我们的言行直接影响到学生。

在这方面,我们还真是值得反思,真是考虑如何才能起到表率和引导作用。

第三,讲好课。把本门课的知识点讲好、讲透;把本门课程的研究学习方法带给学生。既要授人以鱼,更要授人以渔。

第四,要管理好课堂。注重学生的到课情况、课堂座位的整齐程度、手机的规范摆放情况、学生的仪表是否与课堂相符合、学生课堂的表现(包括是否带吃的东西进入教室、是否回答问题、听课认真程度、是否记笔记等)。我们的教师是否都做到这样了呢? 我估计,有部分没做到。

第五,要到课堂。这是最基本的。学生都来了,你不来课堂,就是对学生的不尊重,就是学校纪律的蔑视。因此,我们按时到课堂。

因此,高校中的各岗位教师都要认真思考自己的言行,做学生的表率作用。在思考和践行社会主义核心价值观中,使自己逐渐成熟起来,以此带动自己身边的学生。

这里必须强调:任何与教育方针相违背的言论要坚决进行批判;任何与教育方针相违背的行动要坚决进行打击;任何对学校发展不利的言行要坚决制止。

三、加强对学校纪律执行的监督工作,确保学校纪律工作扎实推进

学校纪律工作效果如何,首先要靠每一位教师的自觉遵守、执行和监督。我

们每一位同志对纪律要心存敬畏感。这是基础。同时,必须指出,处在不同岗位的同志要按照自己岗位职责的要求,认真履行岗位职责。

第一,各学院领导担负起本单位教师的教育工作。在政治学习时间,要认真学习、展开教育,不能敷衍了事。学院院长是第一责任人,部门的一把手是第一责任人。一把手要勇于担当,善于担当。在其位,谋其政。管好自己的队伍,自家的小孩自己抱。出问题首先要追一把手的责任。要经常过问本单位、本部门的同事的纪律表现、观察同事的思想动态。党总支书记、支部书记要发挥政治核心作用。怎么发挥?要管好党组织组成人员,管好党员,管好学工队伍,管好学生,学生出问题,就要对党总支书记、支部书记问责。管教学的副院长、教研室主任在上课内容、考试方式等方面要履职担责。教师教学有问题的,教研室主任、管理教学副院长都有责任。比如,一份考试卷合格与否,经过至少两位领导签字,签字的同志要负责。试题是否有违背学科基本原理的尤其是有政治错误的,试卷分数是否都达到 100 分?等等。拿到试卷时,要看清楚才签字,不要图省事!

哪个岗位出问题,哪个岗位的同志负责!

第二,教务部处的教务科要适时对课堂进行上课监控。尤其是个别常出现问题的教师,要对他们多留意监督。

第三,督导员要担当起真正的督导工作。督导员督导什么?既要督导教师“到课”与否,又要倾听学生们对上课的反映。要及时向所在学院、教务处、学校分管领导汇报出现的相关问题。前些年,有极个别教师几年都有不上课、过后虚报课时的问题,这种情况以后不能再出现了。

第四,各单位要严格执行政治学习制度。要做好相关的学习记录。要通过政治学习发现了解老师的相关表现。对那些有异样表现的老师,要给予关注、问候,并及时发现问题。

第五,要加强对网站的管理,丰富网页内容。从学院网站来看,我感觉党委工作、学生工作相对好一些,教学方面的内容报道得较少。这方面值得加强。教学是学校的第一位工作,教学改革、教学发展等有很多值得发掘和报道的内容。每一位教师在一定时间内比如两年或者三年间总应该在教学改革方面有自己的一点特色才行,有特色就可以宣传报道。每一个教研室就更不用说了。这方面,艺术学院、文学院很有特色,其他学院要跟上才行。学院网站内容单调,常常每周一面,主要是我们在教学宣传上工作欠缺的缘故。这方面,管理教学的副院长、教研室主任要有所思考和规划才行。

第六,要定期召开学生工作座谈会,倾听学生对教学工作的意见,及时发现教师在教学工作中存在的问题。

第七,学校、学院之间以及学院内部要及时沟通汇报。出现问题、发现问题时要及时汇报,争取及早解决,避免问题严重化。

总之,经过我们的共同努力,学校发展中存在的问题一定会得到规范和解决!严明的纪律、文明的教风、好学的学风一定会得到保持和发扬!

让读书成为我们的良好习惯①

2017 年 4 月 25 日

老师们,同学们:

大家下午好!

经过 50 天的努力,2017 年学校的读书活动月就要落下帷幕了。在此,学校党委、行政对读书活动月做出了辛勤劳动的图书馆张馆长及各位老师表示衷心的感谢!对同学们积极参与读书月活动,并在读书月活动中取得的成绩表示祝贺!

受张馆长的邀请,我很高兴来参加闭幕式,并讲几句话。

去年 5 月 31 号的读书活动月闭幕仪式上,我以《践行"五统一"提高读书学习效果》为主题,做了 5 分钟的讲话。那次讲话可以说是我对去年读书活动月的一个总结。当时是这样总结的:读书活动月体现了"五统一",即爱自己、爱学校的统一,用心读书和用心思考的统一,集中相互学习与自觉学习的统一,经常性学习和集中性学习的统一,读书学习与学科方法研究的统一。并寄予大家要把"书韵、大爱、广外情的精神永葆青春"!从 50 天的读书月的实践来看,今年的读书活动月的读书活动真正地传承了"书韵、大爱、广外情"的精神!很值得欣慰!

今年的读书月有什么特点呢?张馆长说:今年的读书活动月展示是集专业与读书活动于一体的展示,展示中伴随双语朗诵。比如:东语学院是越语轮唱,财管专业是"广外、图书馆——我们的最爱",艺术学院是"书是人类进步的阶梯",欧美是英语唱跳读书(歌舞伴随的读书),管理学院是展示服饰等,这些都与自己的专业结合起来,是一种将"书韵、大爱、广外情"的传承,是一种创新的探索。

为什么要读书,并且要大量阅读?历史上的圣人、哲人都有深刻的论述。大家的心里都有好多名家名句。比如:"书籍是人类知识的载体,是人类智慧的结晶,是人类进步的阶梯";"治天下者先治己,治己者先治心";西汉学者刘向曾言:"书犹药也,善读之可以医愚";"外物之味,久则可厌;读书之味,愈久愈深";等

① 2017 年 4 月 25 日在第六届读书月活动闭幕式上讲话。

等。这些大师们的格言警句,曾经鼓舞了多少人熟读经典、奋发向前、攀登高峰!

从我的理解来看,读书还有以下的作用。

读书能够实现与先哲、大师交流。先哲已去,不可能与之面对面的交流;当代大师多数都处在名牌大学和国家著名的科学研究机构中,作为大学生,很难实现与他们面对面的交流与会谈。但是,读书可以实现这样的愿望。读他们的书籍仿佛就是在与他们说话、沟通思想。所以,读书是沟通与先哲、大师的桥梁,读书可以有效地解决时空的问题。

读书是获取智慧的渠道。书是人类智慧的总结,是人们经验的提炼。因此,读书就可以在自己的心里获得这些智慧与经验,往后加以实践,就会转变成自己的知识与智慧。

读书能够陶冶自己的情操。俗话说:宁静以致远。心情浮躁,是走不远的。唯有那些能够静下心来,进行思考、阅读、感知人类智慧知识的人,才能获取人类的知识与智慧,才能够实现自己的人生崇高的追求。通过读书月活动的实践检验,同学们是真正能够静下心来进行阅读的,我们的心是能够静下来的!

只有静下来,才能品出书中知识、智慧和财富,才能达到我们的目标!

此外,读书能够实现自己心灵的升华;读书能够拉近同代学者之间的距离;等等。

当然,读书的好处无穷,唯有真读书者,才能体会其中的奥妙!

习近平总书记是我们这个时代勤读诗书的楷模。青年时代的习近平同志,对知识有着发自内心的热切向往。有资料显示,在上山下乡的日子里,他随身带了满满一箱子书;为了借阅《浮士德》,他不惜走了 30 里地去借。他有一句话,是很感人的。那就是:“一物不知,深以为耻,便求知若渴。”对读书的热爱与痴迷,贯穿习近平总书记的人生轨迹。2013 年在接受金砖国家媒体联合采访时,习近平说:“我爱好挺多,最大的爱好是读书,读书已成为我的一种生活方式。”

李克强总理对读书抱有很大希望。从 2014 年起,“全民阅读”已经连续 4 年写入《政府工作报告》。2015 年“两会”记者会上,李克强说:“我希望全民阅读能够形成一种氛围,无处不在。”

近日发布的第十四次全国国民阅读调查显示,2016 年我国国民人均图书阅读量为 7.86 本,手机阅读率达到 66.1%。这一现象,尽管离人们的想象有距离,但是,还是值得人们欣慰的。它表明,人们对读书的热望上升,从前些年浮躁的市场中,开始回归到读书的行列,人们品味到了读书的好处。

讲到读书,当然离不开图书馆。为什么这样说呢?因为图书馆是藏书最齐全的地方,是最安静的地方,是读书空间最大的地方,是读书效率最高的地方!任何人想要向前迈步,就要到图书馆来,熟读精思!

李克强总理在今年4月19日国务院常务会议上说:“一个国家养成全民阅读习惯非常重要。而这与公共图书馆普及密不可分。”可见,中央对图书馆建设的高度重视。

现在,根据中央精神,图书馆要规范管理。图书馆要全面参与大学人才培养工作,积极为学校的教学科研提供优质的服务,要真正把图书馆打造成学生的第二课堂和实践平台。

在本次读书活动月中,同学们的热情很高。据统计,读书活动月期间,每天图书馆图书的借阅量等于过去的一个周!排列借书的队伍呈4行队列排到楼梯口。在过去这是不常看见的。我希望,这种好现象能够长期保持下去。

这次读书活动月有什么特别值得记住的地方吗?我感觉,这次活动评出的几个奖励很特别,会永远记在大家的心里。这些名字是什么呢?它们是“书香院”“读霸班级”“读书达人秀”等。你看,这些名字多么富有创意!多么新鲜!多么富有霸气!因此,我相信,有你们的创意精神,有你们持之以恒,在“‘书香院’‘读霸班级’‘读书达人秀’”的氛围中,经过全校师生的共同努力,学校的读书活动一定能够成为一种风气,一种时尚,一种良好的习惯,一种美好的追求!

基层支部书记的责任担当[①]

2017 年 4 月 28 日

各位支部书记们：

大家早上好！

受广西新发展集团党群部的邀请，与大家共同探讨基层党支部或者党组织负责人开展党建工作相关事宜。

为什么愿意接受这个邀请？有以下几个原因：

第一，大家是同行，容易接近和接受。我从 2004 年起，一直担任基层党组织书记。2004—2012 年，担任大学二级学院学生党支部书记和机关党支部书记。2013 年后，担任大学二级学院党委书记，2015 年到现在，担任广西外国语学院党委书记。这些党组织都是基层组织。一直做了 13 年。

第二，基层组织建设非常重要，支部书记是支部建设的关键因素。中国共产党历来重视党的基层建设，支部建在连上是一条成功的经验。成为执政党之后，党的执政水平的高低与基层组织建设成效关系极大。中国现在有 440 万个党的基层组织。党的执政水平、执政效果如何与这 440 万个基层组织的建设关系极大。俗话说，"万丈高楼平地起"，"基础不牢，地动山摇。"基层组织建设搞得好的地方，社会各项事业蒸蒸日上。典型例子就是天下第一村的华西村，就是基层党组织建设好的缘故。河南的刘庄、南街村、广西天等县立顿村等也是如此，在党支部的带动下，攻坚克难，发展起来，成为中国村落中闪闪的明星。相反，党组织搞得不好的地方，社会发展就会受到极大的阻碍，社会事业进步缓慢。

第三，基层党组织党务工作很值得探讨。中国地域广大，基层面非常宽广，各行各业都有党的组织建设，党组织建设所面对的情况纷繁复杂、千差万别，党的建设方式方法在不同领域有差异，这对从事基层党建的负责人来说既是一个挑战，更是一项光荣而艰巨的任务。当然，我们有信心搞好这项工作。尽管党的基层组

① 2017 年 4 月 28 日在广西新发展集团基层党支部书记培训班上的讲话。

织建设任务繁重，但是，党的建设中很多经验做法是共同的，可以借鉴。因此，我们要在实践中，结合自己工作的实际，借鉴其他党组织工作经验，完全能够有效地开展党的建设工作。

第四，与大家进行交流学习基层党建，是一次学习的机会，更是一次提升自己的机会。根据我的经验，要做好一次交流学习，就要认真思考交流学习的内容，在头脑中进行相当一段时间的梳理、整合、提炼，从中得到升华。这其实就是一次好的学习机会。

今天就以“基层支部书记的责任担当”为题，与大家交流学习。

下面分六大问题进行交流。

一、明确基层党组织的内涵

其实，它就是指基层党组织的涵盖面问题。

党章规定，中国共产党组织分为中央组织、地方组织和基层组织。这三者中，中央组织是中央委员会、中央政治局、中央政治局常务委员会，以及为中央组织进行工作的职能部门等。这一点，大家是非常清楚的。地方组织分为省、市、县三级党的组织以及相关的职能部门。这些大家也都清楚。三者中，唯一可能不十分了解的是基层组织。

什么是基层组织？按照党章规定，党的基层组织是指在工厂、商店、学校、机关、街道、合作社、农场、乡、镇、村、人民解放军连队和其他基层单位设立的党的基层委员会、总支部委员会、支部委员会。凡是有正式党员三人以上的，都应当成立党的基层组织。

从上述的规定看，作为基层组织，不完全执政，但是又离不开行政工作，与执政有很直接的关系。从这个定义看，一是，基层组织是涵盖面最广，涉及方方面面；二是数量最多，按照去年年终的统计，全国有近 440 万个基层组织；三是基层的级别涵盖最大。有省部级的基层（中央管理的国有大企业中的党委、著名高校的党委等）、司局级的基层（中等的国有企业党委，本科高校的党委等）、处级、科级以及大量没有级别的党组织等。不同的基层组织的层次不一定相同，大级别的基层组织中，就会有多层次的基层组织。比如说：大学党组织，有学校的党委、学院党委、教工支部以及学生党支部三个层次等。有些基层组织就是一个层级。大学中的学生党支部，就是最基层的，它下面可以成立党小组，一般是不会再分了的。

大家也许会问，中央内部有没有基层组织？肯定有的。中央职能部门的职能是为中央组织服务，但是管理这些职能部门党员的党支部应该属于基层组织，负责对党员进行教育、管理和培训。

基层有什么职能？管理党员、教育党员、宣传党的路线方针政策的职能，达到爱党、为党、向党的效果，达到增强党员素质的效果。农村、街道还担负起最基层掌握地方政权的某些职能。尽管基层范围差别很大，有党委、总支、支部等，但是，他们的宗旨、职能、性质是一样的。

我们新发展集团是大企业，属于基层组织，我们高校是基层组织。我们大家从事基层党支部书记的工作，可以说是最基层的组织，但是我们的任务艰巨、使命光荣。

二、基层党支部书记要从内心喜欢党建工作

做好一件工作，心里喜欢是首要的关键因素。心里不喜欢，很难做好工作。基层支部书记是最基层的党组织书记了。一般来说，支部书记这个岗位，没有多少实权。但是，这个岗位的政治地位非常重要，责任重大。

相对于行政工作来说，党建工作是抓理论、抓教育、抓学习、抓宣传、抓思想等，务虚成分可能较多。行政工作的务实成分较多。比如你们这一行：行政工作找项目、分项目、做项目、结算项目等，务实成分多，这样的话，可能大家适应性较大。

看起来，项目经理，抓实；书记呢？抓党建。如果选择的话，估计不少同志会选项目经理。其实，这些都是党的工作、人民的工作、岗位工作，做哪一行，都是组织根据需要进行合理安排的。我们要内心接受，并做好工作。

第一，愉快接受组织安排的工作。

所谓“愉快”，就是要把心用在党建上，思考党建、规划党建、提升支部党建水平。干一行爱一行。要我们谈党建时候，要有思路、有章法，进而有行动。不要存在过多的牢骚。“牢骚太盛防肠断，风物长宜放眼量”。

第二，要利用这个平台，踏踏实实做党建的相关事情。

支部书记要严格贯彻中央精神，围绕党委工作的中心，规划好本支部的工作，做出亮点，做出特色。通过特色、亮点彰显党组织的凝聚力。现在，一讲到某某大学，尤其是民办大学办得怎样，除了讲招生规模、办学特色、学生来源之外，党建状况是一个很好的考量指标。一讲到某某企业，不光光是看企业经营状况，还要看企业党组织建设如何，职工思想状态如何，人们的凝聚力、向心力如何等等。不少高校、企业的干部得到组织重用、社会公认，不仅是因为他行政工作做得好，而且在党务方面也有优良表现。因此踏踏实实开展党建工作，不仅是上级党组织的要求，更是企业的需要、高校的需要、社会的需要，所以，我们没有理由不努力工作。

第三，利用党建平台，使得自己内在素质得到提升。

支部书记这个岗位,既是整个党支部发展状况的展示平台,也是支部书记工作方式方法、工作特点特色、工作成效状况的展示平台。

通过这个平台,既可以考量党支部的内在活力、进取精神、党组织凝聚力、战斗力和向心力等支部的发展现状,也可以考量支部书记共工作能力、工作水平、工作态度等的现实表现。

因此,只要认真开展工作,它就会很好地展示书记的工作方式、方法、特色、工作业绩。当然,如果我们做事马虎、私心严重、缺乏进取精神,那么,书记岗位的平台也将其展示出来。

因此,我们有机会在书记岗位上工作的同志,要珍惜组织给予的机会,好好地为组织发展分忧,为党的事业建言献策,为社会事业尽职尽责。在书记的岗位上,积累经验、丰富智慧、提升素质、增长才干,使得自己成长成才。

书记岗位的每一件事,都是事关支部发展和单位在同行业中的影响,因此,必须认真对待、从严要求、务求实效。以开会来说吧。支部的每一次会议都是议题鲜明的会议和充分发扬民主的会议,书记的讲话都要经得起现实、原则和时间检验。因此,我们要多思考、多学习、多调研、多积累,把会议开出成效、开出团结、开出活力,进而达到心情舒畅、生动活泼的局面。

三、狠抓宣传舆论工作

宣传工作是宣传党的路线方针政策的工作,它主要宣传本单位、本部门根据实际情况,有效贯彻中央精神的工作状况。作为支部书记,要管理好支部的宣传工作。我们的总要求是:在我们的宣传平台上,让正能量发声,让负能量绝迹。

为此,作为书记,应该做好以下工作。

第一,管理宣传平台。也就是宣传媒体的管理工作。

在支部的构建中,宣传工作由宣传委员具体负责,书记起领导作用。因此,宣传工作是书记和宣传委员共同负责的。现在宣传媒体种类众多,有传统的板报宣传、广播宣传、电视台宣传和电话宣传等媒体,现在又增加了网络宣传,并且网络是传播最快、影响很大的宣传。QQ 宣传、微信宣传、电子邮件等新媒体,往后不知道还会产生什么样更先进、传播速度更快的媒体。

怎么管理这些现代媒体? 个人、私人的交流不好管理,这只能在平时的宣传教育中加以引导。但是对于公共平台,基层支部书记都有责任加以监管,保证宣传的正能量。书记要检查、浏览宣传平台的各种要闻,及时发现宣传中的问题,及时删除新闻宣传中的负面新闻。

书记要经常调研新闻宣传实效性的问题。任何负能量的东西,都要坚决铲除。所以,书记们要经常浏览自家的网站,管理好宣传板报,以丰富的健康向上的内容占领宣传舆论阵地。

第二,书记要为新闻宣传写稿件,修改稿件,丰富网页内容。

基层人员人手比较少,专人采写新闻的新闻记者、通讯员较少,新闻宣传稿件的采写就成了每一位党员的责任。这里,书记要带头。带头写稿件,带头修改稿件。书记的每一次讲话、发言都可以作为一篇新闻稿件,自己要珍藏自己的新闻稿件。

网页内容要不断更换,要增添新内容。这是本单位本部门具有吸引力的窗口。因此,支部书记就要及时采取措施解决新闻网页内容单调的问题。

第三,要带头讲党课,带头做时事政治报告。这是较高的要求。

这是我们努力的方向,也是能够做得到的。作为支部书记就应该有这样的志向和这样的胆量。尼克松曾经说过:要提高写作水平,准备自己的讲话稿件是最有效的,也是最快的。我感觉他讲得有道理。大家可以试试。

第四,要及时树立典型,扎实推进支部宣传工作。

榜样的力量是无穷的。典型怎么来?当然是干出来的。但是,离开了宣传工作,典型很难发现的。因此,要利用一切机会,发现典型、树立典型。

四、重视职工的思想工作

思想政治工作就是做人的思想工作,目标是使得职工爱自己、爱他人、爱集体、爱社会、爱国、爱党成为一种自觉。

怎样才能达到这样的目标?

1. 支部书记要讲透思想政治教育的理论。

爱自己这是人生的第一步。连自己都不爱自己,哪里还有别的事情?爱自己就要珍爱生命,按照规则做适合自己做的事情,做对自己负责的事情。这样,才有前途,才有意义。爱自己不是贪婪,它和自私是有根本区别的。每个人都有个人利益,个人利益是整体利益的一部分,没有个人利益就没有整体利益。人们按照社会规则追求自己的正当利益,实现自己的个人利益,这是值得提倡的,社会就是在人人追求个人利益中向前发展的。贪婪自私则是另外一回事。贪婪是违背社会规则,寻求不属于自己的利益。贪婪的行为是害人害己,不能把贪婪当成是爱自己。爱自己和爱社会、爱他人、爱社会、爱国家、爱党是统一的、一致的。有这种境界,才叫爱自己。否则,就是害自己。

爱他人是人生必然的。我们都是在与他人接触、工作、交往、服务和生活中度过人生的。爱他人是一种责任、一种遵循、一种道德,是一种美德。

爱单位是现实的。现实生活中,单位给我们提供生活的来源,给我们提供施展才华的平台,给我们提供充实丰富生活的平台。也许明天你会有更好的去处,但是现实的单位是你人生经历中的一个重要阶段,我们在岗一天,就要爱岗一天。这是最起码的要求。只有这样处理问题、这样看问题,我们才是幸福的。

当今的中国,爱社会、爱国家、爱党那更是必需的。一个政党、一个制度、一个社会是否值得爱? 标准是什么? 我的理解就是看他们对社会生产力发展的促进作用的大小,对民族复兴大业的贡献多少,对社会发展的促进作用有多大,对人民福祉改善有多大来衡量。

鸦片战争以来,由于外国侵略者的入侵,导致我们的民族受尽人间的最艰难的困苦。在马克思主义指导下,在共产党的领导下,我们用了 28 年,砸碎千年的铁锁链,铲除了导致我们民族落后的根基,屹立于世界民族之林。中华人民共和国成立之初,毛泽东同志指出:我们还有 90% 的经济生活停留在古代。可见起步艰难。但是,我们用了不到 70 年的时间,现在是世界第二大经济体,在现代化历史进程中,迈出了坚实的步伐,各行各业展现出勃勃生机。验证了毛泽东同志的预言:我们不但善于破坏一个旧世界,我们还将善于建设一个新世界!

中国共产党、社会主义制度、中国特色社会主义理论是当代中国发展的根本保证,是人民幸福生活的根本保证,是民族复兴的根本保证。离开了党的领导,离开了社会主义制度,离开了中国特色社会主义理论,民族复兴就是空话。党的领导、社会主义制度、马克思主义、毛泽东思想和中国特色社会主义理论是我们的最爱! 这是历史的必然,历史的总结! 这里,爱自己与爱国家、爱党、爱社会主义、爱社会是一致的。

前些天,我按照《水调歌头》的词律,填了一首词,专门讲中国发展的。请大家批评指正!

水调歌头 中国现代化历程
新纪元起步,现代化领衔。
砸碎千年锁链,人人心欢颜。
工农垒土夯基,国防星星闪烁,科技抢险滩。
平等奏天下,神州新画面。
新长征,大跨越,梦花园。
改革谋篇布局,开放促发展。
农村城镇规划,城市乡村绿化,百年梦飞艳。
中国走世界,世界中国年。

2. 采用贴切的教育方法。一是,做到“三贴近”。新闻宣传讲“三贴近”就是贴近生活、贴近实际、贴近群众。做思想政治工作有相同的做法,也是“三贴近”,做到有的放矢。二是,平等态度对人,真诚态度待人。三是,按照规则办事。就是公办事。做事讲原则、讲规矩。这样思想政治教育效果才显著。

五、围绕“两学一做”开展党建工作

“两学一做”学习教育已经作为党的建设常态,这是历史的经验总结。作为支部书记怎样在“两学一做”学习教育中,发挥自己的作用呢?

1. 认真“学党章党规”。

这句话看似简单,其实内涵深刻。就拿党章来说吧。党章的内容就十分丰富,要掌握它的内容还真不容易,要学好并切实做到那就更不容易了。如果每个人都能够学习好党章,并按照党章的要求,切实做到的话,那党的建设就更容易做好了。

现在的问题是现实中,少数党员没做到。比如:就讲党章的基本知识吧。党章中怎样规定党龄的?党纪处分有几条?党员预备期怎样管理?党旗和党徽是什么?这些基本常识并非所有党员都能够回答清楚了。

党规就更多了。当前就是要学习下列规章:《中国共产党章程》《中国共产党廉洁自律条例》《中国共产党纪律处分条例》《中国共产党问责条例》《中国共产党党内政治生活准则》《中国共产党纪律监督条》等,作为党员是要认真学习领会的,作为支部书记那就要起模范带头作用才行。

2. 学习马克思主义经典著作,尤其是学习习近平同志系列重要讲话精神。

为什么要这样?马克思主义理论是马克思通过对人类社会历史发展尤其是人类几千年文明史的发展,分析得出确切的科学结论。这里必须指出:马克思并没有制定什么人类发展规律,人类朝着自由解放和发展方向迈进是客观规律,马克思只是发现和揭示了这一规律而已。并不是说马克思特别痛恨私有制尤其是资本主义,因而故意歪曲、谩骂、诋毁资本主义。恩格斯在马克思的墓前的讲话中强调:马克思“可能有过许多敌人,但未必有一个私敌。”恩格斯的话明确表明:马克思不是带着个人恩怨去做科学研究的,而是带着人类的解放和发展搞科学研究的,因此,他根据历史研究得出的科学真理,是经得起时间检验的,这一点,是我们必须自信的。

马克思主义与中国革命、建设和改革实践的有机结合,不仅深刻改变了中国的面貌,更广泛深刻地改变了世界。其实西方资本主义世界也在感恩马克思,他们嘴上不说,内心却是喜悦的。千年伟人的评选结果,证明了上述结论。人类因为有了马克思,才有今天的精彩世界!人类要感谢马克思,因为今天全世界工人阶级和劳动人民获得的一切权利，都直接或间接得益于马克思主义的巨大影响，得益于社会主义运动的巨大推动。坚定马克思主义的理想信念，就是对科学理论的理性认同，就是对世界历史潮流的明鉴，就是对我们一百多年探索成果的尊重！

3. 要做合格党员。

我们党是工人阶级先锋队组织，同时是中国人民和中华民族的先锋队。先锋队是根本特性。所以，合格党员就是中国人民中的先进分子。这是最基本的要求。党员同志要争当先锋，不要落后于时代。这是入党之时就向党组织表明好了的，是立过誓言了的。大家知道，誓言是不能乱立的，立了誓言那就要严格遵守的，不能改变的，这样才会有成绩。参加党组织是自觉自愿的行为，中国共产党绝对不会把那些不写申请书的人拉到党内的。写了入党申请书的人，经过培训考验，达不到要求的，也不是吸收的。

做合格党员，关键就是要做讲政治、有信念，讲规矩、有纪律，讲道德、有品行，讲奉献、有作为的合格党员。支部书记们必须以党员的要求来衡量自己，要求自己，规范自己。同时要引领我们支部的全体党员同志，按照党章党规的要求，按照先进性的要求来规范自己，做合格党员。要利用包括红色教育基地开展党性专题教育，通过感悟革命精神，发扬革命传统，进一步锻炼党性，净化心灵；精心组织党员开展体验式党建活动，通过有新意、接地气的体验活动，进一步增强党性观念，坚定信心等。

4. 要发展党员，为党组织增添新鲜血液。

发展党员也是我们工作中的重点任务。一个组织要不断地有新鲜力量的加入，这个组织才会兴旺发达。发展党员工作在大学里边，任务比较重，在国有企业部门可能相对轻一些。但是，都面临补充新鲜血液的问题。

入党工作中，有几个问题是经常遇到的，并且是要严格把关的。

一是，发展党员的程序问题。必须按照党员发展规程逐步开展发展工作，不能简化手续。要严格申请书写作、党校培训、写心得体会、群众公认、组织考核、支部大会讨论等环节，做到成熟一个就发展一个，要保证质量，以质量为先。

二是，入党的宣誓问题。有些大学生党员，尤其是毕业班党员，由于种种原因没有举行入党宣誓。入党宣誓是党员发展中的重要一环，面向党旗，就是面向党的事业宣誓，缺乏这一环，就不完全。支部书记在每年“七一”的时候，要带领党员同志，重温入党誓词，记住自己心中的事业才行。这要成为一种常态，成为支部教育的一个重要内容。

三是，对自己入党材料的管理、组织关系的转接工作不重视。有些同学入党材料找不到，就是在入党之时没有教育好的缘故。

5. 加强对党员的教育和管理。

加强对党员的管理和教育是党支部的重要工作,也是党组织不断壮大、具有战斗力的关键所在。入党后不管理或管理跟不上,党员就会退步,党组织就会失去战斗力。

(1)要加强中国特色社会主义理论学习。当前,就是要学习马列主义、毛泽东思想、中国特色社会主义理论体系;学习习近平总书记的治国理政思想,党建思想;学习党章,深刻理解和践行先进性,把握、实践科学发展观。要通过各种培训学习、经验交流、专题报告、学术讲座、社会调研与实践、民主讨论和心得体会等形式来巩固学习效果,做到以理服人、以情动人、以身正人,提高党员的思想素质。

(2)加强学党性教育,保证思想上入党。列宁指出:"党性是高度发展的阶级对立的结果和政治表现。"它表明,任何政党都是代表一定阶级利益的政党,政党的党性的突出表现为能够自觉地认清本阶级的阶级地位、阶级利益和历史使命,自觉地站在本阶级的立场,维护本阶级利益,完成本阶级的历史使命。刘少奇同志说:共产党员的党性,"就是共产主义道德的最高表现,就是无产阶级政党原则性的最高表现。就是无产阶级意识纯洁的最高表现"。无产阶级党性是一切共产党员必备的本质特征,入党不仅仅是履行组织手续问题,更重要的要解决思想入党的问题。组织入党的手续是短暂的,而要保持思想上入党,保持先进性是长期的大事。正如刘少奇所指出的那样:"由一个幼稚的革命者,变成一个成熟的、老练的、能够'运用自如'地掌握革命规律的革命家,要经过一个很长的革命锻炼和修养过程。"

要解决思想入党的问题,就是要自觉改造世界观,经常加强党性锻炼。对广大党员而言,就是要教育他们加强团结、带领广大职工为实践党的教育方针而努力工作。要提高年轻的党员同志的鉴别力和免疫力,提高他们认识事物和辨别是非的能力;对党员中的一些固有的弱点,如:对履行党员义务缺乏使命感,原则上态度暧昧,在组织中搞任人唯亲,组织观念淡薄,政治纪律不强(如支部会议的内容随意传播等),都要通过党组织的教育、党组织的活动和党的纪律进行克服。

(3)要管理好党员的档案。现实中,尤其是大学毕业生中的档案管理,不够规范,有些在学校,有些在用人部门,这就导致学生党员的入党材料容易丢失。因此,作为党组织负责人,在新近的工作队伍中,要查清他们的入党材料是否齐全,不齐全的要赶快补齐,不能拖拉。免得往后工作的被动。

第六,培养人才,并向上级党委推荐人才。

历史上,韩愈的《马说》上感叹:世有伯乐,然后有千里马;千里马常有,而伯乐不常有。我们现在要改变这种格局,党支部和支部书记首先要培训和锻炼党员;

其次就要做伯乐，推荐千里马到适合的岗位任职，为党担责、为民担责，做到人尽其才。最后，我们自己也要练好本领，做千里马，接受组织的挑选。一是积极创造条件，争取为党分忧、为党担责、为民担责。二是积极向组织推荐干部，积极向组织如实反映候选人的情况。三是积极关心和爱护干部。组工战线的同志既是千里马，又做伯乐。通过我们的工作，实现千里马跃进，伯乐上台阶的格局。

第七，开好支部民主生活会和组织生活会，完善“三会一课”制度。民主生活会是党内民主生活最直接、最有效的形式，是加强党内团结的最有效的形式，是党员开展批评与自我批评的最好形式。现实中，有些支部书记不太注重“三会一课”制度建设，这是可惜的。作为支部书记，要善于利用民主生活会、组织生活会和支部大会等，发现支部建设中存在问题，并及时加以解决，借以增强支部内在活力、凝聚力、向心力，保证支部的向上发展。

六、加强锤炼，完善自身

加强理论学习，提高理论水平；在办事过程中，提高工作能力；在解决问题中，改善党群、政群关系。

这里由于时间关系，只讲几个观点。

1. 按照德才兼备的要求，提高自身的身心素质。
2. 按照服务社会的要求，提高办事的能力，真心践行为人民服务。
3. 按照建立良好党群关系的要求，提高服务质量。
4. 按照社会和谐的要求，妥善及时处理职工中存在的问题，化解矛盾。
5. 通过举办适当的文艺活动，提高职工广泛参与支部建设的热情。

这里重点讲一下读书的重要性。大家都知道，读书的好处无穷。当然，唯有真读书者，才能体会其中的奥妙！

我们都知道，习近平同志治国理政中，经常引经据典，分析透彻；言简意赅，含义深刻。为什么？这与习近平同志的读书有直接关系。习近平总书记可以说是我们这个时代勤读诗书的楷模。

李克强总理对阅读也很重视。从 2014 年起，“全民阅读”已经连续 4 年写入《政府工作报告》。2015 年“两会”记者会上，李克强说：“我希望全民阅读能够形成一种氛围，无处不在。”

近日发布的第十四次全国国民阅读调查显示，2016 年我国国民人均图书阅读量为 7.86 本，手机阅读率达到 66.1%。这一现象，尽管离人们的想象有距离，但是，还是值得人们欣慰的。它表明，人们对读书的热望上升，从前些年浮躁的市场中，开始回归到读书的行列，人们品味到了读书的好处。

春光无限好,正是读书时。总书记和总理都如此表现了,作为支部书记的我们,还能够无动于衷吗?

各位支部书记,加强基层党支部建设是党组织建设的基础内容和重要内容,作为站在最前线的各位同志,要按照中央的要求,切实增强政治意识、大局意识、核心意识、看齐意识,以“一万年太久,只争朝夕”的气概开展支部建设,履职尽责,为党分忧,为党担责,这样,支部的向心力、凝聚力、战斗力的增强是完全有保证的!

不忘初心跟党走，砥砺前行向未来①

2017 年 5 月 8 日

各位学生党员、入党积极分子和学生干部们：大家晚上好！

受你们学院党总支书记刘雨萌老师的邀请，我来参加你们的座谈会。刚才，雨萌老师说了，今晚的座谈会有学生党员、学生会干部、班级干部和积极分子，共 160 多人。很好啊！看到整个教室座无虚席，以及大家欢喜的笑脸和饱满的热情，我很高兴。座谈会怎么开呢？我想，我先讲我来开座谈会的初衷；然后，大家畅所欲言；期间，我乐意就相关问题与大家交流；最后我来谈谈我的感受。

我的初衷是什么呢？我感觉能够走进座谈会的现场，到学院里面和大家交流座谈，可以直接面对大家关心的问题，交流思想，有助于了解大家在校学习遇到的共同问题，这有利于解决问题，使得各位干部走得正、走得直、有作为。所以，我想听一下大家下面的一些问题，它们分别是：第一，大学生活和高中有什么区别？第二，经过党校培训后，有什么收获和想法？第三，对专业的认可度怎样？在学校学习过程给你中，遇到哪些困惑的问题？等等，当然，还有大家关心的其他问题。下面，请大家畅所欲言。

刚才，听了 20 多位同学的发言，在你们的发言中，我就你们关心的相关问题做了交流。不知道大家是否得到一些收获？下面，我就本次座谈会，谈一些我的感受，同时，在谈感受当中，就相关问题还做一些补充。希望对大家有帮助。

首先，今晚的座谈会气氛很和谐、文明、活泼、欢快。艺术学院的学生干部、党员和积极分子非常热情。一是，大家参与的热情很高，整个会场座无虚席。二是，整个座谈期间，同学们积极主动提出问题，据我不完全梳理，有 30 多个，说明大家平时乐意服务学生，并积极思考问题，交流问题，积极上进。三是，座谈期间，几位同学根据会场要求，表演了自己的优秀节目，让我感受到我们艺术学院学生活动、日常生活的丰富多彩。

---

① 2017 年 5 月 8 日在与艺术学院学生党员、积极分子座谈会上的讲话。

其次,艺术学院学生不仅艺术表演很好,而且在口才、文才、辩才方面,进步很快。我参加几次你们每一年的“学、训、展、行”的年会演出,大家的作品都有上佳的表现,可以说是学校的一个品牌。播音主持专业的部分已经把“节目主持”发展到外省;艺术学科的学生在区内各种文艺会演中,成绩名列前茅。这实在是令人欣慰。估计不要多久,全国相关节目的著名主持人中,一定会看到广外学子的倩影;在全国相关的文艺大赛中,一定会看到广外学子的优秀表现。

再次,艺术学院的学生向党靠拢的积极性很高。一是,座谈会上很多同学都对能否在大学期间入党表示了强烈的关注,都希望能够在大学学习期间,成为一名共产党员。二是,同学们的入党动机端正,能够正确看待入党过程中的相关问题。党的宗旨就是全心全意为人民服务。在校学习期间,就是要为同学们做好服务。同时,积极参加志愿者活动、公益性活动。在活动中,锻炼自己、提升自己、丰富自己。这方面艺术学院的学生有良好的表现。三是,艺术学院的学生参加党校学习的积极性很高,每一次党校学习的学员数量都超额完成学校党委下达的任务。对于要求上进的同学,学校党组织是极为关怀的,都在为学生的成长成才做实实在在的工作。

再其次,艺术学院学生干部队伍是一支团结向上、活泼进取的队伍。每一次学校的各种集体活动,都看到我们艺术学院学生干部团队的影子。所以,我们这支队伍是有活力的、合格的。

此外,艺术学院的学生干部礼貌有佳、文明规范等。大家要把这些好作风发扬传承下去。

听了大家的发言,感觉我们艺术学院的同学们要求上进。这是令党组织很欣慰的。怎样才能实现自己的梦想呢?我想下面几点意见值得大家参考。

一是,真正做到“不忘初心,继续前进”。我们的初心是什么?就是共产主义理想。我们从小就在党的阳光雨露下成长的,我们从小就树立了共产主义理想。共产主义是马克思根据人类社会发展的客观规律得出的科学结论,是人类发展的客观规律。我们所做的,就是在践行共产主义事业。通过这个事业,展现自己的人生价值。我们会遇到困难,但是我们共产主义理想的初心不改,继续前进。这是一个要求进步的积极分子所应具备的。在入党问题上,不要因为一时的不称心或者不如意就心灰意冷,要相信,在组织的关怀下,只要我们不忘初心,我们一定能够实现自己的目标的。

二是,要正确看待学校发展进程中的问题。学校现在条件有限,有些实习平台、展示舞台还不能满足大家的要求,这是大家要谅解的。学校的困难是暂时的,明天会更好。

三是,加强课堂纪律建设。这里主要表现在大课堂上。学院的课堂有相当一部分是小课堂。小课堂纪律表现优秀,这是公认的。我们要把这种优秀的课堂表现带到大课堂上,共同创建奋发向上的大课堂。

四是,加强沟通交流,共同进步。学生在学习期间,肯定会遇到很多问题,这是正常的。遇到问题后该怎么办?我们要积极与教师沟通汇报,或者与同学谈心交流,把这些问题解决在萌芽状态。

五是,要积极参与学校校园环境建设,为优美、洁净的校园做出贡献。要把宿舍、教室、公共卫生区、班级绿化责任区的清洁工作搞好等,同时要遵守清洁卫生纪律的要求,自觉维护学校的纪律。

最后,感谢艺术学院的同学们对学校工作给予的大力支持!学校对同学们在学期间取得的成绩表示祝贺!

我确信:在全校师生的共同努力下,学校的发展一天比一天更好!艺术学院的进步一天比一天更大!

多民族一家亲[①]

2017 年 5 月 19 日

各位同学:大家好!

学校党委决定召开少数民族学生座谈会,目的就是要了解大家在学校学习过程中遇到的问题和困难,以便采取有效的措施,帮助学生解决学习中的实际问题,促进大家成长成才的。今天,到会的有来自佤族、藏族、哈尼族、蒙古族、壮族和瑶族等 24 个民族的 50 名来自全国各地的少数民族学生代表,这很好。

刚才,听了国际会计学院 2016 级会计 1 班的哈尼族同学米月的发言,她说,来到广外近一年的时光里,充分感受到了学校对少数民族学生的关照,感到很充实、很快乐。听起来,使人感到高兴! 至于她说道:学校进一步加强大学生宿舍维修与管理制度建设,完善反馈沟通机制等,这意见还是很好的,我们会认真采纳。国际工商与公共管理学院 2016 级公共事业管理 1 班的回族同学敏煜川谈道:学校饭堂和美食街的饭菜和小吃很有特色,但很多食品都是甜食,结合自己的饮食习惯,希望学校食堂能适当调整饭菜的口味,增加北方民族风味小炒、特色面食等特色品种。这意见很中肯。到会的其他同学也都发表了很好的意见,座谈会开得很成功。谢谢大家!

会议之后,学校相关职能部门要认真整改、落实、处理,真正体现座谈会的宗旨,使得座谈会开出真正的效果。

要把学校工作做好,需要大家共同努力才行。为了建设一个更加理想的校园环境,我对大家谈几点希望:一是希望同学们积极主动参与学校各项活动,在学校教育教学、环境卫生、生活服务、饮食卫生等方面,多提意见和建议。

二是要注重课堂纪律,创建真正的好课堂。对老师的课堂纪律、同学的课堂纪律,要相互监督,共同进步。通过监督执纪守纪,使自己进步;通过大家的监督,帮助教师改进教学方法,提高教学效果。要喜欢自己的课堂,喜欢自己的专业。

---

① 2017 年 5 月 19 日在少数民族座谈会上的讲话。

希望同学之间、师生之间相互谈心，解除心中的疑难问题。

三是希望同学多参与到学校的校园文化中来，诸如“四节四月”（即校园文化艺术节、社团文化节、女生节、宿舍文化节、心理健康活动月、慈善月、读书月、雷锋月）的校园文化活动中，加强同学之间的交流互动，团结共进，奋发有为。56 个民族是一家，这种“一家人”的情怀有赖于大家的共同努力。

四是要积极参与创建优美的校园环境。学校的校园环境有赖于大家的积极参与和共同建设。对宿舍卫生、教室卫生和公共校园环境，要“行胜于言”，亲力亲为、动手改善。每一个人都是责任人，不是旁观者。

五是积极参与监督学校周边餐馆的饮食卫生。对于学校周边的餐馆饮食卫生，作为一名消费者，要积极参与监督，对极个别不按照饮食要求的餐馆，要敢于“拉黑”、积极“拉黑”，使“美食街”“美”如其名、“实”如其名。

六是，加强民族团结，共同为创建“多民族一家亲”的文明校园做出贡献。据悉，学校目前在校生中共有少数民族学生 3182 人，约占学生总人数的 20%。其中，以壮族、满族、藏族、回族、土家族、蒙古族、彝族、苗族、瑶族和白族等少数民族居多。学校历来认真贯彻落实党的民族政策，从学习、生活、文化三个维度加强少数民族学生工作，打造“多民族一家亲”的良好氛围。未来，加强民族团结，促进各民族共同繁荣，是大家的共同责任。在学校发展中，民族团结和谐是学校发展的根本，往后，希望大家一起努力把广外建设成民族团结和谐的文明高校！

为和谐校园建设做出贡献①

2017 年 5 月 19 日

各位新疆籍的同学:

大家早上好!

很高兴来参加新疆籍学生的座谈会。大家从美丽的天山南北来到广外学习。在校学习期间,同学们遇到了一些学习上的困难,但是大家都克服了,没有让那些问题妨碍自己的学习生活。这是难能可贵的。在这里,我首先要感谢出席座谈会的新疆籍的同学,并通过你们转达对所有在校学习的新疆籍同学的问候!祝愿新疆籍的同学在校学习进步、生活愉快!学校一年来的工作成绩,与新疆籍同学的支持是分不开的,谢谢你们!同时,我要感谢新疆维吾尔自治区内派服务管理教师赛比丁老师!这一年来,赛老师热情的工作,得到学工处全体老师的肯定,得到全体新疆籍同学的肯定!

通过座谈会的形式,了解同学们在校学习的情况,是学生工作的重要组成部分。今天听了大家的发言,感到同学们的意见很中肯。往后,要不定期召开座谈会,了解同学们的呼声。

为了把学校工作搞好,我对大家提几点希望:第一,希望同学们继续对学校的发展建设多提意见建议。本次座谈会,同学们都能大胆地直面问题,同学们的积极发言是对学校非常有用的支持,让学校能够及时发现问题,尽快采取措施处理,这不仅能给同学们提供更好的学习和生活环境,而且也促进了学校的发展。

第二,在会上了解了同学们的学习生活情况之后,发现同学们学习进步很快,适应能力很强。希望同学们在适应环境之下,努力学习好自己的专业知识,在学习方式方法上多与老师、同学沟通交流。

第三,同学们要与学校共同进步。在学校教育教学过程中,要团结同学,爱自己、爱学校、爱民族、爱国家,遵守好各项规章制度,努力成为遵守纪律的模范。

---

① 2017 年 5 月 19 日在学校召开新疆籍学生座谈会上的讲话。

第四,要经常与父母沟通,汇报自己在学校的学习生活情况,把学校的情况、广西的情况介绍给父母和亲友,让父母放心。

第五,要积极参与和谐校园建设。和谐校园是学校进步发展的根本保证。和谐校园建设有赖于各民族同学的和睦相处,团结共进。因此,加强民族团结,促进民族和谐,维护国家的统一是每个学生的根本要求。我们每位同学都要做民族团结的模范!做和谐校园建设的典范!

不忘初心，做人类文明的传承者①

2017 年 6 月 28 日

2017 届毕业生党员同志们：

大家早上好！

现在是毕业季，又一批德才兼备的人才从大学走向社会工作岗位。你们是其中的重要组成部分。

在此，学校党委对各位在校期间取得的优异成绩表示由衷的祝贺！

对各位多年来在理想信念方面的进步表示肯定！

对各位四年以来对学校党委工作的支持表示感谢！

衷心地祝愿大家在未来的人生道路上取得优异的成绩！

在这毕业之际，学校党委决定召开一次全体毕业生党员教育会议。这在中国大学教育史上是不多见的。我们这样做算是首创。从党员教育的角度看，这次会议是一次集体党课，是一次集体交流心得的会议。党课教育的内容很多，今天我们在这里探讨的是你们未来人生价值的实现问题。在你们未来的人生事业中，你们应该怎样做，才能实现你们的人生理想呢？我们的答案就是不忘初心，做人类文明的传承者。在传承文明的过程中，实现自己的人生价值。

首先，要坚定自己的理想信念，不忘初心，践行共产主义。

俗话说：不忘初心，方得始终。习近平总书记在纪念中国共产党成立 95 周年大会上的讲话中，提出：要不忘初心，继续前进。不忘初心，正是中国共产党历史发展的总结，是中国共产党成功的经验总结。中国共产党的初心是什么？就是要实现共产主义。作为共产党员，就要忠实地践行共产主义理论和实践。理想信念犹如身体的钙质，缺乏钙质身体就会发育不良。人生历程中，缺乏理想，就会失去方向，失去生活的方向标。我们从小就在党的阳光雨露下成长，我们从小就树立了共产主义理想。共产主义是马克思根据人类社会发展的客观规律得出的科学

---

① 2017 年 6 月 28 日在 2017 届毕业生党员教育会议上的讲话。

结论,是人类发展的客观规律。我们所做的,就是在践行共产主义事业,就是传承人类文明的事业。通过这个事业,展现自己的人生价值。我们会遇到困难,但是我们共产主义理想的初心不改、继续前进。我们传承人类文明的使命不改,奋发向上。

为此,一方面,我们要坚定政治方向和立场。毛泽东同志指出:没有正确的政治观点,就等于没有灵魂。坚持马克思列宁主义、毛泽东思想和中国特色社会主义理论,认真贯彻执行习近平同志系列重要讲话精神,这就是我们的政治观点,这就是我们的政治立场。这是不能动摇的。作为党员同志,要起模范带头作用。历史发展表明,没有坚定的政治立场是成就不了事业的,成就不了自己美好人生的。我们要做一名理想信念的坚定者,坚定自己的理想信念,坚定自己的政治立场。我们要引导那些意志薄弱者。对那些篡改历史、抹黑和丑化党的历史、丑化英雄人物的行为都要坚决给予批判!

另一方面,我们要认真学习马列主义、毛泽东思想和中国特色社会主义理论,学习习近平同志系列重要讲话精神,提高自己的理论水平,提高分辨是非的能力。有满腔热忱是可贵的,但这还不够,我们必须要有理论水平和理论素养才行。理论水平的提高和理论素质的提升是我们站稳立场、增加底气的基础,是我们看家的本领之一。对于社会上的错误观点,如果我们没有理论水平或者理论水平不高,我们就批判不了它。我们理论水平不高、理论素养低,我们就不能做到"释疑解惑",我们就引导不好群众,开展不好工作。作为党员的我们,要通过厚实理论基础,提高分辨是非的能力,不能人云亦云、没有方向。

再一方面,我们要学习中国共产党的历史,学习中华民族的发展历史,从历史的发展进程中吸取智慧,增强我们的力量。历史是过去的现实。回过头看历史,历史就会给我们提供昨天事业发展的经验和教训,给我们无穷的启迪。没有历史知识是走不远的。真正的共产党员是重视历史的,珍视历史经验的。我们今天树立共产主义事业的初心就是从历史发展中得出的正确结论和指向。为此,我们要倍加珍视。

其次,要不忘初心,践行"留住中国魂,做好国际人"的校训。

我们是广外学子,来广外学习,我们就有一个共同的大学初心,那就是要切实践行"留住中国魂,做好国际人"的校训。

这个校训正是广外人践行共产主义的生动体现。

我们是广外学子。四年来,广外给予我们的很多很多,往后我们也会从广外发展中吸取更多的力量。作为广外学子,做好了广外人,就是做好一个中国人的真实体现。

我们应该怎么才能做好一个广外人呢？我想,对于毕业的学子来说,践行广外校训是我们做好广外人的最佳选择。怎样才算践行好校训呢？

6月26日早上,负责本次毕业典礼的同志告诉我,毕业典礼会场如果有一副对联就更好了。他们希望我来题写。我说试一试。我想:这一副对联要做得好,必须饱含两个要素,一个是学校的校训,另一个是凝练好学生和学校的特色。校训是早就有了的,现在的问题是如何凝练学生和学校的特色问题,并把它与校训有机结合起来。我花了两个小时。最后凝练出这副对联。

上联是:证书升级,服帽换新,留住中国魂;

下联是:言语流利,行为文明,做好国际人。

怎么理解这副对联？校训自然是大家知道的。关键是每一联的前八个字以及把它和校训结合起来。

证书升级。你们从小到现在,经历了幼儿园、小学、中学和大学几个阶段,有了各时段的毕业证书。即幼儿园证书、小学毕业证书、初中毕业证书、高中毕业证书和现在的大学毕业证书。往后可能还有硕士证书和博士证书等。当然,其他证书就更多了,这里专说学历证书。证书代表什么？代表着能力的提升。每一级的证书都比前面的证书饱含新的知识和能力。证书升级了,服装、帽子就自然换了新装,与以前的不一样了。与证书相对应,就有幼儿园服装、小学服装、中学服装和大学服装,以及将来的硕士服装和博士服装等等。这里的“服”通“福”,能力提高了,福气也随着增加了。作为广外的学生,就要把根留住,不论在哪里,要留住中国魂。我们的血脉流淌的是中华民族的血液。党在我心中,祖国在我心中,学校在我心中,乡村在我心中,父母在我心中。我要做一名合格的共产党员,为国家的繁荣发展做贡献,为学校的发展做贡献,为家乡的发展做贡献,报答父母对我的养育之恩!

这是上联。下面看下联。

言语流利。我们是外国语大学,我们是走国际化道路的。我们外语的优势是明显的。如果还不明显的话,我们就要加倍努力,让它成为我们的真正优势和特色。我们要求无论是外文还是中文,都要达到流利的水平,就是“双流利”。这样便于交流,便于我们事业尤其国际化事业的发展。我们的行为不只是代表我们自己,从某种意义上说,也是代表父母、代表广外、代表国家。我们的行为要文明,要符合社会规范、切合行业要求、贴近现实生活、契合民族传统。这样才能在国际交往中,彰显我们优雅的行为,增强我们行为的吸引力。只有这样,才能做好一个真正的国际人。

“证书升级,服帽换新”意味着我们学无止境,我们不能骄傲,不能停步,我们要健步前行。“言语流利,行为文明”意味着我们要拓宽视野,立德修身,这样就能够做好一个国际人。

所以,践行校训是我们每一位广外学子的情怀,是我们的最爱!

最后,要崇尚文明,做一名优秀的文明传承者

我们每一个人,都在享受人类文明给予我们的成果,我们无意中就是人类文明的传承者。只是这种传播文明范围的大小不同而已,传承文明的质量有差别而已。

从传播范围上讲,有国内的传播,有国外的传播;有近距离传播,有远距离传播;有在熟悉人之间的传播,有在不熟悉人之间的传播等。

从传承的质量上讲,有高质量的传承,有中等质量的传承,有一般水平的传承。所谓高质量的传承就是那些对文明行为贡献大的传承。这里主要是有哪些人士?我认为那些或是在文明传承的研究方面质量高的先驱,或是那些践行文明行为有鲜明特色、有大贡献的传承者,或者兼而有之的贡献者。远的如我国古代的周公、孔子、孟子等;西方的苏格拉底、柏拉图、亚里士多德等。近的如马克思、恩格斯、列宁、毛泽东、周恩来等共产党人。

什么样的文明能够得到大家的认可,得到传承呢?人类文明的传承很大程度上是行为文明的传承,我们的行为文明了,文明才能传承下来。人类的文明行为引领人类历史发展的。那些粗鲁的、野蛮的、肮脏的举止,是得不到人类认可的,是不能引领社会潮流的。人类文明史上,曾经也有过很多种文明,但是它们都失传了,唯独中华文明流传下来。中华文明 5000 多年,兴盛不断,就是只有行为文明才能得到传承的真实写照。

当然,文明要传承下去,这是文明发展的需要,是社会发展的需要。谁去传承?人人都有责任!我们广外人更有责任!因为我们是中外结合程度比较高的大学。别的不说,就是从范围上讲,我们传播文明的范围宽广,涉及国内国外。在国内,我们是中华文明的受益者,因此,传承中华文明是我们的义务和责任,我们要为中华文明的传承和创新做出贡献。在国外,传播中华文明是我们的天然职责,在传播中学习其他民族的优秀文化,借以丰富中华文明的内涵。传承文明、创新文明既是一种义务,更是一种责任。

文明的内容要不断发展和不断创新,那才是真正的传承。因此,我们要学习文明,研究文明,践行文明;学习礼仪,研究礼仪,遵守礼仪。这一点上,青年人是最有朝气的。

毛泽东同志指出:“你们青年人朝气蓬勃,正在兴旺时期,好像早上八九点钟的太阳,希望寄托在你们身上。”青年是学习知识和传播知识,学习文明和传播文

明的重要力量。正如习近平总书记说的那样:“青年处于人生积累阶段,需要像海绵汲水一样汲取知识。广大青年抓学习,既要惜时如金、孜孜不倦,下一番心无旁骛、静谧自怡的功夫,又要突出主干、择其精要,努力做到又博又专、愈博愈专。”

我们要像毛泽东同志所指出的那样,展现我们青年八九点钟的太阳朝气!

我们要像习近平总书记所讲的那样,努力学习知识,学习文明,提高我们的素质和素养,为传承文明做出贡献!

我们正在进行中华民族复兴的伟大事业,正在致力于实现两个一百年的目标。中国特色社会主义和社会主义核心价值观是我们这个时代中国魂最本质的特色。认真学习中国特色社会主义理论,努力践行社会主义核心价值观是做好传播、传承、创新中华文明的核心要义。作为文明的传承者,要努力学习中国特色社会主义理论,要切实践行社会主义核心价值观。

只有这样,在传播文明、传承文明中,你们才能真正做到不辱使命、奋力前行,在传承文明的过程中成为引领风骚的风流人物!

这是学校党委对你们的期待,更是你们的奋斗目标!

勤学实做，提高“两学一做”学习教育效果[①]

2017 年 6 月 30 日

各位党员同志以及 21 期党校全体学员：

大家下午好！

今天，我们在这里隆重集会，纪念中国共产党成立 96 周年！中国共产党的 96 年，是为国为民、奋发有为、迎难而上的 96 年！是取得辉煌成就的 96 年！在此，我提议，我们以热烈的掌声对伟大的中国共产党表示敬意！祝愿中国共产党发展壮大！

在建党 96 周年之际，我们应该以什么样的方式表达党对我们的关怀，以什么样的态度表达我们对党的忠诚呢？我认为，我们要以切实的态度响应党组织的号召，积极开展“两学一做”学习教育，从提升理论素养和规范自己行为两方面保持共产党员的先进性。以理论素养的提升和理论水平的提高为坚定理想信念打下基础；以立场坚定、行为模范践行共产主义实践，“不忘初心，继续前进”，这样，我们就从理论和行动上践行共产主义，实现自己的人生理想。

怎样才能促进自己的“两学一做”学习教育的学习效果呢？下面，我就从“学”和“做”两方面谈谈体会。

先从“学”的方面谈起。

按照“两学一做”学习教育的经验和要求，要把“两学一做”学习教育做好，基础在学。“学”的方面就是要认真学。就是要真“学”，要学“真”，要学“精”。

“认真学”包含学习内容和学习方法。这两方面做好了，那就是真学。

第一，关于学习内容。

“学”的内容有哪些？按照中央的精神和“两学一做”学习教育实践要求，“学”主要是学习党章党规、学习习近平总书记系列重要讲话精神。结合我们广外的实际，我想，我们的学习内容包含以下内容，一是，学习党章党规。党章党规内

① 2017 年 6 月 30 日在“两学一做”学习教育常态化会议暨 21 期党校毕业仪式上的讲话。

容很多，我们工作很多，时间有限，我们要从中选出一些现实迫切需要加以掌握的部分，就能够达到基本的要求了。主要是哪些？是《中国共产党章程》《中国共产党廉洁自律条例》《中国共产党问责条例》《中国共产党监督条例》《关于新形势下党内政治生活的若干准则》《中国共产党纪律处分条例》等。

二是，学习习近平总书记系列重要讲话精神。党的十八大以来，以习近平同志为核心的党中央，励精图治、奋发向上，在治党治国治军等方面做出了重大贡献，形成了一系列的新理念新观点新战略，是当代中国的马克思主义。中央宣传部 2014 年就编著出版了《习近平总书记系列重要讲话读本》，供全党学习。2016 年，在 2014 年版的基础上，又编辑出版了《习近平总书记系列重要讲话读本(2016 版)》。这一本，较 2014 年版，内容更加丰富，体系更加完善，论证更加深刻，是我们学习习近平总书记系列重要讲话的主要内容。

三是，学习马克思主义经典文献和中国特色社会主义理论。习近平同志系列重要讲话精神与马列主义、毛泽东思想、中国特色社会主义理论是一脉相承的，在认真学习习近平总书记系列重要讲话精神的基础上，结合学习马列主义、毛泽东思想和中国特色社会主义理论，从经典上下功夫，这样就能够使我们更准确地掌握习近平同志理论思想的来源和精髓，学习效果更加牢固。

四是，学习中国共产党的历史，学习中华民族五千年文明史，从历史中吸取智慧和力量。历史就是昨天的现实，今天的现实就是明天的历史。历史记录既记载昨天的辉煌与成就，也记载这成功背后所经历的曲折、经验和教训，从中启迪人们少走弯路，减少损失。中国共产党带领中国人民奋战 96 年，经历了革命、建设、改革三个主要时期。这 96 年是中国共产党带领全国各族人民致力于中华民族复兴大业的 96 年，是一个不断发展、壮大和取得辉煌成就的 96 年。同时，也要看到，这其中的每一时期，都不是一帆风顺走过来的。我们共产党人就是在总结历史经验中成就伟大事业的，在吸取教训中走向辉煌的！所以，我们共产党人最讲究学历史，这从毛泽东同志和习近平同志的阅历中都能得到启示。学习历史，不仅要学习中国共产党历史，还要学习中华人民共和国历史，学习中华民族五千年的文明史，学习世界历史。这样，我们的历史知识就更加丰富，我们从中得到的启示与智慧就无限。

五是，学习人文经典。大学是进行学科建设的地方，是研究学科发展规律的地方。学科的种类很多，每一位教师都有自己的学科背景和学科要求。我们在座的各位教师共产党员和积极分子，都在研究和学习自己学科专业，这很好。同时，我们要研究学习经典。经典是通向智慧的桥梁。这一点，高校党组织比其他党组织可能更优势。经典就是经久不衰的学术著作，里面记载的就是各学科的基础理论、学科智慧和人类经验总结，常读常新。马克思主义理论就是在充分吸取人类文明成果基础形成和发展的，各门学科经典著作与马克思主义经典文献在许多方面是相通的。共产党人是人类文明最大的传承者，这种传承不是单方面的传承，而是多学科、多智慧、多行为的文明传承，这就要求我们要从多学科中发现智慧，所以，我们共产党人学习人文经典、掌握人类智慧、丰富自己理论基础是天经地义的。

第二，关于谈学习方法。

唐太宗说：取法乎上，仅得为中，取法乎中，故为其下。它说明学习方法的重要性。学习方法科学，就会达到事半功倍的效果；学习方法不科学，就会事倍功半的效果。

首先，要研读相关著作。一是学原文。原文就是原始稿件。熟读原来文稿，可以熟解文稿的本来思想，这是其他材料比不上的。读原著，正如恩格斯在谈到如何读《资本论》时曾经指出的："对于那些希望真正理解它的人来说，最重要的却正好是原著本身。"因此，一定得花时间认真阅读原著。只有在原原本本地阅读研究原著的过程中，才能领会经典著作中的理论逻辑和深刻内涵，真正感受原著的思想魅力和艺术魅力。二是要学习辅导文献。原稿中的思想深邃，有时我们难以准确把握，这时辅导材料能够帮助我们解决这些问题，这是辅导材料的作用。现在，学校党委经常购进许多辅导材料，并及时发给大家，就是要帮助大家提高学习效果的举措。这些辅导材料是中央职能部门如中宣部、中组部、中央党校、社科院、教育部等组织全国名家编写的权威性的材料，是对相关文稿权威性的解读。我们要时常抽时间学习、巩固和提高。三是读一些理论文章。现在是网络社会，网络是联系人们最便捷的途径，现在离我们最遥远的不是空间距离，而是没有网络。有了网络，再遥远的距离也变得极为亲近。网络弥合人们空间的距离，使得人们的联系更加紧密、更加便捷、更加充实。网络上的优秀理论文章不断，尤其是一些大学者的文稿，经常会在网上发表。他们理论文稿是他们学习马列主义、毛泽东思想和中国特色社会主义理论的成果，这些成果是通俗易懂的，学习这些文章，对于我们理解和掌握原文起着重要作用。

其次，精思考。所谓精思考，就是带着问题学习，带着问题阅读，边读边思，边读边想。宋代学者朱熹强调，通过精思"使其意皆若出于吾心，然后可以有得尔"。思考可以使得理论深入心扉。孔子说：学而不思则罔，思而不学则殆。告诫我们只有把学习和思考结合起来，才能学到切实有用的知识，否则就会收效甚微。一味读书而不思考，就会因为不能深刻理解书本的意义而不能合理有效利用书本的知识，甚至会陷入迷茫。如果一味空想而不去进行实实在在的学习和钻研，则终究是沙上建塔,一无所得。我们在学习时,肯定会遇到问题;我们在工作中,肯定会遇到问题,我们要把这些问题带到理论学习中,通过理论学习找到解决这些问题的思路、解决自身理论水平的提升问题、解决理论在头脑中的疑惑。

再次,写心得,交流心得体会。"写心得,交流心得"不仅是作为入党积极分子阶段加强教育的事情,更是共产党员学习教育的经常手段。要在"三会一课"中交流学习心得,取长补短,提高明辨是非的能力。我们不能光是闷头学,要学会交流、善于交流。勤于动手写心得,就会增强学习效果。要像古人那样,做到"四到"。即心到、眼到、口到、手到。纵观大师们,基本上都是勤于撰写读书笔记。随读随写是读书的好方法,也是阅读"两学"的良好方法。胡鞍钢教授的体会是:天天写,只有天天写,才能月月写(出东西来),月月写,才能年年写(出东西来)。把阅读和写作当成是一种特殊的生活方式、生活风格。"写心得,交流心得"要与自己的学科专业结合起来,呈现自己学习的特点,这样更能够提高学习效果,提高党组织的影响力、向心力和战斗力。

最后,要听报告和学术讲座。学校党委经常组织一些时事报告会和学术讲座,这些都是为提高学习效果做准备的。时事报告会和学术讲座都是专家们学习中央精神的交流会、汇报会,听报告、听讲座可以给我们许多最新的知识信息,拓宽我们的思路。每一位党员同志都要抽时间认真听报告。

现在谈"如何做"的问题。

"做"是"两学一做"的关键环节,"做"就是做合格共产党员。从"做"的方面来看,就是要做到:"学"与"做"相统一、"知"与"行"合一、理论与实践相结合。

"做"就是指党员的行为。要实现我们的行为达到"合格共产党员"的标准,必须分清"做"的范围(或者领域)和怎样践行先进性。

第一,"做"的范围或者领域。

所谓范围或者领域,主要是指行为从哪些方面表现出来?我想,主要是表现在我们的工作岗位上,表现在日常的工作中,表现在日常的生活细节中。共产党员的模范行为就是要表现在这些领域、环节。共产党员不是生活在真空中,他是生活在人民当中,既是普通人民中的一员,又是其中起着模范带头作用的一员。他的一言一行不仅代表他自己,也代表着党员的形象,代表着他所在党组织的形象。所以,共产党员这个好名声要靠全体共产党员来表现。我们要把那些奋发向上、信念坚定、爱党爱国的先进分子吸收到党组织中来,及时为党组织增加新的血液。同时,我们又要不断地加强对党员的教育,保持先进性,使党组织永远走在历史潮流的前列,引领潮流的发展。

第二,怎样践行和保持共产党员的先进性?

也就是说怎样才能规范我们党员保持先进性?从我们学校的实际来看,应该从下列几个方面着手,保证“做”的实效。

一是,要严格按照岗位规章、按照行业规章、按照法律的要求和规范、社会生活习惯和社会道德准则安排我们的工作。一个岗位有一个岗位的要求和规范,一个行业有一个行业的规章与准则。我们生活在社会中,国家的法律法规、社会的生活准则、社会生活习俗和道德规范都对我们提出要求。不仅如此,我们是党员,党章党规党纪对党员提出更高的要求。党员的先进性就是党员要按照先进性的要求做好岗位工作、行业工作、日常工作和日常生活,为党组织的先进性做出贡献。

这方面我们是否做得很好了?大多数是好的,在关键时候,我们广外的共产党员是好样的,是敢于担当的。但是少数教师党员可能没有做好,少数学生党员也没有起到表率作用。就拿我们的上班打卡制度来说吧。打卡不是目的,打卡是规范上班的纪律手段。近期发现有极个别同志有打卡,但是不见在岗位上工作;或者是在这里打卡,到别的“岗位”上班;或者是根本不上班。这真是学校发展史上闻所未闻的。一两天也就罢了,但个别同志长期是这样。这里说明什么问题?一方面是我们严格执纪方面存在着疏忽,另一方面是我们的党员对纪律没有敬畏之心,对岗位没有责任之心,已经没有任何先进性可言!这是破坏纪律的表现,这是不作为的表现,这是懈怠的表现。对于这些违纪行为,党员自己要深刻反省,行政机关要严格行政法规严肃进行处理,党组织要严格党纪党规开展批评教育。

学生方面也有相关表现。在本学期的几次检查中,有个别学生上课不到课堂,到课堂不听课,课堂玩手机、课堂玩游戏等在少数同学中都有表现。有极个别的同学不按照学校纪律要求住宿,擅自外宿,一有问题出现,不是找学校妥善解决,而是或者隐瞒事实、歪曲事实,诉诸新闻媒体来炒作,或者把问题推给学校,问责学校,根本不从自己身上找原因。这的确值得深思!

二是,要树立看齐意识,见贤思齐。全党同志要向以习近平同志为核心的党中央看齐,这是党组织的纪律所在,是党组织兴旺发达的关键所在。在学校,每一年我们都要评选和表彰相关优秀人员,这些人员有很多优秀感人的事迹值得我们学习和借鉴的。我们也通过表彰活动,树立先进典型,学校的发展与优秀典型的树立、典型的模范行为有重大关系的。我们不是为了典型而树立典型的,先进典型的树立是要引领学校各方面发展的。大家都向先进看齐,让比、学、赶、帮成为一种时尚,那样的话,学校就会形成一种氛围、一种力量。先进典型不是一劳永逸的。今天先进只是意味着昨天以来我们的表现达到先进,今天的先进并不意味着明天先进。搞得不好,明天就会落后。现实生活中,一些原先的先进分子走向犯罪道路,这是很痛心的。它表明:一个人如果不注意改造自己,没有见贤思齐的胸怀和心态,自以为是,那是很难做到先进并保持先进的,有的甚至会走向犯罪道路。当我们被评为先进的时候,我们应该思考的是下一步怎样才能把工作做得更好,怎样才能使得自己的道德修养得到提升,怎样在日常生活中帮助那些急需帮助的同志。当先进的荣耀向我们走来的时候,如果我们得意忘形,那就是我们走下坡路的开始。这是必须记住在心的。

三是,要反省自己。入党宣誓是发展党员不可或缺的环节。我们面向党旗宣誓就是面向共产主义事业宣誓。不能把宣誓仅看成一种仪式。宣誓是一种信仰的表现,是一种执着的追求,是一种严肃的党性教育。我们要深刻反思我们在入党誓言方面做得怎样了?我们的工作做得怎样,是否符合岗位的要求了,是否在向上发展了?我们的行为是否符合社会要求了,我们的道德水准是否符合社会规范了,是否按照合格党员的要求要求自己,进而达到先进的要求了?这些都是我们要时常提醒自己、反省自己的。古人强调每日三省吾身,我们是共产党员,我们有远大的理想,坚定的信念,我们有批评和自我批评的优良传统,我们更应该反省自己。反省什么?反省自己的信仰,反省自己的工作、反省自己的道德、反省自己的日常行为、反省自己的纪律表现、反省自己的为人处世是否符合规范、是否达到模范水准、是否符合党员先进性的要求等。

四是,要加强监督工作。纪委是党内负责监督执纪的机构,但是,单靠纪委一个部门是难以完成整个监督工作。监督工作的全覆盖还需各部门、各岗位的同志们紧密配合才能完成。每一个人都要接受监督,每一个人都有监督同事工作的责任。这样,我们的监督工作才能取得真正的实效。我们是在接受监督工作中成长的,我们也是在监督同事中完善自身的。不接受监督那就意味着我们逐渐脱离正常的人生轨道。对同事存在的问题不闻不问,那是对同事不负责任的表现,是对组织不负责任的表现,最终也是对自己不负责的表现。我们在接受别人监督的同时,警醒自己、检查自己;在监督别人的同时,鞭策自己。因此,学校各部门、各岗位的同志,都要相互监督。书记监督委员,委员监督书记;正职监督副职,副职监督正职;领导监督干部,干部监督领导;管理岗位监督教师岗位,教师岗位监督管理岗位。党员之间、同事之间、岗位之间、部门之间都要相互监督。

五是,坚决制止不法行为,坚决批判那些不良行为。在学校,不法行为包括违纪行为、违法行为。作为在岗位工作的同志来说,主要是严格执纪问题。对于违纪行为,我们要坚决给以批评教育。今后,我们要严格执纪,规范行为。要让纪律说话,让纪律成为真正的高压线。对于违法行为,我们要协助执法部门,坚决给予制止。

总之，我们要把“做”的工作做“实”、做“真”、做“细”，要“常”做，要做“长”，把二者紧密结合起来，真正实现常态化，在常态化过程中显示真功夫！

我们确信，只要我们精诚团结，互相监督，大家一定会在“两学一做”学习教育这个学习的实践中共同成长！

不忘初心，奋力前行①

2017 年 7 月 13 日

各位党员同志：大家下午好。

利用春节、“七一”慰问家庭经济困难学生党员，是上级党委对在校大学生党员的关怀举措。通过召开座谈会，与同学们互相讨论、互相谈心，听取意见和建议，了解大家的基本要求，帮助解决遇到的困难，对促进信息反馈，加强思想政治教育工作起到了积极的推动作用。

今天召开座谈会，就是要听取大家在学习生活中遇到的困难，详细了解同学们参加党组织活动的情况，以及在发挥党员先锋模范作用方面的表现。我希望在轻松、开放的氛围中，能够听到大家的真实情况，对于存在的问题，我们将尽力回答，能够解决的就马上解决。

听了大家的发言，感到同学们在校学习态度认真、端正，这是一次很好的交流会议。围绕着今天的会议的感受，我讲几点有关党员发展教育的意见。

一是要开好每一次会议。发展党员离不开要开很多会议，比如推优会议，支部学习会议，支部党员发展大会等。开会是一种教育活动，也是一种学习活动。大家要积极参加支部组织的会议，并能在会上勇于发言，就要像今天这样，畅所欲言，认真表达思想，善于从中提取有用的信息。

二是严要求、做表率。严要求、做表率是党员的内在规定。党员同志入党后要更加严格规范自己，在学习生活各方面做向上的表率。从学生时代树立向上的志气，不泄气，是党员的基本要求。

三是要在发展党员的实践中，提升素质。发展党员是学校党组织的重要工作。学生党员靠谁去发展呢？当然就是靠学院党组织带领学生党员进行发展。这里面涉及很多工作。要把这些工作做好，就得熟悉党员发展程序，了解发展党员的步骤。作为预备党员来说，要认真总结自身进步过程中的工作环节和进步程

① 2017 年 7 月 13 日在与家庭经济困难学生党员座谈会上的讲话。

序,以便为下一步去发展党员奠定基础。作为党员,要在参与发展党员工作中增长见识,增长才干,提升实践能力。

四是要不忘初心,奋力前行。党员自身要保持奋发向上的精神,要树立为民族振兴做贡献的情怀,要练就为民族振兴做贡献的能力,要努力践行为民族振兴做贡献的行为。始终做到坚定理想信念不动摇,保持奋发向上的志气不改变。

五是要积极规范地表达自己的意见。在学校的学习生活过程中,遇到问题是正常的,反映意见是正常的。要使得自己关心的事情得到合理的解决,表达意见的方式方法就显得非常重要。大家要利用正常渠道表达意见,发现问题要及时向老师及相关部门反映,切勿在网上散发不成熟的意见,这是党员的基本纪律要求。

六是积极参加学院、学校的党员活动,在党的关怀下健康成长。

青春喜迎十九大，不忘初心跟党走①

2017 年 7 月 26 日

同学们：大家下午好！

大学生“三下乡”社会实践活动是高校大学生服务社会的一项重要内容。多年以来，学校的“三下乡”社会实践活动成果显著，在社会上引起了强烈的反响。学校党委对历年来负责“三下乡”社会实践活动的教师们表示敬意！向积极参加“三下乡”社会实践活动的同学们表示感谢！

每一期的“三下乡”社会实践活动的时间不长，但是“三下乡”社会实践活动意义深远。

一是，服务了社会。“三下乡”社会实践活动是大学生服务社会的有效形式。通过文化、科技、卫生（我们学校主要是文化和科技）的服务活动，使得大学生将自己内在的文化技术技能提供给社会大众，解决社会大众遇到的问题。

二是，进一步了解社会。对社会的了解有多种形式，“三下乡”社会实践活动是以集体的方式参与社会实践，了解社会，加深我们对社会的了解和认识。

三是，宣传党的路线、方针和政策。在“三下乡”社会实践活动中，我们是将我们对党的路线、方针、政策的学习效果运用到社会实践当中去，这也就把党组织的关怀带到社会中去，服务大众，这就是宣传党的路线方针政策的过程。

四是，宣传广外精神。我们进行“三下乡”社会实践活动，不是我们个人行为，而是代表学校进行“三下乡”社会实践活动的。我们的言行都不只是代表我们自己，而是代表广外。因此，我们的“三下乡”社会实践活动的过程，就是讲好广外故事的过程。为此，我们要宣传好“留住中国魂，做好国际人”的学校校训，体现广外的大爱精神。

中国现代化的发展，中国梦的实现有赖于青年一代责任担当。青年一代要真正担当起民族复兴的伟大事业，必须要有“担当的情怀、担当的能力和担当的行

---

① 2017 年 7 月 26 日在广外举行 2017 年大学生暑期三下乡启动仪式上的讲话。

为”。“担当的情怀”是志向,是初心,有了这种志向和初心,就会促使我们去提高“担当的能力”,有了“担当的能力”还要具体落实到“担当的行为”当中,展示我们的本领,这样民族复兴的伟大事业才能如期实现。“三下乡”社会实践活动就是锻炼“担当的情怀、担当的能力和担当的行为”的具体体现。

今年暑期“三下乡”活动的主题是“青春喜迎十九大,不忘初心跟党走”。你们要按照“三下乡”社会实践活动的要求,按照刚才宣誓①的要求,宣传好广外,讲好广外故事。

在“三下乡”活动,希望大家注意下面几点:一是要记住刚才你们的誓言,认真开展三下乡工作。二是要安全第一,保持沟通,确保本次“三下乡”活动各项工作的顺利开展。三是严守纪律,服从指挥,做到有始有终。四是服从工作安排,脚踏实地做好服务工作。五是要有吃苦耐劳的精神,不怕苦不怕累;六是团结互助,相互学习,共同提高。

最后,真心祝愿今年的“三下乡”社会实践活动一定能够在往年成绩的基础上有新的成就和新的作为,并为明年“三下乡”活动做好铺垫!

---

① 我志愿成为社会实践志愿者。我承诺:秉乘团的优良传统,发扬志愿服务精神,实践中国特色社会主义伟大事业,深入学习习近平总书记系列重要讲话精神,为建设团结友爱、平等互助、共同前进的美好社会贡献智慧和力量!

践行党性教育，推进岗位工作上台阶[①]

2017 年 7 月 26 日

同志们：

大家上午好！

现在是七月下旬了，过两天就放暑假了。在放假之前，学校党委决定，举行党务干部培训班的开班仪式，并进行第一专题的专题学习。通过党务干部培训班这种形式，对我们党务干部进行一些党基本知识、基本理论的培训教育。参加培训的主要是党务工作战线的同志，这里主要有党委部门、纪委部门、学工部门、机关从事党建工作的书记们和团委部门的同志。各个部门尽管工作形式不同，但是，都在从事党团群的建设工作。我们的集中培训形式将主要按照专题的形式进行。每一学期二至三个专题，每一年四至六专题。今天我讲的题目是“践行党性教育，推进岗位工作上台阶”。

为什么讲这个专题？我认为，党性问题是基础问题，但是，又是容易被人们忽视的问题。比如说：什么是党性？党性的内容有哪些？怎样实现党性的要求？等等，这些问题经常提到、听到，但是，大家并不一定深入思考。理论基础不牢固，实践上就不免出一些差错。今天就从什么是党性，党性的内容有哪些，怎样践行党性三个层次来探讨党性问题。

一、什么是党性？

按照词典的定义，所谓党性就是阶级性的最高最集中的表现。大家知道，阶级性的表现有多种，党性强调的是最高最集中的表现，不是一般的表现。所以，党性强调的是本党所代表的阶级的最根本的特性，是实现最高利益的表现形式。

一讲到政党，就会想到世界上的两大类型的政党，即资产阶级政党和无产阶级政党。讲到党性呢？就自然会想到资产阶级政党的党性和无产阶级政党的

① 2017 年 7 月 26 日在学校中层以上领导干部培训班上的讲话。

党性。

什么是资产阶级政党？我们知道，资产阶级是占有生产资料、剥削工人创造剩余价值的阶级。资产阶级政党就是实现和代表资产阶级利益的政党。代表资产阶级利益的政党不止一个，名称也不相同，比如美国有民主党、共和党等，但是，他们的本性是一致的。资产阶级政党的党性是什么？一般不怎么注意这样的问题。但是，这并不是不存在。资产阶级的党性是资产阶级的最高利益的最集中的表现。具体内容是什么？通过占有资本，以剥削的方式实现整个资本集团利润的最大化。私人资本在不同时期的表现形式不完全相同，早期表现为竞争性、残酷性，后逐渐发展为垄断性、腐朽性、寄生性等。这在列宁的《帝国主义是资本主义的最高阶段》中做出了详细的分析。资产阶级也从不掌权发展到掌握国家政权，最后发展成世界性的霸权。作为代表资产阶级最高利益的政党的特性也表现出与资本相一致的特性，即资产阶级的党性表现从竞争性、残酷性发展为竞争性、垄断性和欺骗性等，以获取资产阶级的最大利益。资产阶级政党标榜自己的全民的政党，代表全民的利益，那是混淆视听的。他们强调的所谓自由、平等、博爱等，那只不过是资产阶级层面上的平等、自由和博爱而已，是他的内在本质。没有资本，所谓平等、自由、博爱等都是不能够实现的。当然，由于政权具有公共性的一面，为了维护自己的统治，政党尤其是掌握权力的政党会在政策法规方面，在不危害资产阶级统治的情况下，实行一些改进，使得他统治下的国民在自由、平等方面有一定的改善，体现他们所谓的博爱。但是，这不是他们的本质或者叫出发点。这些方面的改进与工人们的巨大努力是分不开的。可以说，这是工人们齐心努力的结果。

什么是无产阶级？就是不以个人名誉占有生产资料的阶级。开始的时候是整个阶级没有生产资料，后来通过无产阶级革命占有生产资料，但不是以个人名誉占有，而是以整个阶级以社会名誉占有生产资料。

无产阶级的政党也有多个，名称不一定相同。各国的工党、劳动党、社会党和共产党等。其中，以共产党为最具代表性。无产阶级政党的党性是什么？我们将在下一个问题中进行分析。

现在，一讲到资本，就会想到两部分，即私人资本和国有资本。这两种资本在不同国家的占有程度是不一样的。西方国家的私人资本和国有资本中，私人资本比例大，国有资本比例较小的。所以，经常表现为公共设施改进较慢，个人资本膨胀很快。因此，就可以凭借资本力量掌握国家政权，保护自己的利益。

社会主义国家国有资本占比重较大。尽管部分地区个人资本增长较快，但是这些资本是分散在不同的个人手里，它与国有资本这个整体是不能相比的。国有资本掌握着国民经济命脉的核心命脉部门,引导着私人资本的发展,尤其是国家政权掌握在劳动者手中,私人资本是社会主义经济的补充部分,为社会主义服务的。一旦出现私人资本危害国家政权稳定、危害国家安全的情况,国家政权机会干预,甚至给予取缔的。

讲到资本,必定会想到劳资关系。劳资关系是一对矛盾,这一对矛盾如何解决是影响到国家发展的。资本的早期,劳资关系主要表现为国内范围的劳资关系。随着资本的扩张,劳资关系从国内转移到国外,形成世界性的劳资关系。作为一国的资产阶级,其着眼点在于维护国内统治。在世界获取的剩余价值利益基础上,拿出少量剩余价值用于改善国内的生活状况,这有利于阶级的统治。人口数量较少的福利性国家表现非常突出,它可以通过很少的剩余价值福利到社会的很多方面。

国有资本的输出在不同国家的表现是不完全一样的。西方的国有资本输出除了赚取剩余价值之外,带有明显的严重的附加条件,表现出极强的干预性、侵略性和功利性。社会主义国家的国有资本找市场,没有附加条件,在某些情况下,带有帮扶性质,这是共产主义事业的国际性所决定的。

二、无产阶级政党的党性是什么?

讲党性,一般是讲无产阶级政党的党性。因为无产阶级的历史使命是实现人类的解放和发展这一崇高的历史使命的,没有坚定的党性是完不成这一任务的。

无产阶级政党的党性是什么?《中国共产党章程》规定:中国共产党是中国工人阶级的先锋队,同时是中国人民和中华民族的先锋队,是中国特色社会主义的领导核心,代表中国先进生产力的发展要求,代表中国先进文化的前进方向,代表中国最广大人民的根本利益。

从党章的规定可以看出中国共产党的党性表现在三个方面:

(一)先进性。先锋队组织,就是强调先进性。先进性才能当共产党员。我们的先进性体现在哪里?在两个方面,即生产力、先进文化上。这是从整个党来说的。作为党员,就要按照先进性的要求来鞭策自己、鼓舞自己、衡量自己。落后分子当然不能当共产党员。当然,落后者,可以通过教育变成先进分子,就可以成为共产党员。所以,在党员发展中,我们要帮助那些要求进步的同志朝前迈步。条件成熟了就发展成为党的新血液。先进者,稍有不注意,就会退步,变成落后分子,最终脱离党组织。所以,先进性不是天生的,不是一劳永逸的。要不断地接受教育,不断增添新内容,才能保持先进。

(二)人民性。我们党是代表人民利益的。党本身没有自己特殊的利益。党以实现人民利益为最大的追求。人民的最大追求是什么？就是实现人类解放，实现共产主义社会制度。我们的目标是美好的，我们的目标是科学的，我们的最终目标是远大的，但是，它也存在人们的现实生活中，是人们生活中的一部分，是看得见、摸得着的。比如说人类解放运动的工人运动不就是存在现实中吗？社会主义制度不就是共产主义的最初表现形式吗？作为党员，我们就要代表好自己所代表的群众利益。不能以权谋私。谁在这方面想歪了，就会丧失党员的资格。这里边，不管职位高低，谋私利都会被人们唾弃。一些领导干部尤其是高级领导干部违纪违规，最终被绳之以法，就是由先进蜕化变质的表现。人民性的表现就是党的服务宗旨在党员身上得到体现，就是全心全意为人民服务。我们以实现人民群众的最高利益为准绳。

（三）阶级性。我们是代表工人阶级的，代表劳动者阶级的。中国共产党不代表资产阶级，这是不能含糊的。劳动可以创造财富，劳动者通过劳动创造财富。在创造财富过程中，他就活生生地表现出他的先进性了。他比起那些不劳而获的资本占有者要先进得多。因为资本本身不能创造财富，资本是通过工人的劳动才能实现增值。劳动在这里表现为劳动者劳动活力的部分，资本是劳动者劳动过程用于实现目标利益的目标要素。资产阶级也掌握资本，无产阶级也掌握资本，两者有什么不同？资产阶级掌握的国有资本是资产阶级的国有资本，为资产阶级统治服务的。无产阶级的国有资本是为工人阶级、为劳动者谋福利的，是为社会主义服务的。中国共产党的阶级性是党的性质内在规定。我们的政策等要实实在在地体现党的阶级性。

三、岗位工作中，要切实践行党性

所谓践行党性，就是我们的岗位工作要实现党的先进性、宗旨性和阶级性。我们党的工作有很多种，下面，就以党员发展来阐述践行党性问题。

党员发展的目标就是要通过党组织的关怀，在党的阳光雨露下，让接受教育的成员了解党的先进性、宗旨性和阶级性，并愿意践行党性，这样，他就能从一般的成员成长为先进分子、先进分子成长为党的成员，那样，党的先进性、服务宗旨性和阶级性就能活生生地体现出来。党组织增添新鲜血液，党的凝聚力和战斗力就会倍增，学校的各项事业就能蓬勃发展。

第一，坚持制度规范。制度规范行为。制度是用来执行的，不是用来摆设的。如果一项制度是用来摆设的，那还不如不要制度。所谓执行，就是我们的行为要以制度为准绳，制度规范我们的行为。现在，我们的很多制度比如党员发展制度是经过多年总结、提炼形成的，我们要严格按照制度的要求严格执行。当然，制度有一个逐渐完善的过程。但是不能借口制度不完善就拒绝执行制度,已经形成的制度,要不折不扣地执行。制度就是高压线。制度面前人人平等。通过制度的严格执行,引领接受教育者在党性方面进步、牢靠、践行。要认真学习制度,认真贯彻制度,认真维护制度,使制度的执行不打折,常态化。

第二,注重党员发展的细节。细节决定质量。要慧眼识英才。我们要以显微镜的精细来观察发展对象的各种细节。要在发展党员程序中,注意各种程序中的细节是否完备,在培养、推优、考核、谈话、填表和宣誓等环节是否到位、做实。同时,我们要以前进发展的眼光观察发展对象存在的问题,以此判明这些问题该如何进行改正,做出判断。不管这些发展对象最终能否成为党员,但是,我们确信,经过我们的工作,他们总是在进步,在向前。

第三,加强学习。要坚定党性,首先有赖于我们的对党性的理解、掌握。俗话说:学习提升素质。党性素质的提升与学习非常紧密,因此,要坚定党性,首先要有精深的理论功底。理论素质不精深,就会对党性发展中遇到的相关问题所困惑,容易丧失党性。因此,学习是首要的、必需的。怎么学?首先,要学理论基础,学习经典,学习习近平同志系列重要讲话。经典是先哲经验总结,经典是后人力量的源泉。因此,要向经典学习,向先哲请教。除此以外,我们还要向周围的人学习。其中包含同事、同学、学生等,这是在比较中学习。向实践学习,也就是在过程中学习,在总结中进步。我们也要向自己学习,向自己的昨天学习,在总结反思中学习。达到习近平主席讲的“以学益智,以学修身,以学增才”的境界。

第四,按照程序办事。程序反映秩序。程序是否合法,是否规范,是否到位等等。申请书,党校培训,学习考试(一次学习至少可以补考一次),思想汇报,推优工作,考核发展,支部大会,入党宣誓等。

这里有几个问题要注意:

一是,大四能否发展党员?按照规定,为了减少口袋党员等现象,一般来说,大四最后一个学期是不能发展的。但是,其他时候每一位条件合格的同志都有机会发展成为党员。这里强调的是:不是某时间段发展某一期的学员。

二是,党校学习问题。在学校期间都可以参加党校学习。入学时,没想清楚,大三大四想清楚了,可以参加党校学习。经过学习,获得证书,可以到工作岗位上去发展。大学做了一些学习、进步的铺垫。高中有党校学习的培训证书的,在大学可以直接开展推优等环节。

三是,要正式进行入党宣誓。入党宣誓是必须的,一生要进行多次。入党后集体举办的入党宣誓是必须参加的。往后举办的,就叫作重温入党诗词了。入党了,就要向党旗宣誓,向共产主义事业宣誓,效忠党组织,效忠共产主义事业。这里必须明白，入党宣誓不是向某支部书记宣誓，不是向某书记个人效忠。这是必须讲清楚的。

四是，开展入党前的谈话。这里主要包括个人谈话，适当的时候，可以进行集体谈话。

第五，自觉接受教育。教育关乎成长。积极分子要接受教育，党员更要接受教育。要别人接受教育，教育者要经常接受教育。不教育就要退步。积极分子不接受教育，就不能进步，他的某些方面的影响可能只是影响他个人。党员不接受教育就有可能退步，可能退党，丧失党性，就会影响党组织的形象。

教育要以党性教育为核心。目标指向是保持先进性、人民性、阶级性。这是站位问题。站位问题就是关键问题。站在什么样的立场上，决定着我们的发展的愿景问题。如果我们站在先进性、人民性的立场上，为广大人民谋福利，为共产主义奋斗终生，我们就好像站在高山之上，环视大海，仰望蓝天，我们就站得高，看得远，我们的心胸开阔，我们的力量就是无限的。反之，如果我们一切从自己打算，为少数人打算，着眼于眼前的打算，那么，我们就好像站在山沟里，视角狭窄，眼界短浅，境界短视，那是没有出息的。

教育以道德建设为基础。法律是成文的道德，道德是内在的法律。我们要按法律办事，按照制度办事，这是对的，但是这还不够，我们要遵守社会规范，遵守社会道德约束。道德是内在约束，内在规范。我们除了按照法律、制度和纪律来规范自己之外，我们更应该按照道德规范要求来鞭策自己、检查自己、对照自己、提高自己，做一个真正的共产党员。

广西外国语学院是民办的本科大学，是中国共产党领导下办的大学，是为社会主义服务的大学，是培养社会主义事业建设者和接班人的大学。“留住中国魂，做好国际人”的校训中，首先就强调留住中国魂。中国魂是什么？中国优秀传统文化、社会主义核心价值观和中国共产党的领导是中国魂的核心要素。中国共产党是中国优秀传统文化的真正传承者，党性教育的内容既是成为党员的教育内容，同时也是学校思想政治教育的内容。这是非常肯定的。

总之，我们要在党言党、为党担责、为民服务；在校言校、在校爱校、在校为校。这样，我们的力量是无穷的，我们的魅力是无穷的，我们的前途是不可限量的！

立足岗位责任　强化担当意识①

2017 年 8 月 21 日

各位领导,老师们:

本次机构改革,是根据上级党委对普通高校的机构设置的指示精神,参考相关高校的做法,并结合学校评估工作的实际进行的。这次机构改革调整,包括行政机构改革和人员的编制制定、党委系统的改革和人员编制定,以及相关人员的调整和任命等。刚才宣读了任命文件,一些人员走向新的岗位。这是本次机构改革的重要内容。

下面,我就相关问题,做出说明。

一、关于机构设置问题

根据相关法律和上级党委的指示精神,结合学校发展的实际,学校对学校内设机构进行整合和调整。

1. 调整的原则。总的原则:科学设置管理机构,促进学校教学管理工作高效运行。这次调整比较大的是党委机构,党委机构调整的原则是切实保证党委发挥政治核心作用,推进学校党建工作上水平。

2. 机构建立和完善。党委系统方面,主要是校党委设立党群办公室,简称党办。名称和过去的一样,便于工作的连续性。但是工作职能有些扩大。包含办公室的职能、工会的职能等,专职人员有 3 个。设主人 1 个,专职干事 2 名。党群办公室成立后,原来的组织部、宣传部、统战部、纪委还存在。原来的领导在免职以前,工作职责不放松。学院层面的党组织设立党总支书记和副书记。书记负责党总支的全局工作,重点是教师的思想工作、意识形态工作等。一起与院长搞好学院的行政工作。有些学院是院长、书记一肩挑。有些是分开选人担任。个别学院是书记还兼任副院长。副书记分管学生工作。学院行政层面是设立院长 1 人,副

① 2017 年 8 月 21 日在 2017 年秋季学期中层领导干部会议上的讲话。

院长2名,分管教学和科研工作。撤销原来设置的执行院长一职。

3. 党政关系的理顺。学院的行政工作就是教学、科研和相关的行政事务。党委工作主要是学院的党建工作、群团工作、宣传意识形态工作、思想工作和学生工作。学院最高机构是党政联席会议,由院长与书记共同主持。属于行政事务的,院长主持。属于党委工作的,书记主持。重要事务必须经过党政联席会议决定。党政联席会议原则上是书记和院长都能够出席时,方可开会。正职中缺席一人的情况下,要开联席会议的,正职之间要沟通后,可以委托在家的正职人主持召开。书记、院长都不在家的时候,不能召开联席会议。院长不在岗位时,书记暂时负责担任行政院长的工作。

4. 待遇。待遇分行政待遇、生活待遇两种。当下,在国家行政机关,行政待遇和生活待遇是同步的。但是,在事业单位、企业单位、民办学校表现可能就不一致。比如在公办本科大学,在学院从事党委书记、学院院长的行政待遇是正处级,但是,他们的待遇远超过正处,为什么呢? 因为他们都是博士、教授,按照就高不就低的原则,他们工资待遇大大超出正处了。现在,我校的学院党总支副书记的待遇同步,是中层副职。但是,有些书记的岗位人员,行政待遇没有问题,是中层正职。因为我们从事的工作是在学校的中层学院贯彻党的路线方针政策的,发挥政治核心作用,他们的行政级别与院长是相同的。这是加强民办高校党的建设的必要举措。但是,由于他们资历尚浅,因此,他们的生活待遇是中层副职。我们对外宣传中,我们要讲行政级别,即我们的书记和院长都是相同级别,属于中层正职级别,体现学校党的建设完全符合中央关于加强党的建设的精神。这里的中层处级与其他高校的中层处级的职能一样的。但是,在社会上的含金量不一定相同。公办著名本科大学的处级的含金量高,我们的处级的含金量可能就少一些了。这主要是人家影响大,处级选人范围广,干部配备充足,素质高,一般都是博士、教授,且在几个岗位上锻炼才有机会走向中层正职的。这方面,我们要积极努力才行。这种行政待遇与生活待遇不一致,在党的历史上是后先例的。20世纪六七十年代,一些全国典型的先进分子分别被提拔到党和国家机关岗位、省部级岗位等担任领导职务,行政待遇很高了,但是他们(她们)的生活待遇远远没有达到行政待遇的水准。这里也必须指出,我们工作不是为了级别而级别的,讲级别是为了理顺关系,提高行政效能的。

5. 相关机构的合并。党委中,有些机构人员党员人数较少,就实行几个单位设立一个总支。如设备管理中心的党员人数较少,其组织关系编入信息工程学院党总支,接受信息工程学院党总支的管理。往后,还会对极个别支部进行整合。

二、关于人员调整的原则

1. 岗位需要。按照岗位需求,来配备干部。不是因人设岗。有些单位人员尚未到位的,学校将及时配足人员。

2. 组织调研、考核。岗位人员的聘任,由组织人事部门摸底、调研,然后考核,提交党政联席会议讨论决定。属于行政领导的,报董事会审批。属于党委部门岗位的,由书记与董事会商议确定。最后,由党委组织谈话。

3. 自觉自愿。这次任命是为了学校工作的顺利开展,不愿意担任领导职务的,绝不强求。只有那些自觉自愿的人员,经过组织程序后才下文任职的。

三、以岗位模范为目标,促进单位工作上水平

1. 树立四种意识。服务意识、岗位意识、看齐意识和大局意识。

2. 严守纪律岗位。包括政治纪律、组织纪律、工作纪律。首先是政治纪律。它包括国家政治路线、国家法律法规、教育法规等。

3. 加强班子团结。团结是发展进步的前提。希望各学院、各部门要热情接纳新任命的人员,为他们岗位工作提供帮助。新任职人员要积极融入新岗位上去,和班子的其他成员加强团结,积极工作。班子是分工不分家。

4. 岗位工作与个人成长。岗位就是一个施展才能的平台,大家要珍惜这个平台,争取在岗位上实现自己的人生追求,把个人的发展与岗位工作结合起来。

最后,希望大家以岗位为家,把岗位工作做好,为明年的评估工作做出贡献。

高校去行政化浅论[①]

2017 年 8 月 22 日

民办教育法规定:民办高校党组织发挥政治核心作用。民办高校内部有学校层、学院层和教研室层等。党组织在各层级中发挥政治核心作用,党政两个岗位在政治待遇上是同级的[②],共同履职,办好教育事业。学校各层级党组织书记岗位就是按照中央的精神,在相应岗位上发挥政治作用的。本层级的同志要在本层级的书记带领下,贯彻落实中央的精神。如果书记的级别低于同层级的行政领导,他怎么带领大家贯彻党的路线方针政策呢?政治级别意味着政治立场、政治责任、政治行为和政治担当,是服务于党的教育方针、党的教育工作的。

讲到这里,就涉及一个问题,就是高校去行政化问题。行政化这个词,前些年讲得比较多。它是针对高校和科研单位而言的。高校要去行政化是一时的呼声。大家对高校存在着象政府机关的官僚化表示担忧,因为高校是教书育人、搞科学研究的地方。教书育人还讲什么级别?搞科学研究还讲什么级别?因此主张高校去掉高校党委书记、校长的行政级别,即高校不存在副部级(部分 985 高校)、正厅级(公办本科高校)、副厅级(公办高职高专)等级别。这种主张高校去掉学校的行政级别是否合理,大家并没有最终达成统一的意见,公办高校的行政级别至今并没有取消。

谈论高校的去行政化,还有另外一个原因,就是担心高校官僚化,导致学校按照官僚主义来要求培养学生,造成学生有官僚主义思想,淡化学生的为人民服务的思想。

要准确理解去行政化是否合理问题,就有必要分清什么是行政化?关于行政

① 2017 年 8 月 20 日在 2017 年秋季学期中层干部大会上的讲话部分中关于党组织书记政治级别的专题讲话,8 月 22 上午整理完成。

② 据调研部份民办高校中的二级教学部门的党组织书记没有获得相应的行政和生活待遇。本论述就是针对这一问题展开的。

化,不同人有不同的理解。我的理解就是利用行政权力支配各种资源,尤其是不属于行政的资源也由行政来支配,导致岗位工作效能低下,为人民服务的精神被抛弃。也就是说,人们担心行政化的是担心行政化演变成官僚主义,或者说行政化的另外一个词就是官僚化。官僚化就是官僚主义。官僚主义就是什么事情都以"官"自居,以行政权力分配资源,脱离群众,工作效率低下。权力越大,支配的资源越多,什么事情都先讲级别,按照级别讲待遇、讲报酬、讲享受,追求级别,以行政级别来获取待遇等。从这个意思来看,去掉行政化的首先是各级政府,其次才是其他部门或单位。

这里应该明白:去行政化不是去行政职能,不要行政工作。任何一个组织都有上层、中层和基础等层次。这些层次是否应该有等级区分?回答是肯定的。任何单位都有行政工作,离开了行政工作这个单位是不能运转的。在行政公务工作中,下级服从上级的工作调度、指挥,这是规则,只有这样,单位才能运转。如果以高校去行政化来否决高等学校内部的层级存在的必要性,以及层级之间正常的服从关系,这样的单位就会生活在真空中。

政府机关通过行政层级对机关工作进行管理,高级别的层级领导低级别低的,这样,保证政府机关正常运行。国有企业事业单位都是按照层级管理方式进行管理的,高校内部也是通过行政层级进行管理,实现高校的高效率运转。政府的层级最多,由中央的、省部级的、司局级的、县处级的、科级的,级别的层级较多,就是同一个层级也还有若干不同的级别。国有企事业单位的级别层级就没有那么多,大型或者特大型企业单位一般就是上层、中层和基层等三层。地方的国有企业相对较小,企业管理就是两层。国有企事业单位的层级的级别与政府机关的级别是相通的,调动时可以互认。民办企业、民办事业单位是一个独立的民事单位,内部也必须通过级别进行管理,但是其行政级别与政府机关的级别、公办的企事业单位的级别以及其他私人企事业单位之间是不相通的。政府管理社会,政府的级别或者政府授予的级别含金量很高,由政府举办的国有企事业单位的级别含金量次之。由于民办、私企等民事单位的级别不能流通,所以,其级别含金量就很低。尽管他们中有些服务水平是世界一流的,他们的产品是世界一流的,也是如此。

从高校来说,去掉高校由政府赋予的行政级别是大方向,但是当前还是有难度的。一是,有一定的行政级别方便工作。现在要与社会打交道,尤其是与各级党政机关打交道,就更显得级别的重要性。党政机关都是讲究行政级别的,有相应的级别在接洽工作时,方便得多。中国是一个官本位思想很深的国度,如果机关讲级别,而学校没有行政级别,一个小小的没有任何级别的干部都可以把一个大学书记或校长撂在一边，学校办什么事都难以办成。二是，我们很难达到高校的“无级胜有级”的境界。有些人讲国外大学都是没有行政级别的，中国为什么还要讲级别？这话没错。外国大学没有级别，但是外国大学的级别是最高的，无级胜有级。在英文中“校长”和“总统”是同一个词，即“President”。比如，对于美国，人们除了关注美国政治经济发展人们可能更关注哈佛、耶鲁等著名大学的影响。三是，大学的校长是由政府任命的，政府任命意味着就有级别。只要我们执行的是授权制或任命的校长体制，授权单位的级别肯定要高于接受任命高校的级别。985 高校的校长是国务院任命的，国务院任命的干部最少也是副省级以上，不可能是科级或者处级吧。省政府任命的大学校长肯定是厅级、副厅级别，不可能是科级或处级的。校长无论如何不会高于任命单位的级别。四是，社会尚未形成去行政级别的氛围。这种氛围是什么？就是：教育事业是神圣的，教师本人是最受人尊重的，教师岗位是人们热切向往追求的；一流的人才搞教育，资本投入先投教育。这样，去行政化顺理成章。这一点，目前我国还有一段距离。因此，要去行政级别，首先要在社会人的眼中，不要以行政级别来衡量人们的地位；国家机关部门公务人员要去掉官僚主义，以行政岗位的职能开展工作，走进高校，为高校服务，就好像是走进高深的殿堂，能够为高校这个殿堂服务是自己最大的荣幸，因而，热心为教育教学服务。这样，讲去行政级别才有实在意义。五是，现有的民办本科、专科高校都在为国家社会培养社会主义建设人才，但是，由于民办的性质，尽管其对社会贡献很大，但是在人们的心中，其地位在同级高校中很难与公办高校的相比。人们一边强调高校的去掉行政级别，另一方面又按照行政级别来看待高校。这是自行矛盾的。在这种情况下，有谁愿意去掉行政级别呢？

高校要去掉行政化，提高行政效能，那么，党政部门是否要带头去掉行政化？从克服官僚主义的角度来看，社会中的所有组织都要去掉行政化，提高行政效能。政府机关要带头克服官僚主义，要带头去掉自己的行政化思想。

家庭作为社会的最基本的单位，家庭内部也是有类似结构的。家庭中常有五世同堂、四世同堂等表明家庭中有 5 代、4 代同住同生活。家庭内部每一层级结构都有自己的作用，越级了就会出现乱子。现在，一方面，父母包办小孩的事情太多。帮他决策、帮他思考、帮他作业、帮他工作、提供的生活物资太充裕等，把小孩培养成什么正事都不会做，什么正事都依赖的品性。另一方面，对孩子的溺爱，不管教，放任他做任何事，养成以我为中心的理念。这样做，小孩融入不了社会，实际上是对不起小孩的。

政府机关工作人员强调高校要去掉行政化，着眼点是去掉高校行政级别，把高校作为自己管理的对象，而不是服务的对象，觉得自己要比高校高人一等。高校自己在呼喊去掉行政化,内心强调的是高校的“无级胜有级”的境界。两者对“去掉行政化”的理解不是同一个意思。如果我们认真思考“去行政化”“去掉官僚主义”“去行政级别”和“加强行政效能建设”等概念的内涵和相关问题之后,那么,我们就会发现提高行政效能才是我们大家首先共同期望的!

各明其责，各担其职，努力推进学校教育教学工作[①]

2017年8月23日

老师们：大家下午好！

新学年开始了！

今天，我们在这里隆重集会，共同祝愿全校的教职员工在新的一学年里身体健康，万事如意！

祝愿广西外国语学院明天更加美好！

这学期，为了满足学校教育事业迅速发展的需要，又有一批新的教职员工加入广西外国语学院的大家庭，新职工的到来为学校的发展注入了新鲜的血液！在此，我们以热烈的掌声欢迎他们的到来！

上学期或者是过去的一学年，学校紧紧围绕2018年的本科教学合格评估工作，在党建、教学、科研、评估、学生工作、创新创业等各方面都有长足的发展。可以说，我们是在与时间同步赛跑。现在，可以有信心地说，评估的时间越来越近，我们的各项指标离评估的要求也是越来越近。当然，目前只是"越近"，"越近"就意味着离评估的要求还是有差距，到底差距有多大？今天，我们在这里举行学校开学工作大会，就过去的工作进行总结。目的是认清形势，明确下一步的任务，确保明年的评估工作顺利完成。

今天的议程有八项，下面我们逐项进行。

首先，全体起立，奏唱中华人民共和国国歌！

请坐下。

下面进行第二项，请李校长做学校工作报告，并就下一步工作做出安排。其他校领导根据会议秩序依次进行分管工作的讲话。

掌声有请李校长！

听了李校长的报告，我有四点感受：一是，报告实事求是，信息量大。从报告

① 2017年8月23日在主持2017年秋季学期全校教职工开学工作会议上的讲话。

可以感悟到,学校发展业绩令人欣慰、催人振奋;二是,报告思路清晰,逻辑严密,分析有据。三是,报告的课件技术含量很高,简明扼要,简洁易懂。四是,对下一步工作的安排重点突出,针对性强。大家要向李校长学习。学习她的工作态度、方法,以便提高自己的工作能力。

听了宋副校长的报告,我感觉三点特别突出:一是宋副校长是一位优秀的教师,善于用清新的话语表达对学生的关爱,学生听了感到宽慰和兴奋,进而产生激情。二是宋副校长是一位成功的管理者。她用简短的话语将学校纷繁复杂的教学工作表达清楚、井井有条。这是十分难得的。三是,宋副校长更像是一位优秀的节目主持人,她的话语畅快、富有激情、感染力强。

关于科研工作,韦副校长做了很好的总结。过去的一年,学校科研工作有了大的进步。一是省部级项目申报的成功。去年实现了省部级项目的零突破。意义是非凡的。有些学校办学 30 多年,也是去年才申报成功的一项省部级项目。我们才办学 12 年,去年就有了 1 项。这是不简单的。今年我们又有了 2 项省部级课题进账,翻了一番,那就更牛了。二是我们获得自治区教学成果特等奖 1 项,排列第七位。特等奖全区共有 10 项,8 个学校获得此殊荣。这就更牛了。这次的评奖是省外专家评审的,就更显得它的含金量。在全区 80 个高校中,很多高校是望尘莫及的。除此之外,还获得三等奖 3 项。令人鼓舞。三是学校的博学大讲堂有序推进,形成了一个品牌。这是难得的。希望全体教师既抓教学工作,又抓科研工作,实现自己的教学科研双丰收。

评估工作从去年年初就开始啦。现在这项工作进展如何,刚才杜副校长进行了深入细致的分析,并就下一步的工作重点做出了布置。

大家知道,从去年 3 月以来,学校进行了两次学校层面的动员大会。通过动员大会,可以说是调动了大家的积极性,加深了大家对评估工作重要性的认识。上学期,开学初不久,学校组织董事会领导、学校行政领导、二级学院领导、职能部门的一把手到河南等省的三所已经通过评估的民办高校进行学习、考察,回来后,围绕学校的实际,就相关指标进行分析、对照和检查。现在,我们的很多项指标都已经达到或接近评估的要求,这是令人欣慰的。杜副校长刚才的报告充分体现了学校评估工作的思路、要求和进展情况,作为参加了这项工作的同志们,一定感觉到它的真实性。对本学期以及今后评估的规划布置体现了评估工作的连贯性、严肃性和紧迫性。希望大家切实按照学校的安排,共同努力开展评估的准备工作!

学校学生工作在过去的一年,显示出广外的特色和优势。今年的招生就业工作前景良好。钟副书记的报告做出了实事求是的分析。我认为,学校的学生工作效果是明显的。去年以来,学校学生在各种比赛中,取得骄人的成绩。体现了学生的精神风貌。学校的校园文化活动丰富多彩，展现出一种积极奋发向上的和谐氛围。社会上，一些不合理的要求得到妥善处理。学校的招生就业得到教育厅的肯定和表彰。去年，我校作为自治区高校毕业生的先进单位，在自治区的就业生工作会上进行了典型发言，感觉这项荣誉来之不易。今年的就业生工作按时达到自治区的要求。招生工作按期完成招生计划。本科生高出线 20 分录取，专科生高出线 80 分进行录取。学校的生源良好。去年，学校在广西很多高中进行了生源地挂牌，这是很有意义的。去年，学校还成功地举办了自治区高校毕业生外经贸就业专场招聘会，得到教育厅的赞许。学校没有发生由学校担责的安全事故。学校的家庭回访工作有声有色，这些都是值得肯定的。

大学的创新创业工作可以说是一项开创性的工作，全国都处于初创阶段。我们学校怎么样？应该讲，学校的创新创业工作有了一个好的开头。从邬副校长的汇报中，感觉这项工作成绩非凡。一些原来看似困难的项目，最终算是做成了。一些根本都不敢想象的项目，也取得了良好的开局和进展。比如说东盟大学生创业园的建设工作、与经济日报社共建大学生创业孵化园工作、与达内科技集团共建广外 - 达内东盟 IT 人才培养中心建设等。同时，学校的教育培训等都取得好的成绩。

各位老师，我们是民办大学，是在学校董事会领导下的民办大学。学校的发展壮大，显示了董事会的决策正确性。今天，学校副董事长黄灿博士、教授到会指导工作，表明学校董事会对学校教育教学工作的高度重视。不仅如此，黄副董事长给我们带来了很多好信息。诸如要从硬件上确保学校工作达到本科评估工作的要求，如购置图书、建设学校运动场、即将开始建设的学校体育馆等；在教职工社会生活待遇方面，解决了教职工的公积金问题、新学期开始提高教师了工资待遇等。

在此，我们以热烈的掌声感谢董事会的关怀！

各位领导、老师们：

今天的大会开得很好，很成功。学校的每位领导都从自己岗位职责要求，对所辖的工作进行了实事求是的分析和总结，我认为，这些分析和总结，是实事求是的，既体现了上学期甚至是过去一年的工作，也为本学期的工作指明了方向和提出了目标任务。希望各单位和各位教师根据自己的岗位工作的实际，认真加以贯彻。

为了更好地开展学校的各项工作，下面，我讲几点意见。

第一，要以积极的态度开展工作。干任何一项工作，态度是第一位的。没有好的态度，就不可能有好的效果。可以说，态度决定成效。有了积极的态度，就会有积极的办法,积极的言语和积极的行为。反之,如果采取消极的态度或者恶意的态度,那就会有相反的效果或者是恶意的效果。

第二,加强纪律性,严格规范我们的言行。纪律是事业成功的保障和前提。没有纪律不行,有了纪律不执行那就更不行。这里的纪律包括政治纪律,工作纪律,国家的法律法规、教育法规;学校的校纪校规等。在我们的言行中,要严格纪律规范。一是,我们的言行要符合社会主义办学方向,“言”就是言社会主义,“言”民族复兴的伟大事业,“言”坚持党的领导。“行”就是行社会主义,“行”民族复兴的伟大事业,“行”要在党的领导下健步前行。这是政治纪律。二是,我们的言行要符合国家的法律法规,在我们的教育界,就要符合教育法规。我们的办学是按照国家的法律法规、教育法规办学的。现在,我们修订各种规章制度,都是按照国家法律法规、教育法规的要求来修订的。所以,这就决定了我们的言行要符合国家的法律法规和教育法规。三是,我们的言行要按照岗位职责和纪律的要求进行。我们要严格执行纪律。不论是谁,只要违反了纪律,就要受到纪律的制裁。

第三,我们要珍爱现在的岗位,把个人的成长与岗位工作结合在一起。我们是在岗位工作中成长起来的。没有岗位工作的锻炼,就没有成长。我们要珍惜岗位工作,在岗位工作中总结提高自己。现在,人生可选择的岗位很多。传统上,岗位少,平台少,有些可能一辈子就在一个平台上奉献。平台多了,当然会是好事,人们得到锻炼的机会会增多。但是,平台之间是相互支撑、相互影响的。多种平台就有多种历练的机会,如果我们善于利用这些平台积极工作,成就人生,那你的人生就能就显示风采。当然,平台不是越多越好,平台过多就表明我们在各平台历练的时间太短,在平台上没有任何闪光,那这些平台之间就无法支撑。平台的多少要看这些平台对自己的成长是否有帮助,平台之间在自己的人生中是否相互支撑自己的成长作为标准。我们要热爱我们现有的工作平台,争取为工作平台做出积极贡献。现在,我们在广西外国语学院相关岗位开展工作,这岗位就是我们的平台。我们要在其中积极工作,争取为岗位做贡献,为自己的明天做贡献。

关于人生平台,早上我想了八句话,谈我对人生平台的看法:

现代人生平台

现代人生平台多,台台闪亮互衬托。
初出茅庐天下计,系好纽扣第一颗。
厚实基础广拓业,东西南北路宽阔。
登高远望健步走,世界就在手心窝。

所以,不论明天我们会在什么岗位上工作,但是,做好今天的岗位工作是必须的。

第四,树立五种意识。一是,服务意识。我们的这些岗位都是服务岗位。都是服务学生成长的,都是服务教师成长的,都是为社会排忧解难的。我们要提高服务的自觉性,自觉提高服务工作的质量。二是,担当意识。有担当才能搞好工作,才会想办法解决工作中遇到的问题。三是,看齐意识。全党全国向以习近平同志为核心的党中央看齐,这是根本。作为教师行业,我们要向社会主义教育事业看齐。四是,大局意识。每一个人工作的岗位是学校工作不可或缺的部分,只有每一个岗位的工作做好了,学校的工作才能真正做好。这就是经济学上讲的木桶原理。因此,我们要树立大局观念,充分认识自己的工作是学校工作的重要组成部分,以这样的观念来规范和要求自己的岗位工作,使得自己的岗位工作在学校的工作中闪出亮点、特色和火花,自觉服务和服从于学校工作的大局。五是,见贤思齐意识。向先进学习,这是各行各业发展进步的基础。我们周围工作中,有许多良好的表现。作为同事、朋友,我们要树立见贤思齐、见不贤而内省的意识。在我们的大型节庆中,经常评选和表彰优秀分子,其目的就是要在学校形成见贤思齐的氛围,促进事业的发展。评选和表彰先进,不是炫耀某人个人的事迹,而是塑造一种积极向上的氛围,促进良好风气的形成。

第五,团结协作、诚实守信、相互尊重。现在,单位之间、学校之间职工交流平凡,每一学期都会有新成员的加入。这里面临一个问题,就是成员之间的关系问题。在这种情况下,同事之间不论一起共事时间长短,但是只要在一起工作,团结协作、诚实守信、相互尊重是很重要的。这是岗位工作的需要,也是自己为人处世的需要。立德树人是高校的第一项工作,这里不光是培养学生,也包含如何培养教师,使得教师成长的问题。作为教师,我们要展现给学生的是一种什么样的"道德",我们应该从学校的发展中学到什么样的"道德"?这里边,内容很多,但我觉得团结协作、诚实守信、相互尊重是不可或缺的。团结协作才能把岗位工作做好,诚实守信、相互尊重才能树立好人与人之间的关系。

这位方面,孔子早就有论述了的:"君子之于天下也,无适也,无莫也,义之与比。"它表明,君子对于天下的人和事没有固定的亲疏厚薄,只是按照义的原则去处理。"君子义以为质,礼以行之""君子义以为上""君子有勇而无义为乱,小人有勇而无义为盗",可见,君子要信守道义、信守诚信的原则。

老师们:做好学校的各岗位工作,无非从下列三方面着手:一是抓好常规工作;二是做好凸显岗位特色工作;三是查找和解决岗位发展中存在的不足,奋力前行。

大家要围绕评估工作的要求,找出本部门工作的亮点和特色,查找和解决本部门的本单位工作中的不足,切实做好、做实、做细本单位、本部门的工作,为学校教育事业的发展做出积极贡献。

我们坚信:只要大家同心勠力,我们的评估准备工作一定会如期完成!我们一定能够顺利通过2018年本科教学工作合格评估!

今天的会议到此结束!

切实践行大爱精神，做行为文明的广外人[①]

2017 年 9 月 4 日

老师们、同学们：

大家早上好！

晨风吹来身心爽，事业奋进催人忙。群山翠绿江景秀，国旗升起迎太阳！

这是广外早晨的现实写照。

老师们，同学们：新的一天开始啦，新的学期开始啦！

今天，我们在这里举行隆重的新学期升国旗仪式。在此，我代表学校向老师们、同学们致以新学期美好的祝福。祝愿大家在新的学期中学习进步！万事如意！

学校迎新工作刚结束。今年，学校又迎来了 4300 多名新同学！在此，我们以热烈的掌声欢迎新加入广西外国语学院的 4300 多名新同学！

此时此刻，每个人的心里都充满着对未来事业良好成绩的期待！对美好生活的热切向往！那么，怎样做才能够达到这样的目标呢？当然，这是一个大问题，不是一两句话就能够解答清楚的。但是，我认为我们从大爱精神着手，就一定会拉近现实与目标的距离。

走进学校，首先映入眼帘的就是镌刻在大门内巨大的“爱”字。也许这个“爱”字可能就是我看到世界上板书最大的“爱”字。可以说，大爱精神是学校的基本精神之一。

大爱精神内容丰富，践行大爱精神的途径有很多种。不同的人会有不同的理解。但是，我认为，争取做到下列的几点是共同的。

第一，关爱生命。马克思指出：“全部人类历史的第一个前提无疑是有生命的个人的存在。”对任何单个生物来说，生命只有一次。没有人类生命的存在就无所谓发展，无所谓美好。关爱生命就是大爱思想中的首要因素。生命首先是我们自

① 2017 年 9 月 4 日在 2017 年秋季学期升旗仪式上的讲话。

己的,同时,生命联系着家庭、同事、同学、学校、社会,因此,生命又不完全属于自己。因此,我们要珍爱生命,保持旺盛的生命力。只有这样,才对得起我们自己,对得起养育我们的父母和家人,对得起哺育我们成长成才的老师,对得起关怀我们的同学和朋友,对得起我们所从事的事业!

怎样才能保持旺盛的生命力呢?首先要健壮我们的体魄。在学校中,就是要积极锻炼身体,使得体魄强劲起来,能够抵御各种疾病的侵袭,百病不生。其次,磨炼健康的心灵。人的一生是在逐渐磨炼中成长成才的。遇到困难挫折在所难免,我们要学会在逆境中磨炼自己,增强战胜困难挫折的能力、活力、信心和勇气。再次,就是文明我们的行为。在校内、校外,时刻都要文明我们的行为。比如在校内,我们要遵守学校的规章和教育法规,坚决打击各种传销、网贷、诈骗等行为,坚决抵制各种非法组织活动;生活上遇到困难时,我们要按照正规的渠道,解决困难,不能走所谓一夜就能暴富的捷径。在校外,我们要遵守社会公德,遵守行业准则,遵守行为规范,履行社会义务,勇担社会责任。比如说,街上车辆很多,我们必须遵守交通规则。这样,我们的生命活力无穷。有了健康的身体,才能为成长成才打下坚实的基础。

第二,关爱他人。我们是在与他人相处中成长成才的。在与他人相处中,我们要尊重他人利益,关爱他人的权益。孔子强调"仁",什么是"仁"呢?"仁者,爱人。"可见,"仁"它包括"爱人"与"自爱"两个相互联系的范畴。我们关注自己成长,这是很对的,但是,我们也要关注他人的成长,为别人的成长成才提供力所能及的帮助。他人的权益得到尊重,他人实现了正当的自身利益,这也是我们所期望的。我们时刻要牢记:要防范自己贪婪之心和贪婪的行为,不能侵犯他人权益;应该经常提醒自己,如果我走极端,就会对他人造成危害;时常想一想,我对他人是否有帮助,帮助了多少?一花独放不是春,百花齐放春满园。爱他人,也会得到别人的关爱,最终是爱自己,这二者是相一致的、相辅相成的。

第三,关爱环境。人的生活是在环境中实现的。没有环境,就没有生活。优美的生态环境要靠大家共同创建和维护。所谓优美生态环境就是某种环境该有的原生状态,这种状态是不能被其他因素骚扰、污染和破坏的。环境被破坏了,就会殃及环境中所有的生命。必须指出,环境中的参与者都会对环境造成或多或少的影响,我们都直接或间接影响着环境。同样,任何环境都会对环境中的生命产生影响,不管你是否注意到,或者是你是否愿意,它都会是这样。因此,优美的环境要靠大家共同创造和维护。在学校校园里,我们所处的环境主要包括课堂环境、宿舍环境、操场环境、食堂环境、道路环境、草坪环境等。在校外环境,范围就更大了。社会中的公共环境准则、公共环境责任、公共环境秩序都是需要人人来维护的和遵守的。只顾自己快活,不顾及他人的感受,这是不道德的行为。我们要把我们对环境的爱心转化城责任,转化成担当,转化成自觉行动,以此促进良好环境的形成。

第四,关爱集体。马克思指出:“只有在集体中,个人才能获得全面发展其才能的手段。”我们是在集体中实现自己的人生价值的。社会主义精神文明强调以集体主义为原则。我们强调集体主义利益取向的核心是国家利益、集体利益至上,个人利益服从国家、集体利益。中国共产党人强调集体主义利益取向,把集体主义作为我国国家伦理的道德标准之一,认为只有国家利益、集体利益实现了,个人利益才有保证。在学校中,我们强调的集体主要是哪些呢? 宿舍、班级、学院、学校、民族、国家等的利益。我们倡导集体主义原则,要把它切实落实到行动上,积极参加各种校园文化活动,参加志愿者活动,互帮互助,共同进步。在集体中锻炼自己、提高自己和发展自己,在集体中实现自己的美好愿望。

第五,关爱荣誉。我们不是为了荣誉而工作学习的,我们工作学习是为了进步发展和完善自身的,为了实现人生价值的。但是学习好了、工作好了自然就会有一定的荣誉。这里的荣誉主要有集体荣誉和个人荣誉。集体荣誉主要有学校的荣誉,学院的荣誉、班级的荣誉、宿舍的荣誉等。个人荣誉包括学习、工作、思想、作风等多方面的良好表现。荣誉取得的基础是自身良好的品行,但是荣誉是组织授予的,是群众公认的。获得荣誉之后,就要爱护荣誉,认真发挥荣誉本来的作用,让荣誉真正成为人们心中的向往。个人的荣誉要维护,集体的荣誉更要维护。作为广外人,学校的声誉要靠大家共同维护。我们的言行代表着广外,我们的操守代表着广外。荣誉不是与生俱来的,昨天的荣誉只能说明昨天,不能说明今天,更不能代表明天。我们只有百折不挠,我们的力量是无限的!

老师们,同学们:

习近平总书记指出:“教育是一门‘仁而爱人’的事业,爱是教育的灵魂,没有爱就没有教育。”可见,“爱”在学校教育教学中的重要地位。在当代,我们要认真践行社会主义核心价值观,践行大爱精神,珍惜学校给我们提供的良好平台,热爱生活,珍惜生命,努力学习,奋发向上,那样,我们就无愧于家长对我们的期望,无愧于学校对我们的期望,无愧于国家对我们的期望,无愧于时代对我们的期望!

学校会因为我们的良好表现而更加富有朝气,更加富有活力,更加荣光美丽!

坚持立场　掌握方向　守土有责[①]

2017 年 9 月 19 日

陈教授、冯教授:你们辛苦了！谢谢你们！

广外的老师们,同事们:大家辛苦了！谢谢大家！

今天的报告会很成功。表现在以下三个方面:

第一,报告的内容充实,准备充分,契合实际。陈教授的《学习习近平总书记关于意识形态工作的重要论述》报告,从意识形态工作是一项极端重要工作;弘扬主旋律,传播正正能量;守好一段渠,种好自己的责任田等三个方面分析了习近平同志的意识形态思想。陈教授以一组反映学校课堂现状的图片为例,强调意识形态工作的极端重要性,进而引导与会教职员工理解意识形态的概念,了解意识形态是否安全的判断标准。陈教授深入阐释习近平总书记关于意识形态工作的一系列重要论述,并指出"我们的学生在哪儿,我们的老师也应该在哪儿",鼓励老师利用网络、易班平台"潜潜水、聊聊天、发发声",积极传播正能量;作为学校,应重视仪式教育、感恩教育,以升旗仪式中师生高唱国歌、举办毕业典礼等方式,加强意识形态工作,增强对老师和学生的爱国主义教育。做好意识形态工作,则应"知—觉—信—行",以"知历史"作为基础与前提,认真学习世界历史和中国近现代史、中国共产党党史、中华人民共和国国史,真学、真懂、真信、真用。

冯霞教授以"高校意识形态工作的新形势与应对"为题,结合高校实际,以微观角度,详细阐述高校意识形态工作的极端重要性,深刻分析当前高校意识形态工作面临的形势,提出做好高校意识形态工作的方法对策,明确高校教师在意识形态工作中的责任。冯教授指出,高校意识形态教育工作是民族的固本工程,是民族的铸魂工程,是青年学生健康成长、构建和谐社会的战略需要,是高校正确发

① 2017 年 9 月 19 日在广西外国语学院主持全区高校教师意识形态全员培训宣讲报告会上的讲话。广西民族大学马克思主义学院院长陈媛教授,广西财经学院马克思主义学院院长冯霞教授受高工委的委派,到学校做学习习近平总书记意识形态理论的专题报告会。

展方向的政治保证。应对当前高校意识形态工作的严峻形势与重重挑战，要坚决贯彻党的教育方针，敢于亮剑，牢牢把握高校意识形态的领导权；牢牢掌握网络条件下意识形态工作的主动权；形成合力，构建高等学校全员育人格局。高校教师要行使好人师与经师的双重角色；专任教师要主动关心青年学生的全面发展；努力挖掘专业课得思想政治教育素材，同向同行，形成协同效应。

陈教授和冯教授分别做的报告，有理论深度，又结合当前的高校思想政治工作的实际，信息量大，准备充分。对于进一步加强理论学习，是很有启发的和帮助的，也为我们下一步学习习近平同志的意识形态思想提供了一个思路，拓宽了视野。

学深学透科学理论，要经过三个阶段，一是精读文献，了解基本观点；二是聆听报告和参阅辅导材料，从整体上进行初步把握；三是踏实践行，在践行中精思，在精思中掌握，在掌握中提高。习近平同志意识形态重要思想，经过我们平时自己的学习，掌握了相关的基本点，但是，由于我们学识有限，时间有限，其中蕴含的思想精髓我们还是没能充分把握到。今天的报告就是学习好、贯彻好习近平同志重要思想中的重要一环。

第二，两位教授的报告，很切合广西外国语学院的实际。她们从固本工程、铸魂工程和国家安全的角度论述了抓好高校意识形态工作的重要性。“留住中国魂，做好国际人”是学校的校训，把魂铸好了，才能做好国际人。学校的校训与高校立德树人的根本任务是一致的。在未来的教育教学工作中，我们必须认真贯彻党的教育方针，以真切的思想政治教育工作来贯彻党的教育方针。当前，网络媒体的高度发展，一方面对于我们开展思想政治工作提供了便利条件，同时也给西方价值观念进行渗透打开了方便之门。因此，高校的意识形态工作形势严峻。高校是培养合格接班人的场所，大学阶段是大学生的世界观、价值观、人生观正在形成时期，西方的价值观渗透无疑给我们的思想政治工作提出了挑战。因此，我们必须沉着应对，稳住阵脚。

现在，可以说，比起一些国家，我们的底气是厚实的。我们在一些国家办孔子学院，他们就强行关闭，怕中华文化在他们那里传播，他们是心虚的。孔子学院是干什么的？她只是吸收当地的一些小朋友来学习汉语口语和写一些启蒙汉字，介绍一些中华文化，诸如写毛笔字、剪纸、演练简单的一些中国功夫等，这些都只是一些初步的东西，学生来学习只是一些业余时间。相比较而言，我们从小就主动学习英语，直到大学，英语还是申请学士、硕士、博士学位主要课程之一。它说明了什么？说明了我们的底气厚实。我们从小就接受马克思主义理论的学习，受到中华文化的熏陶。这为我们开展意识形态工作打下了坚实的基础，我们应当确信,我们能够做好大学生的铸魂工程。

当前,西方的价值观念、新自由主义思潮、历史虚无主义利用新媒体进行立体传播,一些领域意识形态安全缺失等,必须引起我们高度重视。作为教师,要愿意亮剑、敢于亮剑、善于亮剑;要坚持真理,批判错误思潮,抵制错误行为;要认真贯彻党的教育方针,掌握意识形态的主导权,高校要通过教育育人、管理育人、服务育人和环境育人,形成合力,同向同行,构筑全方位育人的格局。思想政治教育工作不仅仅是思想政治理论课教师的工作,作为专业课程教师也要担负起育人工作。因为,教书育人是分不开的,立德树人是全体教师共同的责任。作为专业课教师,应该怎么办呢?要强化专业职业道德建设,做好人师和经师,既教专业知识,又切实做好育人工作;"言"为"心"声,"行"为"心"声,教师要注意自己的言行,做到言行统一,做出表率;内心要深化"四个自信"的认同,确立信心和勇气;专业教师要做政治上的明白人。课堂上做到"三个决不允许",即决不允许各种攻击毁谤党的领导、抹黑社会主义的言论在大学课堂上出现,决不允许各种违反宪法和法律的言论在大学课堂蔓延,决不允许教师在课堂上发牢骚、泄怨气,把各种不良情绪传导给学生。社会历史发展表明,政治立场就是道德主要内容之一。在培养社会主义合格接班人的大学中,更应该是这样!

第三,今天的报告会纪律状况良好。除了极个别教师请假外,老师们都来听报告,到会率高,参加会议的纪律良好;整个下午,天气炎热,整个大厅没有电风扇,但是,在三个小时的讲座中,没有老师离开会场,认真听报告,听报告的纪律良好;部分老师还认真做笔记,说明学习效果良好。这说明我们广外的这支教师队伍纪律严明,是合格的。

老师们,集中学习培训时间是短暂的,但是,培训的意义是长远的,培训的内容对于我们更好地做好立德树人的工作是很有帮助的。全校教职工要在学校党委的统一带领下,真正做到"守好自己的一段渠,种好自己的责任田",用社会主义核心价值观引导青年学生,增强社会主义意识形态建设的紧迫感、责任感,掌握意识形态领域工作的主动权,努力开拓高校意识形态工作新局面。

建设伟大工程的成功探索[①]

2017 年 9 月 20 日

习近平总书记在“7 · 26”重要讲话中深刻指出，“党要团结带领人民进行伟大斗争、推进伟大事业、实现伟大梦想，必须毫不动摇坚持和完善党的领导，毫不动摇推进党的建设新的伟大工程，把党建设得更加坚强有力”。“把党建设得更加坚强有力”是一个伟大工程，党的十八大以来，在以习近平同志为核心的中央领导下，全党围绕“把党建设得更加坚强有力”的目标要求，全面从严治党，成效显著。

1. 以先进性建设为根本，抓党员队伍建设

党员是党的肌体的细胞。肌体细胞发育良好，肌体才能正常运转。搞好党的建设，关键在于抓好党员队伍建设。党员队伍教育包括三部分，即积极分子先进性的培养、党员的管理和教育、党员领导干部队伍建设。对于积极分子，要进行长期的培养，合格的就吸收为党的成员。对于共产党员，加强党员党性修养，严格日常教育和管理，要求党员平常时候看得出来，关键时刻站得出来，危急关头豁得出来。对于党员领导干部，就要高标准、严要求，讲示范、讲引领，严格把关，把政治标准放在首位，将使命扛在肩头。

加强对积极分子的培养教育，把好入党质量关。主要通过党校培训学习、民主评议、支部考核，支部大会讨论、组织谈话、入党宣誓和民主生活会等环节，严格程序和教育，把握好党组织的入口关，保证进入党组织的细胞都健康良好。党的十八大以来，党员发展数量有所减少，这对于保证党员质量有很大的促进作用。以广外来说，2013 年以后，学校规模扩大了，2016 年达到 15000 在校生，但是，每年学生党员的发展大约为 200 个。2017 年有些增加，达到 337 名学生党员。这里强调的是，只要是真正要求入党的同志，只要不忘初心，就能够实现自己的夙愿。

党员的教育，主要着眼于提高党员素质。党的十八大以来，在全党范围内，纯

① 2017 年 9 月 20 日在中心组学习习近平总书记 7 · 26 讲话精神会议上的讲话，后参阅 10 月份公开的相关资料。

洁组织、提升素质的党员教育工作，成效显著。这些主要举措有：2013 年开展以整顿四风为主要内容的群众路线实践教育；2015 年开张“三严三实”实践教育，2016 年开展的“两学一做”学习教育，将党员的教育工作与党员的岗位工作联系在一起，将党员的教育与党员的进步联系在一起。2017 年起，将群众路线实践教育、三严三实实践教育，尤其是“两学一做”实践教育的工作常态化，确保党员不退步、不停步、不止步，朝前迈，以党员的活力促进保持党组织的生机与活力。

加强党员领导干部建设。按照“德才兼备”的要求，把握干部的入口关。在干部的使用上，树立“德才兼备、以德为先”的用人导向和育人标杆。要提拔使用一个干部，要多方考察、测评和民主推荐，只有切合“德才兼备”的，才有可能进入组织的视野。严格组织考察把关，制定了具体严格的措施，防止干部“带病提拔”。比如，公办高校要提拔一个中层正职干部，先是在全校中层干部中进行民主测评，然后到提拔对象所在的学院或部门进行考察，副高以上的教师、科级以上的领导干部、教研室全体人员进行谈话考核。还要到填报对象的老家去函外调材料，看一看提拔对象在家乡的表现。经过层层考核把关，只有合乎条件的才能得到使用。坚持事业为上、以事择人，注重选拔具有专业素养、能担重担、敢于担当的干部。对已有的领导干部，加强培训、监督、问责、考核和诫勉谈话，使得干部言行合规，符合领导干部的要求。优化干部成长路径，选派优秀干部到改革发展、脱贫攻坚等急难险重第一线去经受磨砺，通过实践锻炼，增强才干。让干部在真锤实炼中砥砺品质、增长才干。

加强反腐倡廉教育，坚决清理组织内部腐败分子，以纯洁党的组织。

一是“老虎苍蝇一起打”，纯洁和优化干部队伍。十八大以来，中央立案审查省军级以上党员干部及其他中管干部 440 人，其中十八届中央委员、候补委员 43 人，中央纪委委员 9 人；厅局级干部 8900 余人，县处级干部 6.3 万多人，处分基层党员干部 27.8 万人，形成了反腐败斗争压倒性态势，党心民心为之振奋，党风政风为之一新。

二是通过猎狐行动，追外逃贪官。让这些腐败分子在国外失去藏身之所。在《联合国反腐败公约》框架下，开展国际合作，强化双边交流合作机制。与法国、意大利等 48 个国家签署了引渡条约，与美加新澳等 59 个国家签署刑事司法协助类条约，与美加新澳等 42 个国家和地区签署了金融情报交换合作协议。通过猎狐行动，90 多个国家追回外逃人员 3339 人，其中，国家工作人员 628 人。追回赃款 93.6 亿元。“百名红通人员”到案 46 名。这些措施，既震慑那些具有腐败思想的领导干部，又教育那些意志不坚定的共产党员，在群众中，引起强烈的反响。

抓“关键少数”。从表率作用和警示作用方面着手，抓“一把手工程”，扩大教育面。“一把手”影响面大，抓“一把手”以带动全局效果显著。

2. 以理想信念教育为引领，筑牢党员的心灵之魂

理想信念是人心灵的钙质，解决钙质缺少问题，治疗软骨病，健康和净化党员的心灵。我们的理想是什么，是实现共产主义的社会制度。我们的初心就是实现人类的解放和发展，实现共产主义制度。人类社会必定会朝着解放和发展的道路迈进，最终实现全人类的解放。这是人类历史的规律。因此，我们要做到不忘初心，继续前行。

为什么我们不改初心？因为我们的初心是符合科学规律的。遵循规律是人类行进的必然要求，这样，我们才能取得胜利。背离规律，就会受到规律的惩罚。

在党中央的统一规划下，各级党组织加强思想先导，高扬崇高理想的精神旗帜，补足精神上的“钙”，从思想建设上全面从严治党。严肃认真地开展党内政治生活，用共产主义理想信念取代各种所谓的潜规则，用行为文明的先进政党文化取代社会上一度存在的圈子文化，用纯洁的党内同志关系取代各种不正之风，在全国各族人民面前立起党内政治生活气象更新的景象。全党的理想信念更加坚定、党性更加坚强，先进性和纯洁性进一步增强。

党的十八大以来，各级党组织按照中央的要求，把思想政治建设摆在非常突出位置。要求党员和干部坚定“四个自信”，树牢“四个意识”，从思想基础方面打牢基础、巩固成果。

同时，突出抓好理论武装，用马克思主义中国化最新成果武装全党。习近平同志在“7·26”重要讲话中指出：“我们坚持和发展中国特色社会主义，必须高度重视理论的作用，增强理论自信和战略定力。”党的十八大以来，各级党组织把学习宣传贯彻习近平总书记系列重要讲话精神和治国理政新理念新思想新战略作为重中之重，中央和省市县各级党委连续举办干部学习研讨班，分级分类抓好学习教育和普遍轮训，组织广大党员干部读原著、悟原理，从中提高思想认识。党的十八大以来，全国党政干部、企业经营管理人员、专业技术人员参加脱产培训近1亿人次。

我去年就到中央组织部干部学院培训了一个星期，中央党校、中组部、人民大学和社科院等单位的专家都来授课，受益匪浅。

理想信念问题具有长期性，不能一蹴而就。因此，全党抓好理想信念教育这个总开关，占领思想信念这个圣洁之地，在建设一个强大的马克思主义政党的道路上，不懈奋斗，深得人们的信任和爱戴！这一点上讲，十八大以来，措施有力，成效显著。

3. 强化为人民服务宗旨意识,保持党和人民的血肉联系

人们对美好生活的向往就是我们的奋斗目标!

党的宗旨是干什么?是全心全意为人民服务。人民群众是推动历史向前发展的决定性力量。党的最终目标是实现共产主义,共产党人就是带领人民更好地推动历史向前发展的,为共产主义奋斗终身的。为人民服务就是共产党人的天职所在。

什么是人民?历史上各时期有不同的内容。不同的阶级有不同的看法。剥削者当然不把劳动者当作人民,他们把劳动者当作奴隶。奴隶社会中,奴隶主认为自己是主人,劳动者是奴隶、是牲口。封建社会中,地主是统治者,是封建社会主人,是推动社会的进步力量,农民是被剥削者。不把自己与农民当成一体,水可载舟,亦可覆舟。就是最好的体现。

资本主义社会劳资关系就可以看出,在资本家的眼里,资本家才是社会的主人,劳动者当然不是进步力量。由于资本的逐利性,向外亏扩张是必然的。在国外,把异族人民当成奴隶,把黑人当成自己的黑奴;对异族人民进行屠杀,这在殖民统治的几百年中,展现得淋漓尽致。

鸦片战争后,中国人民的悲惨历史告诉我们,什么叫作资本主义。在中国引领人类发展的年代,中国当年输出的是友好、带去的是和谐与中华文明,然而,帝国主义带来的是什么?是屠杀,是凌辱,惨不忍睹。日本帝国主义就更为凶恶,是人类历史上最为凶恶的敌人。现在,日本的右翼势力就是他们的残渣余孽,我们要时常警惕他们。西方帝国主义称我们是东亚病夫,把华人与牲口一样看待,"华人与狗不能入内",甚至我们连狗都不如,牲口常出没在他们的租界中。这就是资本主义!

中国的资产阶级怎么看人民的?"中华民国"中的"民"的本意是什么?它的"民"主体是民族资产阶级。辛亥革命失败的一个重要原因,就是看不起劳苦大众、脱离劳苦大众的结果。

马克思主义认为,唯物主义观点认为:推动社会历史进步的力量就是人民的范畴。人民群众是推动历史进步的力量。我们共产党员来自人民,是劳动者的一员,是人民利益的忠实代表。

我们怎样看历史上的推动历史的进步力量?凡是推动社会生产力向前发展的力量都属于人民的范畴。劳动者是人民的主体,这是没有问题的。对于剥削阶级呢?剥削阶级在它夺取政权和掌握政权的上升时期,是推动历史前进的力量,属于人民的范畴。夺权过程就是摧毁旧的生产关系的过程,为新生产关系扫清障碍的过程。上升时期就是建立新的生产关系来推动生产力向前发展的时期。在

这些时段,剥削者属于人民的范畴。我们不抹杀剥削制度在一定时期内的贡献。比如资本主义,在《资本论》中,马克思对资本主义的贡献做出了科学充分的论证。但是随着社会向前发展,剥削阶级所建立的生产关系就逐渐成为生产力发展的桎梏,在这种情况下,它的生产关系与日益发展的生产力的矛盾就日趋尖锐,但是,这些剥削阶级为了维护少数人的利益,维护自己的统治地位,不愿意退出历史舞台,他们就千方百计阻碍历史的向前发展,这些阶级就成了阻碍历史发展的、阻碍历史进步的反动力量和腐朽力量,他们也就变成了敌人。

共产党人没有自己的特殊利益,我们所想的是怎样代表好人民的利益。党的宗旨是为人民服务,党员的一言一行都要体现党的宗旨。一旦我们脱离这个宗旨,服务意识淡化,自绝于人民,就会脱离人民的范畴,就会被历史发展的车轮碾碎,最终被淘汰。苏联共产党的发展史、我们党内的那些腐败分子的下场就是例证。

党组织、党员要始终保持与人民群众的血肉联系,不忘初心,继续前进。这个初心就包含服务宗旨意识。

我们怎么看中国的资产阶级?按照毛泽东同志的新民主主义论,中国的资产阶级分为两部分,即官僚资产阶级和民族资产阶级。官僚资产阶级自从在中国的土壤上出生之日起,都是为帝国主义侵略中国、奴役中国服务的,是阻碍中国人民翻身做主的、阻碍中国历史进步的反动力量和腐朽力量,因而是中国民主革命的对象。民族资产阶级呢?它积极参加中国民主革命和社会主义建设,因此,属于人民的范畴。五星红旗中的“星”中就有一个“星”是代表他们的。现在的民营企业是先进生产力不可缺少的,是补充。民营资本家按照国家法律法规开展经营活动,在解决国计民生方面起着重要作用。

怎样看待资本主义国家输出的国际资本呢?这与资本输入国的国家力量有重要关系。这些资本输入国强大有力,那么这些外来资本有可能成为社会发展的推动力量;如果这些国家不强大,这些国际资本就会操纵它们的国计民生,就会成为阻碍这些国家进步发展的反动力量。从美国这些年来的所作所为就看得清清楚楚。

我们的资本走遍全球,他们是按照他国的法律法规开展经营活动,我们不派遣军队去攻打他国,不去推行我们的价值观。因此,我国走出去的国际资本是社会的进步力量。

我们的宗旨意识的重要体现在很多方面。以脱贫攻坚中实行精准扶贫来说。习近平同志强调:全面小康一个也不能少!“确保到2020年所有贫困地区和贫困人口一道迈入全面小康社会”,是我们党做出的庄严承诺。言必信,行必果。党的十八大以来,我国有 5500 多万人摆脱贫困,每一年 1000 多万,贫困发生率降至 4.5%,成为世界上率先完成联合国千年发展目标的国家。

我们有切身体会。中华人民共和国成立以来,党和政府大力发展教育事业,实行义务教育。我们生在 60 年代中后期的人,读小学时候,我记得一年只交 7 角钱的学杂费用。每个大队都有好几个小学,方便大家就近入学。鼓励大家要把小孩送入学校学习。哪家不把小孩送到学校学习,教师就家访,进行动员。小时候,我们一个学校人数不多,少的 20 ~ 30 人,多的 50 ~ 60 人,但是,我们唱国歌的声音,响彻整个山谷。那个年代,农民把自己最好的粮食支援国家建设,互帮互敬、团结有爱、好人好事层出不穷,雷锋精神、大庆油田的创业精神、英雄人物的先进事迹成为当时的思想引领。我感觉,尽管我们吃的、穿的没有现在那么好,肉没有那么多,一年一家杀一头年猪,过年过节才有肉吃,但是,对处于读书阶段的学生来说,那个年代是一个奋发有为的年代,是朝气蓬勃的年代,是向往英雄的年代,是气壮山河的年代,是积极进取的年代。现在,条件就更好了,全国教育投资占国内生产总值的 4%,达到甚至超过了国际通行的标准。现在,不怕没钱读书,只怕自己不想读而已。国家在教育上,通过多种渠道筹集资金,解决学生的贫困生入学问题。高校还专门设立奖助贷勤机构,解决贷款难问题。

习近平同志说:"人民立场是中国共产党的根本政治立场,是马克思主义政党区别于其他政党的显著标志。""带领人民创造幸福生活,是我们党始终不渝的奋斗目标。"因此,我们的党员同志要切实践行宗旨意识,为人民站好岗! 立好哨!

4. 以改革创新为动力,增强党组织的内在活力

改革是动力,经济发展是这样,党的建设也是这样。中央专门成立全面深化改革领导小组,习近平同志担任组长。各级党委书记都是本区域改革的第一责任人,担当起改革的先锋。

改革是在坚持社会主义道路的前提下,改掉那些不适合社会主义现代化建设的观点、做法,而不是去改社会主义方向。中国特色社会主义的最大本质就是坚持中国共产党的领导,只有坚持党的领导才能保证社会主义的改革方向。

通过领导市场经济来增强党组织的内在活力。在市场面前,共产党人不能做门外汉,我们要引领市场、规范市场,通过发挥市场在经济发展中的决定性作用增强了党组织的活力。

对市场的认识,我们有一个认识的过程。改革初期,实行"以计划经济为主,市场调节为辅",强调市场在配置资源方面的调节作用;经过十多年的改革,我们对市场的认识有了进一步的深化,所以在十四大报告中强调中国经济体制改革的目标是建立社会主义市场经济体制,十四届三中全会强调市场在经济发展中,对

资源配置起着基础性作用;十八届三中全会在认真总结经济发展的经验基础上,提出了市场在资源配置中起着决定性作用。这是一个很大的理论贡献。理论上的重大贡献,激发了经济活动的活力。

在领导经济发展过程中,通过建立和完善各种制度,来激励、规范、约束领导干部的从政行为,提高经济质量和效果。经济活力增强促推供给侧结构性改革和经济结构优化,实现由低水平供需平衡向高水平供需平衡跃升,使发展更有质量,发展的结果为人们所共享,让人民有更多获得感。这五年,人民的获得感是明显的。

规范党政领导干部亲属经商办企业行为。比如,建立健全中国特色领导干部报告个人有关事项制度,突出了与领导干部权力行为关联紧密的家事、家产情况,突出了查核结果的运用和责任追究。

领导干部不能越权插手工程项目的招标、司法案件的处理,凡是涉及这方面的干扰行为,都要一查到底,严格追责。习近平总书记要求党和政府的干部、国有企业的企业家一定要做到“亲”“清”,既要亲近又要非常清白,关系非常清楚。

五年来,中央提出一系列新理念新思想新战略,出台一系列重大方针政策,推出一系列重大举措,推进一系列重大工作,解决了许多长期想解决而没有解决的难题,办成了许多过去想办而没有办成的大事,推动党和国家事业发生历史性变革。

在这些方面的卓越表现,无不体现共产党人的责任担当和党组织的内在活力。

5. 以提高党组织的凝聚力和战斗力目标,着力推进核心力建设

强有力的领导核心是事业的根本保证。1954 年 9 月,毛泽东同志在第一届全国人大一次会议上强调:领导我们事业的核心力量是中国共产党,指导我们思想的理论基础是马克思列宁主义!

党的纪律规范强调的“四个服从”中,最终是全党服从中央。建立一个坚强的有力的中央领导集体是中国革命的需要、民族复兴的需要、中国社会发展的需要。

核心不是喊出来的,干出来的核心才能成为真正的核心。真正核心是得到同时代人、同时代的领导集体公认的、人民衷心拥护的领袖!

长征途中,在遵义会议上,形成的以毛泽东同志为核心的第一代领导集体。他们那一代人主要是领导人民完成民主革命的任务、建立社会主义制度、进行社会主义建设。

面对新形势新任务新挑战,要把我们这个大国、大党治理好,必须要有一个坚强有力的领导核心。十八大以来,逐渐形成以习近平同志为核心党中央。五年

来,党、国家、军队之所以面貌焕然一新,各项事业之所以能取得重大历史性成就,关键是有党中央的坚强领导,有习近平总书记这个事实上的核心。习近平总书记不仅受到了全党全军全国各族人民的衷心爱戴,也获得了国际社会的高度赞誉。

作为党组织的基层组织,支部书记要当好班长!毛泽东同志的《关于健全党委制》和《党委会的工作方法》等文章中做了明确的阐述。十八大后,党的各级委员会都认真学习毛泽东同志的文章,在习近平同志为核心的党中央领导下,认真贯彻中央的路线方针和政策,取得显著的成效。

抓核心力建设,就是抓一把手的使用、监督和管理,一级抓一级,层层落实主体责任。把每一级都抓好,形成全党向以习近平同志为核心的党中央看齐,形成强大的合力。

习近平总书记强调提出:“只有进一步把党建设好,确保我们党永葆旺盛生命力和强大战斗力,我们党才能带领人民成功应对重大挑战、抵御重大风险、克服重大阻力、解决重大矛盾,不断从胜利走向新的胜利。”中国特色社会主义不断开辟发展新境界,关键在于强党。因此,必须把党组织建设成为中国特色社会主义现代化建设的坚强核心。

习近平同志成为党中央的核心、全党的核心,既与习近平同志所具备的马克思主义政治家的领袖风范、政治智慧、理论勇气、卓越才能和人格魅力分不开,更是在十八大以来领导我们党进行伟大斗争、建设伟大工程、推进伟大事业、实现伟大梦想的实践中形成的。

6. 以制度建设为抓手,完善党建工作的制度规范

思想建党的成果要靠制度治党来保障和巩固,制度治党要以思想建党为前提和基础。习近平总书记指出:“坚持思想建党和制度治党紧密结合。从严治党靠教育,也靠制度,二者一柔一刚,要同向发力、同时发力。”为此,党中央把党内法规制度建设提高到前所未有的高度,据统计,十八大以来,党中央成立专项小组,统筹抓好党的建设制度改革工作。五年来党中央共制定修订 88 部中央党内法规,占现行有效 188 部中央党内法规的 47% 左右。同时,在全党范围内对党内法规和规范性文件进行集中清理。

加强制度建设,党的组织制度建设层层推进。十八大以来,党的组织工作制度建设不断取得新进展。

一是,向党中央看齐。坚决执行“四个服从”的原则。坚持“四个服从”,核心是“全党各个组织和全体党员服从党的全国代表大会和中央委员会”,也就是全党服从中央。

二是,健全地方党委的组织制度建设。省市县三级地方党委和基层党委在贯

彻落实中央决策部署、推动党的奋斗目标实现上居于关键位置、负有重大责任。

三是,建立党组以实党对非党组织的领导。党组是实现党对非党组织领导的重要组织形式和制度保证。在国家机关、人民团体、经济组织、文化组织、社会组织和其他组织领导机关中设立党组,是确保党的理论和路线方针政策得到贯彻落实的重要途径,体现了中国共产党独特的政治优势、组织优势、制度优势。

四是,强化监督,严肃问责。作为党内监督体系的重要组成部分,党的各级纪律检查机关是党内监督的专责机关。在党中央的领导下,纪检机关的专责监督与党委党组的全面监督、党的工作部门的职能监督、党的基层组织的日常监督以及党员的民主监督,构成了一个完整而又相互衔接联动的监督体系。十八届六中全会审议通过的《中国共产党党内监督条例》和《关于新形势下党内政治生活的若干准则》对党的中央组织、党委(党组)、党的纪委、基层党组织和党员这四类监督主体的监督职责以及相应监督制度做出规定。该条例的颁布实施,对党内监督的指导思想、基本原则、监督主体、监督内容、监督对象、监督方式等重要问题做出规定,为新形势下强化党内监督提供了根本遵循。

五是,严格干部管理,管好干部。各级党组织坚持以严的标准要求干部、以严的措施管理干部、以严的纪律约束干部,打出一套从严治吏的"组合拳"。比如,加强对干部的日常了解和平时考察,加大对干部提醒、函询、诫勉力度,把干部置于党组织的有效管理之中;突出关键少数,重点监督掌握人财物决策权、支配权的重要岗位干部尤其是党政主要负责同志,领导干部经济责任审计实行党政同责同审。

六是,严格干部出国出境的管理。领导干部的私人护照要主动报告。因公护照交由相关部门管理,不能自己持有。绝不能让领导干部私自出国,在国外找避风港。对违规办理和持有因私出国(境)证件的3.5万名干部进行处理。

七是,集中开展超职数配备干部、"裸官"、干部档案造假、领导干部违规兼职等突出问题专项整治。截至十九大召开前,全国超配的4万余名副处级以上领导职数已基本消化;累计调整副处级以上"裸官"1374人;完成1556万人的干部人事档案审核,重新认定351.5万人档案信息,涉及涂改造假受到处理处分的5.9万人;清理党政领导干部在企业兼职4万余人。

八是,加强巡视工作。这五年,创造性地在全党开展巡视监督工作,有效解决了党内存在的突出问题,反腐败斗争压倒性态势已经形成。2017年1月9日,在解读十八届中央纪委第七次全会精神新闻发布会上,中央纪委副书记吴玉良指出:据国家统计局开展的全国党风廉政建设民意调查数据显示,党的十八大召开前,人民群众对党风廉政建设和反腐败工作的满意度是75%,2016年是92.9%,

短短4年的时间,满意度上升了近18个百分点,且逐年走高。这样的数字说明广大人民群众对腐败现象深恶痛绝,对反腐败斗争充满希望。这也是我们继续取得反腐败斗争更大胜利最重要的基础。在同一个新闻发布会上,监察部副部长肖培公布:纪检机关目前接到的检举控告类信访举报呈下降态势,2016年比2015年接到的此类举报下降了17.5%,是十八大以来的首次回落。这一数字的出现说明:腐败问题已经得到有效治理,存量腐败行为已经被大大压缩,增量腐败行为存在的空间越来越小。党兑现了"打铁还需自身硬"的庄严承诺,赢得了党心民心。

对纪委的工作程序进行科学的调整。纪委直接受上级纪委的垂直领导,同时向本级党委报告工作。

不仅如此,中央成立纪检监察干部督察室,认真解决灯下黑的问题。中纪委的魏健同志,作为管理中纪委内部干部的高级干部,在解决灯下黑中,第一个被拿下!还有好几个省纪委书记、纪检组长由于违规违纪都被拿下了!

此外,向各级机关、企事业单位派驻纪检组组长工作,监督各单位的勤政廉政工作。

九是,严肃党内政治生活、净化党内政治生态方面。党的十八大以来,党中央把严肃党内政治生活、净化党内政治生态上升到关系党的生死存亡的高度来抓。党的十八届六中全会通过的党内政治生活准则和党内监督条例,对严肃党内政治生活、净化党内政治生态做出全面规范。各级党组织和党员干部结合主题教育,对照正反典型,以整风精神剖析反思、开展批评、落实整改;加强党内政治文化建设,大力倡导和弘扬共产党人价值观。各方面普遍反映,党内正气显著上升,党风明显好转,同时也带动了社会风气上扬,为党和国家事业发展积聚了强大正能量。

五年来,制度笼子越扎越紧。执纪监督越来越严。巡视利剑越磨越利。从一些落马的老虎的言谈中,得出切实的证实。

大型电视专题片《永远在路上》中介绍,对中央严抓"八项规定",已落马的河北省委原书记周本顺在内心深处其实并不接受,以至于在公开场合多次表达不满。据介绍,周本顺甚至跟班子成员讲,说现在中央抓八项规定,抓得太细了、太严了,没有必要。酒该喝还是要喝的,喝点酒有什么不好,喝点酒多有气氛。

据了解,在公务接待、个人住房、出国考察等方面,周本顺都严重违反相关规定。他的做法在河北产生严重的负面示范效应。在周本顺任省委书记期间,河北在落实中央八项规定精神方面存在很多不到位的地方,其中一个重要原因就是由于周本顺带头违反中央八项规定精神。

专题片中,周本顺反省称,中国历来就是一个人情社会,好像大家见见面不吃个饭不喝两杯,就总觉得难以表达那种感情。中央为什么做出八项规定,对全党改进作风有什么好处,有什么重大意义,没有深刻地去理解,脑子里没有真正重视起来,所以出现这个问题。

2017 年 10 月 10 日,人民日报上的"全面从严治党挽救了辽宁"中透露:十八大之前的辽宁,政治生态之劣,可说是触目惊心。一位市委书记向记者痛诉用人之不公、不正、不明。那种无奈与愤懑,让人记忆犹新。在省委原书记王珉的带头和纵容下,辽宁一度圈子文化盛行,拉帮结派流行,跑官卖官畅行,带坏了风气,也害了一批干部。三次省级层面的拉票贿选案件,让许多干部不得不随波逐流。政治生态泥沙俱下,带给辽宁一系列沉重的系统性矛盾。经济增长下行、经济数据造假、政府债务高筑等问题,一时间全都爆发出来。

辽宁省委书记王珉以侥幸心态对待反腐。在反思中,他说:"我是省委书记,并在许多岗位干过,怎么样也不会查到我吧!最后被绳之以法!好几个省委书记都因为违反八项规定被绳之以法。"

这五年,真正做到:管党治党真正做到了内容无死角、主体全覆盖、领域无禁区,全面从严治党向纵深推进。

习近平同志在"7·26"重要讲话中强调,不能因为党的十八大以来全面从严治党取得的成果而沾沾自喜、盲目乐观,"要坚持治标不松劲,不断以治标促进治本,既猛药去疴、重典治乱,也正心修身、涵养文化,守住为政之本。"如果我们让已经初步解决的问题死灰复燃、反弹回潮,那就会失信于民,我们党就会面临更大的危险。只有推动全面从严治党向纵深发展,才能防止已经初步解决的问题死灰复燃、反弹回潮。

7. 以理论创新为先导,切实解答社会主义现代化建设遇到的重大理论问题

习近平同志在"7·26"重要讲话中指出:"我们坚持和发展中国特色社会主义,必须高度重视理论的作用,增强理论自信和战略定力。"

时代是思想之母,实践是理论之源。实践发展永无止境,认识真理、进行理论创新也永无止境。5 年来,党和国家事业取得了辉煌成就,一个重要原因就是坚持以马克思主义这一科学理论作为自己的行动指南,并在实践中不断丰富和发展。

社会主义是向前发展的,理论要随着实践向前发展。实践是无止境的,理论改革发展也是无止境的。在社会主义 500 百年的历史上,有空想社会主义,马克思主义、列宁主义,毛泽东思想和中国特色社会主义理论。在攻坚克难的改革发展中,必须要有马克思主义中国化新成果来指导,才能实现我们的伟大目标。习近平同志指出:"这是一个需要理论而且一定能够产生理论的时代,这是一个需要思想而且一定能够产生思想的时代。"十八大以来,党的理论创新最大成果就是习近平同志治国理政新理念新思想新战略,这是马克思主义中国化的新成果。通过

这些理论引领社会发展,解决社会发展中的重大问题。

习近平同志的思想在世界范围内引起共鸣。《习近平谈治国理政》一书收录了习近平主席自2012年11月至2014年6月的讲话、谈话、演讲、答问、批示、贺信等79篇。截至目前,该书已出版23个语种,在全球160多个国家和地区发行了650万册。可见,习近平同志治国理政新理念新思想新战略在世界范围内的巨大影响。

四个全面的战略布局、一带一路思想、人类命运共同体等。这些都是理论创新的成绩上取得的。未来,我们继续坚持与时俱进,进行开拓创新,谋求中国现代化建设的稳步发展。

正如习近平同志在"7·26"重要讲话中所强调的:"我们要在迅速变化的时代中赢得主动,要在新的伟大斗争中赢得胜利,就要在坚持马克思主义基本原理的基础上,以更宽广的视野、更长远的眼光来思考和把握国家未来发展面临的一系列重大战略问题,在理论上不断拓展新视野、做出新概括。"

8. 强化担当意识,率先垂范,增强人民群众信心和勇气

抓示范,以上率下、率先垂范。"关键少数"领导带头、以上率下,是推动事业发展的重要方法,也是管党治党的宝贵经验。领导有担当、有自信,群众才有信心和勇气。

党的十八大以来,整个社会一个最明显的变化是党员干部作风有了很大改进。为什么会有这样的好结果?

一是中央政治局以上率下、身体力行,充分发挥示范带头作用。习近平总书记和李克强、张德江、俞正声、刘云山、王岐山、张高丽等中央领导同志始终在执行八项规定方面身体力行,为全党树立了典范。各地区各部门党政领导迅速跟进、主动对标,逐级制定和落实改进作风的制度措施。

二是聚焦"四风"问题,持续开展专项整治。集中清理整治文山会海、节庆泛滥、"三公"经费开支过大、超标超配公车和办公用房、滥建楼堂馆所等问题;着力整治发生在群众身边的不正之风,群众办事难、乱收费乱罚款乱摊派、拖欠群众钱款等问题得到较好解决。十八大以来,每一位中国公民都体会到,党风发生了革命性变化。大家都坚信:以全面从严治党永远在路上的坚韧和执着,中国共产党一定能跳出历史周期律。

三是建立健全作风建设长效机制。制定了"八项规定"和《党政机关厉行节约反对浪费条例》以及一系列具体配套制度规定的思想,为巩固和深化作风建设成果提供了有力制度保障。中央纪委监察部网站10月10日发布数据显示,2017年9月份全国共查处违反中央八项规定精神问题4506起,6187人受到处理,4567人

受到党纪政纪处分。可见，胆大妄为的人员还是大有人在，中央查处违规行为的态度坚决、举措有力。这也说明作风建设永远在路上。

人类事业进步发展永远在路上，党面临的“赶考”也永远在路上。我们只有以“赶考”的姿态迎接挑战，励精图治，不懈奋斗，“把党建设得更加坚强有力”这一伟大工程的任务才能稳步推进，由此，我们才能交出优异的答卷。

统一标准　细心整改　确保质量①

2017 年 9 月 22 日

各位领导:上午好!

从教务处检查的情况来看,经过大家的共同努力,大家付出了心血,整个教学工作是有成绩的。但是,问题不少。这些问题反映的是我们在细节的管理工作出了问题。因为试卷批改、统分和装订等这些问题,论文的写作的进度、论文题目的规范、论文的最后签名等问题;档案袋的管理问题,这些经常提及,从过去的汇报中,感觉早就解决好了。没想到经过教务处检查,还有这么多不应该出的问题,真是吓人一跳。

往后的评估工作,应该怎么办?

第一,思想真正重视。要从明年的评估工作"一定要通过"的角度认识问题。如果评估通不过:我们对得起谁?对不起党和政府、对不起社会、对不起家庭、对不起学生、对不起我们自己!我们现在许多指标、部件都有进步,但是,我们的态度没跟上!此次检查发现的问题,完全是可以做好的。试卷问题、论文格式要求问题、档案袋的装规范问题等,这些只要平时注意,都不成为问题的。比如说,试卷分数汇总出错!这是加法,没有乘法!为什么做不好呢?以前,某一大学的一位学生考基础课程时,由于教师的统分出错,造成人家不能按时毕业。几年后经过查阅试卷,整整少了 20 分没有统计。家长拍案而起!我们现在也有好几份试卷统分出现错误。真是岂有此理!有些还是平时表扬的好老师!以前,每次在评阅学生的成绩时候,我都要反复检查几遍,尤其是不通过的学生,从试卷、平时成绩等几方面认真检查,防止出错。我们花了那么多的精力,自己做了那么多工作,就是再花一点时间、再细心一点就可以做得好的,为什么不做呢?这就是思想问题!所以要真正重视!

第二,要按照统一的标准,按规操作,不能各行其是。我们有个别教师说,我

---

① 2017 年 9 月 22 日在教务处检查评估工作汇报会上的讲话。

做得不错,达到标准了。这里有个问题,就是按照什么样的标准?这个标准就是教务处给的标准,统一进行。

第三,积极配合,协调解决。有了问题要反映、汇报、及时处理。这里包括学校层面、学院领导层面、秘书层面和教师层面。学校层面的,教务处要加强检查,发现问题要及时通报解决;后勤处要在硬件方面为评估工作及时到位做好服务。该买什么就马上买。校办公室要监督、要及时办理。不能拖拉,更不能逃避。现在是档案柜不够,要及时购进,让这些档案严格归档、上架。废弃的试卷要集中销毁。学院院长要担当起学院评估工作的第一责任人、指挥长。要统一规划、布置、督促、检查和落实才行。这是岗位所必需的。教务秘书们,要按照规定的要求,管理好老师交回的试卷档案、论文档案,不合格的就要求教师重做;要按照要求认真清点教师交回的各种材料,按照规定的要求认真检查、核对,做到规范,整洁;对那些问题较多、容易疏忽的,要特别留意。如果你自己不严格要求,再出现这些问题,就是你自己负责。教师要按照规定讲课、出试卷、批改试卷、统计分数、计算好本门课程的学生成绩、写好总结材料;论文方面,要审查题目、掌握进度、把关质量、做好指导记录和写好评语;要及时按照教务工作的要求,做好规定的工作。多方面配合,搞好工作。

第四,加强责任制,提高工作效能。

一是,教师要按照岗位的要求,增强担当意识,增强责任感。既然来广外当老师,就要按照岗位的要求,切实做好岗位工作。不能想着做不好就辞职不干的思想。既然做了,为了教育事业、为了国家、为了社会、为了学校、为了学生、为了自己这段时间宝贵的时光,就做好、做实、做细,做出成效来。

二是,评估办公室、教务处要做好检查、督促、通报工作。

三是,改进旧的,更要着眼今后的合规工作。旧的毛病要在这段时间认真按照学校的要求经常清查、改进。往后,就要严格按照规范进行工作,不能再让上述问题积累下来、流传下去。要秉持"一次过"的精神,提升"一次过"境界,达到"一次过"的效果。

总之,秉持一直以来坚持的一个原则:自己家的孩子自己抱。就是说,如果你不按照规定工作,达不到规定的要求,那么,周末、放假、过年、寒假和暑假等,你都别想了,你得留下来加班,继续做这些达不到规定的事,直到合格为止,没人会陪着你!

以思想道德建设引领学校教育教学工作①

2017 年 9 月 26 日

各位新同事：

大家下午好！

今年是学校道德建设年，围绕道德建设工作，组织了很多道德建设活动。道德讲座、道德评价、道德模范宣传、参观学习等都是道德建设的基本形式。其中，举办道德讲座应该是最主要的内容。因为，一方面是道德讲座简便易行，效果明显。另一方面是道德讲座的内容是报告人对道德建设中某一问题的深思熟虑的结果，感染性强烈；同时，道德讲座获取的信息量最大，比较切合当前学校的实际。今天，我在这里与新入职的教师交流高校教师思想道德建设的相关问题。

我围绕三个问题展开讨论。

一、学校是学生思想道德建设重要场所

人者，德为先。这是古人讲的，可以说是几千年的经验总结。那么，德是怎么形成的？大家知道，一个人的道德水平受到多种环境因素的影响。家庭成长环境、学校学习环境、工作岗位环境、社会生活环境等，这些环境因素对人生道德的养成和事业发展都有作用。同时，应该肯定，学校思想道德教育对人生道德水平具有决定性作用，对学生未来的事业发展起着基础性作用。

首先，学生时代是道德养成的关键时期。学生时代是人生求知欲最强、学习效率最高、学习精力最集中的时期，这一时期我们是在学校里度过的。这一时期的知识和行为对人生来说起到先入为主的态势。小时候的一次活动、小时候的一首歌、学生时代的背诵的诗歌和教师的为人处世等，都会在人的心里留下深深的印记。因此，学校的教书育人环境对学生道德习惯的养成具有重要作用。

其次，学校是学生求知与求道并行的场所。在学校，不仅学习专业知识，增长

① 2017 年 9 月 26 日在新入职教职工培训班上的讲座。

才干,更重要的是学习做人,为明天的事业打基础。习近平同志指出:青年的价值取向决定了整个社会的价值取向,而青年又处在价值观形成和确立的时期,抓好这一时期的价值观养成十分重要。古人讲:人者,德为先。我们经常把"为人处事"挂在嘴边,是什么意思?"为人"的主要内涵就是做人,"处事"的主要内涵就是人的工作能力。"为人"是放在第一位的,"处事"放在第二位。"为人"是方向、是立足点,方向出错了,立足点站错了,那就是一事无成。这个方向的把握是在哪里形成的呢?就是在学校,在学校的教师、教学管理队伍和学生工作人员,由他们奠定基础。其他环境可能在某一方面起作用,但是,在综合性方面不具备这样的作用。

第三,学校是学生思想道德养成最成功的地方。学生时代,学校有一个强有力的思想工作队伍,班主任、辅导员、团学组织、团委、行政和党委的各系统等,保证思想政治教育的实效。同时,社会对德才兼备人才的需求,决定学校在道德教育方面的独特压力和优势。如果学校不注重道德的培养,那么,它的产品质量不能满足社会的需要,学校就会招不到学生,就会关闭。因此,狠抓思想道德修养,是学校的内在要求和基础性的工作。我们经常看到,毕业生就职,除了考试成绩之外,最重要的是考核你的道德品质。招聘单位经常外调你的在学期间的表现,其实,就是道德水准问题。可以说,思想道德建设的水平决定学校的发展水平。一批一批德才兼备的学生源源不断地从学校走向社会,是学校发展的保证。可以说,学校是思想政治教育最活跃的区域,最有成效的区域。

第四,学校校训的核心内涵就是道德建设。相同的学科,各学校所教的知识是一样的,但是,各学校留给社会的影响却不尽相同,各校有各校的特色,这是为什么?很大一部分就是校训、校风等造成的。北大的校训是"爱国、进步、民主、科学",80 年代喊出"团结起来,振兴中华"的口号。所以,北大培养的学生,除了科学知识优秀之外,北大的学生在爱国、进步、民主和科学方面,有北大自己的特色。清华大学的校训是"自强不息,厚德载物",清华强调"行胜于言",清华的学生注重实干、脚踏实地、追求真理等方面彰显了清华的特性。我们广外的校训"留住中国魂,做好国际人",广外强调"大爱"精神,这其中把铸魂放在第一位,中国魂没有留住,就无所谓国际人了。广外今年的新入职人员和新生的誓词中核心就是道德品质的内涵。

2017 年新入职的教师宣誓:我志愿做一名光荣的人民教师,坚决贯彻党的教育方针,忠诚人民的教育事业,爱国守法,爱岗敬业,爱校爱生,传承文明,开拓创新,严谨治学,启智求真,为人师表,乐于奉献,为实现中华民族伟大复兴而努力奋斗!

2017级新生宣誓:我作为广西外国语学院的一名新生,时刻铭记:铭记祖国赋予的尊严,铭记人民给予的荣耀。铭记父母寄予的希望,铭记恩师赐予的教诲。遵纪守法,明礼诚信,努力学习,超越自我,知行合一,行胜于言,珍爱生命,把握明天。留住中国魂做好国际人。

这些誓词就是参阅其他大学的誓词提炼的。

从上述的几所学校的校训,可以看出,整个校训的内涵中,“道德”是放在核心地位的。

第五,以思想道德建设引领学校教育教学的全过程。

加强思想道德建设是各项事业胜利的保证,是党的优势。毛泽东同志讲过,思想政治工作是其他一切工作的生命线,离开了思想政治工作,其他一切经济工作就会走向邪路上去。在党的历史上,在党的各级部门、军队部门、政府部门等,都有从事思想政治工作的专职人员,从某种意义上讲,党委就是抓思想政治工作的,抓意识形态的,专管方向的。

古人说:“大学之道,在明明德,在亲民,在止于至善。”“善之本在教,教之本在师。”什么是“善”? 善就是思想道德素质和思想道德水平。作为培育接班人的学校,道德教育是摆在第一位的。早在1956年毛泽东就指出:“我们的教育方针,应该使受教育者在德育、智育、体育几方面都得到发展,成为有社会主义觉悟的有文化的劳动者。”“不论是知识分子,还是青年学生,都应该努力学习,除了学习专业外,在思想上要有所进步,政治上也要有所进步,这就需要学习马克思主义,学习时事政治,没有正确的政治观点,就等于没有灵魂。”公办高校实行党委领导下的校长负责制;民办高校实行董事会领导下的校长负责制,党委发挥政治核心作用。道德的作用是不能含糊的。

习近平同志指出:一部人类历史的发展史表明,对一个民族、一个国家来说,最持久、最深层的力量是全社会共同认可的核心价值观。核心价值观,承载着一个民族、一个国家的精神追求,体现着一个社会评判是非曲直的价值标准。核心价值观,其实就是一种德,既是个人的德,也是一种大德,就是国家的德、社会的德。国无德不兴,人无德不立。如果一个民族、一个国家没有共同的核心价值观,莫衷一是,行无依归,那这个民族、这个国家就无法前进。这样的情形,在我国历史上,在当今世界上,都屡见不鲜。

在进行社会主义现代化建设的伟大征程中,高校要从着眼于培养合格接班人和社会主义建设者的角度,积极践行社会主义核心价值观,以社会主义核心价值观引领高校教育教学全过程,这也是学校教育的应有之意。

二、教师要把教书育人当成自己坚定的事业

现在，我们在广外就业，算是一名教师。按照教书育人、服务育人，管理育人的要求，不管是在哪个岗位，都是这种义务培养学生成长成才。

现在就有一个问题，你们来广外做老师是暂时的过度？还是把教师是一种职业？或者是把教书育人当成一种事业？当然，这里不存在“对”与“错”的问题。有选择是个人的自由，别人不好干涉。这里的问题是，这三者有区别吗？我认为是有的！区别可大了。那就是对学生的影响不同，尤其是对学生思想道德建设的贡献不同。

把教师职业当成一种过度。这只是暂时的过度，很容易容易理解。现在还没有别的好机会，正在寻找，一有机会，就跳槽、换岗、高就等。可以说，那么这种选择是一种临时性的，时间不长，三个月或者半年时间。这样，不会花过多的心思在思考广外的事情，思考学生成长成才的问题，上完课就走人。他的心思只是在课堂上，课堂之外，他都会在谋划心中的职业。一有机会，就会向他心中的职业奔去。教师岗位就是一种暂时的谋生手段。相当于出卖知识，只教书，不育人。这种人在职时间短，教书水平、教书质量不高，一般来说，对学生思想道德建设影响有限。

把教师当成一种职业，当成一个工作岗位。这是一种什么情况？这种给我的感觉是他的心是在学校里，但是对教师职责的理解上有偏差，教师就是教书，至于做人，没有过多的思考。也就是说，他的心是在课堂上，他的工作重心在于教书，传授知识，把书叫好了就行了，但是在育人方面，有思考，但是思考得不多。这种状况对学生的学业和思想道德建设有很大的影响。因为，对于学生来说，教师的知识和为人，都会影响到学生。现在，一人上几门课程，课时量大，教学班级多，影响面比较大。学生可以从他身上学习学科知识，在做人方面，对学生有影响，但是，难以成为学生的表率。

把教育工作当成一种事业。那就全身心投入，在教学工作中，深入细致，效果良好；在育人方面，肯花时间，热心学生管理工作，一般都兼任做班主任，积极组织参加校园文化活动，与学生交往较多，经常下班开班会、下宿舍，了解学生的学习生活情况，对学生的影响是全方位的，起到表率作用。

在学校的纪律检查中，发现个别教师的表现与思想道德的要求严重背离。比如，个别教师，在课堂上，叫学生回答问题，回答令教师不满意的，就要学生交钱，一次交几元钱；个别教师吃空饷，一门课，只上几次，就填写全上课，并且连续几年；个别教师在课堂上，学生回答问题令自己不满意，就是用侮辱性的语言，猥亵性的语言辱骂学生、奚落学生、讥讽学生等。个别教师不请假，就擅自不来上课、

擅自外出;有的人请假时霸王假期,把假条转由他人转交;有个别教师不服从组织的工作,你讲你的,我做我的,以自己为中心。有的私自调课,调课之后不补课;有的强行要学生请客、送礼品,不送礼品、不请客的不给通过等。

拿班主任岗位来说,就更能说明问题了。管理学生的,在大学里,管理学生第一责任的应该就是班主任岗位。班主任应该是学生做人的引路人,学生事业发展的引路人,学生成长成才的引路人,是学生在校的父母。班主任离学生是最近的,是学生在校内最亲的,是学生最信得过的人。只有做到这样,才算是合格的。但是,现实中,有些班主任的表现与此大相径庭。班会没看见人,遇事找不到人,学生没看见人,但是,在评职称要填写思想政治表现的时候,就看见了。当班主任是为了有个经历,好盖公章。这种认识是不对的。学校的学工队伍中,各有各的职责,辅导员有辅导员的职责,班主任有班主任的职责,学生会有学生会的职责,团委书记有团委书记的职责,他们之间可以互相帮助,但是各自的职责是要分清的,有主次的。班主任管理40~50个学生,学生有事的,第一时间应该是想班主任汇报。班上发生任何事情,班主任应该是最清楚的。这一点,认真做过班主任的老师应该是有同感的。因此,加强对班主任的管理,是学院党委的重要工作。当班主任,每一位教师都有责任和义务。学校这么多学生班级,每一位教师都要担负起责任,不只是追求有过经历这么简单。

出现这些情况,是在教师岗位的人员没有把教育事业当成自己的人生事业造成的。

从上分析,从教育的角度上讲,我们要提倡大家把在教育当成一种事业。为教育事业认真工作,做学生的老师、做学生的朋友、做教师的表率。

为什么?一是,这样做,对得起教师的名声。“师也者,教之以事而喻诸德者也。”可见,教书和育人是教师的本分,必须要全身心地投入的,三心二意是做不好教师的。历朝历代都有对教师赞美的语言,如“天底下最神圣的事业”“塑造灵魂的事业”。这些语言,听起来很神圣,表达了社会对教师的期望。神圣的事业靠三心二意是难以胜任的。

二是,对得起学生。德才兼备是学生是否成长成才的核心要素,学生的道德和学识的养成要靠教师的帮助、引导才行的。学生不知道的,我们要引导、要示范才行。五四运动以来,青年学生形成的“以青春之我,创建青春之家庭,青春之国家,青春之民族,青春之人类,青春之地球,青春之宇宙”,这种宏大的胸怀的形成是在教师的帮助下、引导下才能形成的。苏联教育家加里宁说:教师的世界观、他的品行,他的生活、他对每一现象的态度,都这样那样地影响着学生。

三是,对得住自己。自己的人生旅途的每一个环节都要活得充实,有充实感、有成绩感才行,才不枉费自己的人生。既然自己花一段时间在教师的岗位上,就要全身心的投入。使得自己在教师岗位上奉献青春,不是浪费青春。孔夫子成名,就是靠教师的这个岗位的。他是把教师当成自己的事业,把自己的成长当成事业的。我们广外有许多资格老的教师,确实是把教师当成事业的。学校中的广西名师在我们的领导班子中就有几位。我常听校长说,我们要保住晚节?什么意思?就是自己从公办高校的岗位上退下来了,来到广外的岗位上,要站好教师这班岗位,要在广外这个教师岗位上,要做出贡献,不能碌碌无为。就是一大批教师心里有这种胸怀,才有广外事业今天的发展。

四是,对得起历史。中华5000多年文明,传承到我们这一代,我们要很好地传承下去,才能对得起先前奉献创下的基业。要传承,就要有教师们的无私奉献。只有做好了传承,才能对得起子孙后代。落后就要挨打!这是鸦片战争以来的深刻教训。为什么落后?就是我们的思想没跟上,我们的教育没有跟上,我们人才队伍建设没有跟上,以至于我们生产力水平落后。在中国共产党的领导下,经过几代中国人的共同努力,“我们现在比任何时候,都更接近中华民族伟大复兴的目标”,今天的学生就是未来实现中华民族伟大复兴中国梦的主力军,广大教师就是打造这支中华民族梦之队的筑梦人。现在我们有良好的基础和势头,我们要把这种势头传承下去,就要有教师的奉献,教师全身心地投入。如果我们不努力工作,没有担当,宏伟的事业在我们手里断送了,那我们就是千古罪人!

只有当成事业来做,才会想办法,出主意,做好教育教学工作。当然,“当成事业来做”不是意味着你的一生都一定从事教育事业,而是说你在教育岗位的时段,要把教育事业当成一种事业,全身心地投入,并把这种潜心做事的风格带到其他工作岗位上,这样,我们的事业就会辉煌,我们的人生就会美丽荣光。当然一辈子从事教学的话,我们的思想道德水平会上一个大台阶。

三、学校教师要做到四个相统一①

习近平同志指出:教师重要,就在于教师的工作是塑造灵魂、塑造生命、塑造人的工作。一个人遇到好老师是人生的幸运,一个学校拥有好老师是学校的光荣,一个民族源源不断地涌现出一批又一批好老师则是民族的希望。“广大教师要做学生锤炼品格的引路人,做学生学习知识的引路人,做学生创新思维的引路人,做学生奉献祖国的引路人。”为此,习近平同志要求教育事业尤其是高等学校,

① 本节参阅韩俊兰:《担当道义:促进教师做到“四个统一”》。载于《十谈》编写组:《加强和改进新形势下高校思想政治工作十日谈》,人民出版社2017年4月版,第70－74页。

要“强师德师风建设,坚持教书和育人相统一,坚持言传和身教相统一,坚持潜心问道和关注社会相统一,坚持学术自由和学术规范相统一,引导广大教师以德立身、以德立学、以德施教。强师德师风建设,坚持教书和育人相统一,坚持言传和身教相统一,坚持潜心问道和关注社会相统一,坚持学术自由和学术规范相统一,引导广大教师以德立身、以德立学、以德施教。”

习近平同志的讲话,是对教师岗位的地位和作用做出的肯定和高度概括,是对教师给予厚望,为当代教师的历史使命指明了方向。作为教师,必须从思想政治道德工作着手,做到“四个统一”。

第一,坚持教育和与育人的统一。

教书和育人是教师的神圣职责,是教师岗位职责中的基本使命。教书育人是一个有机整体,教书是育人的基础;育人是教书目的的实现。两者比较而言,一个个注重知识传授,一个注重思想道德的形成,两者统一于教书育人的全过程。

教书必须以育人目标为引领,着眼于育人,这样教的书才有方向感,才真正落到实处;育人要用知识来育人,这样育的人才能在高起点获得真知、自由和解放。

教书,就是释疑解惑或者授业解惑也。授业就是教师传授知识,学生获得知识技能,增长才干。解惑就是解答学生学习过程中遇到的问题,通过解答学生的问题,疏通学生心中的疑团,这里的“疑惑”内容丰富,它包括知识的“疑惑”,方法上的“疑惑”,道德上的“疑惑”等,通过解惑,是学生掌握真理、掌握真知。

育人,就是传道也。古人把它放在教书的前面。今天讲德智体美,道理是一样的。传道就是教人做人的道理,是学生在思想道德的引领下,掌握知识、增加智慧,健康体魄,增强美感。育人是“育德”“育心”“育智”“育体”“育美”的综合体现。育人的手段和途径是多元的、多方面、多渠道的。在学校,课堂教学是主渠道、主阵地。日常开展的校园文化活动、学生与教师之间的交往也蕴含其中的育人工作。

就育人效果而言,教书是授人以鱼,而育人是授人以渔。这就好像我们眼下开展的扶贫攻坚一样,扶贫有暂时的输血式的方式,有根本的造血式的方式。二者有机结合,扶贫攻坚才能按期完成,根本的是造血式扶贫工作。教书培养的是具有专业知识的人,而育人则是要引导学生独立思考、培养学生创新的能力、学会做人做事的道理。知识的记忆是暂时的、阶段性的,而创造知识的方法是永久的、可创新的。习近平同志讲得好:“教师教给学生的知识,多年以后可能会过时,可能会遗忘,但教给学生为人处世的道理是学生一生的财富,会让他们终生难忘。”教书传递的信息是可以被遗忘的,而引导学生养成的品格却是相伴一生的。学校中,班主任可能都没给我们上过课,但是,班主任老师教导我们做人,因此常有这种情况,一些任课教师我们逐渐遗忘了,但是班主任老师时常会在我们的心里。我们会在很多岗位锻炼,唯有学校是勾起我们大家心灵共鸣的地方,每当我们毕业或者进校的五年、十年、十五年、二十年等,母校就会无声地发出内心的呼唤,都会在学生中产生回校感受学习的感觉。

第二,坚持言传与身教的统一。

言传和身教是教书育人的重要形式,坚持言和传身教是育人的具体要求。从教书的角度看,"言传"是传授知识,回答应该怎么样;从育人的角度,"言传"是直接用语言表达自己的喜怒、哀乐、好恶以及赞同什么、抵制什么。"身教"是用实际行动表达自己的思想和主张,以强化学生对"言传"的认同。言传与身教是统一的,相辅相成的。

"言传"是显性表达。教师必须立场鲜明告诉学生,哪些是对的,哪些是在错误的,哪些是该坚持的,哪些是必须反对的。老师要坚定自己的道德认知,做政治上的明白人。在社会主义现代化建设过程中,我们必须坚持党的教育方针,坚持社会主义办学方向,这是确定无疑。我们要坚决批判西方的自由主义思潮,批判极端个人主义,我们要宣传和弘扬正能量,以此来引导学生树立科学的三观。

身教是潜移默化。孔子讲的"亲其师而信其道","其身正,不令而行;其身不正,虽令不从。以身教者从,以言教者讼。"教师必须身正,率先垂范,立好自己的标杆,这样才有可能引导学生。我们要时常想一想,我要树立什么样的师德?我们的道德行为和教育要求的是否合规?我们怎样教导学生树立合规的道德等等。以我们的言行一致,无私奉献引领学生。

第三,坚持潜心问道和关注社会的统一。

"潜心问道"和"关注社会"是教师职业生涯发展中密切相关的整体。尤其是现代社会,那种关起门来不问政治、不问社会发展的时代已经过去了。"潜心问道"是必需的,"关心社会""服务社会"更是必需的。离开了社会,我们的"问道"就是"瞎问",问不出什么新东西、好东西、学生需要的东西,这样就会障碍自己的眼光,阻碍自己进步,耽误学生的成长。

第四,坚持学术自由与学术规范的统一。学术自由和学术规范是学术道德的范畴,也是教师做人道德主张的在学术领域的表现。没有学术自由,就没有学术发展,也就谈不上学术规范。学术自由是有规范的自由,那些以学术自由为名,不讲学术道德的行为是可耻的。当前,剽窃他人学术成果的现象时有发生,甚至是一些名家名段名角等,都存在学术造假、学术不规范的问题。这是令人深思的。

老师们:广西外国语学院是一所新兴的大学,办学历史 13 年,现在有 15000 大学学生。广外传承大爱精神,这种大爱精神的内涵要靠大家去丰富和完善。我们讲的大爱精神,与传统上强调的“仁”有相同之处的。因为,“仁”的行为就是爱,是大爱,能够情感上让人愿意相随,深入民心。“仁”的精华就是善。人性的善,就好比水往低处流一样,是十分自然的事情。尽管我们是一所民办的本科大学,但是,我们是中国共产党领导下创办的大学,是社会主义大学。因此,在我们学校,讲究大爱,遵循和践行社会主义核心价值观就是自然而然了,教师加强自己的思想道德修养也是自然而然了。

作为一名教师,用大爱精神去从事自己的教育事业,以自己良好的思想道德素质引领学生,教育好学生,用自己美好的心灵去影响学生。这样,我们所带的学生就会一批一批从学校走向社会,在社会中展示他们的光彩。这是我们从事教育事业的人的共同心声,是社会对我们的期待!

明确职责，同心协力，做好评估的攻坚工作①

2017 年 10 月 26 日

各位领导：大家下午好！大家辛苦了！

经过一年多的努力，我们按照评估指标的要求，从课程教学、学生学位论文、试卷档案管理、创新创业工作、人才引进以及学生工作等方面都做了准备，有了一定的成绩。但是，从上星期学校组织的模拟教育部专家组进行的自查自评工作来看，效果还是不很理想，差距还是很大的。前一段日子，教务处的检查，把我吓了一跳！这一次学校组织的自评检查把我吓了一身汗！为什么，因为存在的问题不少，难度比较大。学校的自评报告和整改方案已经分解下发了，各二级学院、各部门要按照整改方案的要求，自己认真对照、梳理，再自查自整，切实调动每一位师生的积极性，真“动”、动“真”，以高效和实效推进评估工作。

为了把下一阶段的评估准备工作搞好，我讲几点意见。

一、充分认识评估工作的紧迫性

2018 年教育部对我校进行本科教学合格评估工作已经进入倒计时阶段。现在，我们评估准备工作不到一年了。按照惯例，明年 8 月底就要上交自评报告。就是 300 天时间。现在我感到时间非常紧迫。所谓紧迫，一方面就是时间短，任务繁重，工作压力很大。另一方面紧迫感来自部分教师对本科教学评估工作的重要性认识不到位，因而迎评准备工作责任心不强；来自我们部分教师不上进的心态，人在学校，但是心不在岗位；来自我们对评估指标体系的内涵理解不到位！

评估工作没做好，如果出现了不合格情况的话，问题很严重。它意味着我们的办学质量存在着严重的问题。不合格的学校发的毕业证是怎样一种效应？大家要好好想一想。不合格的学校发的毕业证还会有含金量吗？我们的毕业证在社会上就会有极大的问题。

---

① 2017 年 10 月 26 日在学校自评工作总结会议上的讲话。

评估工作不合格的话,社会地位将向下降。我们将对不起社会对我们的信任,对不起党和国家对我们的关怀,对不起学生对我们的期望,对不起家庭的期待,也对不起我们自己。因为我们花了时间和精力,但是没有达到预期效果,而这种效果本来是可以取得的。

二、以主人翁的姿态开展工作

所谓主人翁就是当家做主的意思。我所在的岗位是我发挥作用的平台,我是主人。我就会以主动姿态做好工作,动真格,主动抓!抓细抓实!现在,我感觉,我们部分教师没有主人翁意识,没有主人翁的行动,好像是在被动中工作。没有把学校当成自己的家,没有把教育事业当成自己的事业。我认为有这种观点的同志,没有摆正自己的主人翁地位。

1. 我们是国家的主人。在宪法和法律中都做出了明确的规范好了的。既然是国家主人,在各企事业单位中也是企事业的主人,这种主人翁地位是改变不了的。企业按照规定签署劳动合同,合同的签署就体现双方平等的权利,不是卖身契。职工按照劳动合同开展工作,不丧失自己的主人翁地位的。现在国有企事业单位是这样,民营企业也是这样。我们在哪里工作,这种主人翁地位是改变不了的。

2. 教育投资来源不同不能改变教师的主人翁地位。民办大学是社会主义大学,是按照党的教育方针办的大学。民办大学不是一般的私人企业,它是培养教育人才的行业。现在,国家的教育事业分公办和民办,只是出资来源不同而已,一个是国家出资,一个是民间资本出资。主人翁地位不会因出资来源不同而有所改变。

3. 在民办大学中,我们也是学校的主人。因为我们从事的事业是培养人才的事业,是培养国家主人的事业。作为培养国家主人的教师,在民办学校中,他本人也是企业的主人。在国家困难之时,民间资本进入培养社会栋梁的事业,是支持国家现代化发展的举措。因此,我们与学校的关系是一种聘用关系。聘用关系是一种平等的权利关系,不能把它理解为传统上的雇用关系。如果说这里有"雇"对话,那么,这里的"雇"主要是雇来为党和国家培养合格人才的"雇"。它跟一般的私有企业不一样。就是现在的民营企业,它跟旧社会中的私有企业也是不一样的。民营企业中的职工也是企业的主人。

因此,我们要以主人翁姿态开展工作,把自己的岗位为工作做好,为评估工作做出自己的岗位贡献。

三、要对评估工作的效应要有足够的认识

评估工作对学生、对老师、对学校有什么样的效应？这一点大家必须要搞清楚。

学生积极参加评估受益终身。通过参加评估并通过评估，学生得到锻炼，能力得到提升，终身受益。学校通过合格评估，证明学校的办学质量达到国家的质量标准，学校发的学生文凭是达到中国本科的要求，学生受益终身的。由此，通过了合格评估，学生才会有爱校、爱师、学生互爱的理念和行为。

有效地促进教师的成长。教师尤其是新教师通过参加评估工作，学会管理课堂的经验，积累上课的经验，学会课堂教学、实践教学当中的诀窍，提高自己的教学水平，提高育人的能力水平，提高自己的道德水平。

促进学校的发展。评估工作就是补短板、强弱项、造亮点、创特色，改善办学条件。软件硬件都投要按照评估指标的要求进行投入，这对学校发展起到的促进作用是不言而喻的。

四、明确责任，责任到人

在学校设置的岗位工作人员，都负教书育人的责任。只不过是每个岗位的工作重点不同而已。因此，每一位同志，都要明确自己的岗位职责是什么。关于这一点，我感觉不是每一位同志都了解了的。每一位同志都要扪心自问，我的岗位职责是什么？学校领导、教师、班主任、辅导员、各机关工作人员，你的责任是什么？搞清楚了这一点，我们就按照责任的要求来做。

学校领导层面，要按照岗位的要求，做好自己的分管工作；要督促所联系的学院制定全面规划，检查、汇报、解决自己所联系学院的迎评工作；要做好职工的思想政治工作，以思想政治工作带动其他工作。

学院领导层面，院长要对学院评估工作负总责，制定并实施学院的评估工作，分配任务，检查落实，督促管理。分管副职要亲自抓，抓实抓细，不能只做会议的传声筒。分管教学工作的，要组织教研室修订教学计划、修订培养方案，要组织教研活动、提高教学能力，要指导秘书按照档案管理的要求，装好试卷袋、论文资料等。

教师方面，要组织课堂教学，要管好课堂；讲义或教案或讲稿写了没有？课件做好了没有？指导学生毕业论文设计工作做得怎样？AB 两套试卷及其答案要点做好了没有？装袋工作做好了没有？

这里讲一点讲稿问题：一讲到讲义或讲稿或教案，大家好像都不以为然，有些还有抵触情绪。从前面的检查来看，做得不好。有些是一门课 1 ~ 2 页纸。一节

课1~2行字。这怎么是讲义?

教案或者讲义或者讲稿要有一定的规范。就是说讲义要体现本门课程的内容,又要体现我们怎样讲好课程的方法。不是一两句话就可以的。哲学、人文学科等就自然不必说了。就是艺术音乐或形体等的也要有讲稿。比如:讲篮球三步上篮。教案中就不能只是"本节课内容是三步上篮"这样一句话。应该包含四个部分:一是教师讲解三步上篮的技术、难点、要求,然后教师怎么做示范?三四遍,或者五六遍,让学生现场观察学习;二是然后让学生做示范练习,老师点评,指出存在的问题;三是分组自己练习;四是教师召集学生交流总结等环节。教师的讲义上,还要有各种动作图案、标识才对。音乐、舞蹈等也是这样。

有些教师会说:"我都很熟悉了,老革命了,我不用写。老教师的经历我们是知道的。"问题是规范的要求是这样,老革命不能代表你不写讲义。写了一次教案后,以后只要在这上面进行修改完善就行了,修改就是补充新内容。这事是不难做的。我认为写教案、组织上课都是提高自身素质的重要环节。同一门课程的教案可以参考,所以我们强调要抽时间集体备课。有别人的教案、课件做底子,写起来就快了。关键是第一次课做好讲稿、课件。教师之间要互相帮助。

秘书工作就是传达精神,组织验收、检查、接受和档案管理等。日常就是安排课表、调课等。

班主任、辅导员的工作职责怎样?上次我在新入职人员的培训中已经讲了。现在重点讲一下班主任工作。班主任是学生的在校父母,要认真管理所带班级,要参加每周的班会,班上的政治学习要做好引导工作。要为同学们排忧解难,做学生的良师益友。学生日常有什么问题,班主任应该是第一个知道的,学生有什么事首先应该找班主任。如果学生有事情不向班主任汇报的话,就证明班主任工作存在严重的问题。现在,有部分班主任不是真心相当班主任,当班主任只是谋求做班主任的经历、为下一步的评定职称作基础而已。我劝有这种思想的老师要赶快改掉这种想法,既然做了,就真做、做真。今后一个时期,要组织学生参与学校的评估工作,要组织学生学习评估的相关规定,学生参评工作的思想、动员、行动等都要由班主任来引领!如果只是应付了事,那就是工作态度问题、思想道德问题,思想道德不过关,怎么能参加职称评定?

机关处室的各岗位的职能在这里就不必花太多时间来讲。大家自己检查、领会、落实。

总之,要从提高工作效率的角度,开展督查督促。周汇报,旬检查。有问题,及时解决。

五、各司其职，相互配合，不能扯皮

体育上的拔河、爬杆和划龙舟是常见的体育运动，对参赛队员身体都有益处。但是在我们的行政工作中，我们主张爬杆和划龙舟，要杜绝拔河。为什么？拔河比赛中，双方的力量是向相反方向使用的，力量抵消。同时，拔河比赛队员的前进方向不是向前，而是向后的，这与我们的教学科研尤其是行政等方面的要求是相反的。更有甚者，拔河比赛中，如果其中一边要小诡计的话，比的过程中，突然集体松开绳索，另一边不注意的话，就有可能摔倒，伤害身体。爬杆和划龙舟就不一样了。爬杆是向着既定的前进目标规范发力的，爬杆的速度怎样，就要看自己的训练水平和自己的技术水平。划龙舟是按照前进方向集体同时发力、奋力向前的。划龙舟的水平怎样，就要看参赛队员的集体意识怎样？集体训练的水平怎样？每一位队员都按照目标要求，步伐一致，成绩就会一次比一次好！这样既锻炼身体，又提高整体参赛水平。我们的岗位工作就要有爬杆精神和划龙舟的精神。不能搞拔河，人为抵消能量、制造矛盾。

当下，怎么办？

一是，全员参与，人人过关。“过关”就是我们每一个岗位的准备工作要严格按照教育部的标准进行，达到或超过教育部所制定的评估标准。任务就是命令，执行显示担当。雁过留声，花飞有影，人过留名。要过关，就要积极参与。积极检查自己的相关工作是否符合要求。

二是，学校领导首先要带好头。学校的领导现在负责检查自己所联系的学院的各项评建工作，负领导责任。自己要到学院进行现场指导、检查。每一周要向办公会简要汇报。其次，学院领导要统筹规划本学院的工作，按照要求布置好副职领导、系主任、教师、教学秘书和班主任工作。要积极联系学校领导到学院检查。分管领导要完成学院院长交办的工作，积极开展检查。不要因为某人的工作影响到学校的形象，不要存侥幸心理。从下周开始，各学院自查两周。十一月下旬开始，学校将不定期组织检查。

三是，各部门、各学院要相互配合。各部门检查自己按照评估要求，还差什么？赶快上报，并以项目的形式拿出方案，尽快落实，该怎么办就怎么办。如果不报，出了问题，就要承担延误的责任。

为了评估工作，各部门随时按照学校的要求，分担相应的工作。比如说党办。党办在完成自己工作的同时，积极配合校办做好相关工作。分工不分家，每一个部门、每一位同事都是广外的财富，工作需要之时，都有义务和责任为学校工作，不能以任何理由拒绝。

党员同志，在评估工作中，要起到模范带头作用。

六、做好人才引进工作

学校人才引进的日常工作由人资部负责。但现在是关键时期,各二级学院领导、机关处室的领导也要担起引进人才的责任,尤其是那些高级职称人才缺乏、师资队伍结构严重不合理的学科、学院,院长们要在这方面起作用。人才引进不采取统一的薪酬制度。如果大家发现了高级职称人才对我校有用的,具体的报酬问题可以直接见面交流,双方达成一致意见,后按照协议执行。这是现实趋势。在公办高校,同一个博士、教授,在同一学校,在引进时,待遇是不一样的。有的同意调入,有安家费的引入的,有的还有几十万科研启动费用的,我们也参照这个来执行。

七、关于加班费和奖励问题

学校计划拿出一定量的经费用于评估期间的加班和奖励。具体由人资部做出方案,报董事会通过后实施。关于具体的实施,目前的想法是以学院为单位,由二级学院具体落实。

八、学术成果汇编

学校准备编写几个系列的成果,迎接评估。目前,有如下几种类型:老师的教改论文成果汇编、教师论文集(经管类、语言文化类)、大学生优秀论文集、博学大讲堂汇编、领导干部教育教学论著等,具体由科研处具体做出规划。学校专款出版。

九、加强宣传

网页、电视台、广播、宣传栏、板报、校园文化等都要体现在宣传报道中,要经常看见学院评估工作新闻、绩效等凸显在自己的网页上。

十、评价工作要与日常工作协调推进,相互促进

对于评估工作,不能因为目前有困难就把前途看成是漆黑一团,就产生退缩情绪、畏难不前,因而放弃自己的努力工作。也不能因为有些成绩就沾沾自喜,麻痹大意,忘乎所以。我们要不忘初心,继续努力工作,我坚信,只要我们认真办事,齐心协力,我们一定能够顺利通过合格评估!

科学把握党的十九大精神[①]

2017 年 10 月 30 日

各位同志：

大家早上好！

10 月 18 日至 24 日，中国共产党召开了第十九次全国代表大会。大会之前，学校党委就做出部署，要求各党总支（支部）要认真组织学习收看收听党的十九大会议，学习党的十九大文件。学校的各种宣传媒体比如宣传板报、宣传栏、网络、电视、电台和易班发展中心等媒体都要围绕党的十九大的精神进行及时报道。10 月 25 日，学校党委召开了党委会议，要求各位委员要带头学习党的十九大精神。党的十九大召开以来，学校的宣传板报、宣传栏、网络、电视、电台和易班发展中心等媒体都围绕党的十九大的精神做了报道，学校的学习、宣传党的十九大精神氛围浓厚。

从今往后，学校的各级党组织、党员同志和学校全体教职工，都要把学习、宣传和贯彻党的十九大精神当作重要政治任务，当作分内之事，让党的十九大精神入脑入心；把党的十九大精神与岗位工资紧密结合起来，把党的十九大精神落实到岗位工作中，落实到课堂上，落实到行为中。学校的各级党组织负责人和党员要起到模范带头作用。

如何才能贯彻好党的十九大精神呢？习近平同志在十九届中共中央政治局第一次集体学习提出了规范和要求，那就是要求我们：在学懂上下功夫，在弄通上下功夫，在做实上下功夫。围绕着三个“下功夫”的要求，下面我就如何开展好党的十九大精神的学习，谈一点体会。

一、要充分认识党的十九大召开的时代背景

关于党的十九大的时代背景，我感觉有下面的几点。

---

① 2017 年 10 月 30 日在学校党委召开学习贯彻十九大精神会议上的讲话。

第一,中国共产党第十九大全国人民代表大会是在中国特色社会主义进入新时代的历史时期召开的重要会议。什么是新时代?就是中国特色社会主义在政治、经济、文化、社会和生态文明等各方面已经取得重大成就,现在已近进入决胜全面建成小康社会的历史阶段。小康阶段的目标任务已经接近完成。小康是中国现代化建设发展史上必经阶段,是实现中华民族伟大复兴的必经阶段。党的十八大以来的这五年,中国社会主义现代化建设取得了历史性的成就,高水平小康任务接近完成。这是历史性的巨变。在这一历史发展的紧要关头,如何规划好今后五年的工作,保证中国第一个一百年的目标的如期实现,也为第二个一百年的顺利推进做出科学的部署,就显得十分必要了。

第二,党的十九大是在马克思主义中国化获得重大发展的基础上召开的。习近平新时代中国特色社会主义思想是马克思主义中国化的最新成果,是当代中国的马克思主义。习近平新时代中国特色社会主义思想是在过去五年中逐渐发展形成的,已经过五年的实践检验,并在指导中国特色社会主义的伟大实践中,绽放出巨大的光辉和力量,已经成为中国共产党人心里内在的精神支柱。不仅如此,习近平新时代中国特色社会主义思想在世界范围内也有重要的影响。截至目前,《习近平谈治国理政》一书已出版 23 个语种,在全球 160 多个国家和地区发行了 650 万册。可见,习近平同志治国理政思想在当今世界的巨大影响。在这样一种情况下,只有通过党代表大会的形式凝练好习近平新时代中国特色社会主义思想,并作为全党的指导思想就成为十分紧迫的历史任务。

第三,中国已经走近世界舞台的中心,对世界和平与发展起到压舱石作用的情况下召开的。所谓压舱石的作用,一方面就是能量巨大。中国现在是第二大经济体,对世界经济增长的贡献率为 30%。13 亿多人口的稳定发展得到保证,中国的产品遍及整个世界,中国的服务遍及整个世界,这是世界上最大的能量。另一方面,中国提供的是有利于人类向前发展的正能量,是维护世界和平的正能量,促进世界稳定发展的正能量。当今,中国在整个世界的地位日趋凸显,在政治、外交、安全和反恐等方面起着巨大的正能量的作用。中国共产党第十九次全国代表大会认真总结改革发展的经验,这主要是为中国的未来指明发展方向的;但是,同时中国特色社会主义道路和中国改革开放的发展经验,给世界其他国家谋求发展提供了借鉴,为解决全球所面临的问题提供了中国智慧和方案。显然,只有通过党代会的形式,集中全党的智慧,才能总结好、论证好中国改革发展的经验。

二、要熟读党的十九大报告为主要内容的相关文件

对如何贯彻好党的十九大精神,习近平总书记提出要做到四个“深刻学习领

会”,那就是深刻学习领会中国特色社会主义进入新时代的新论断,才能认清我国发展新的历史方位,把握新时代中国共产党人的历史使命,增强“四个自信”;深刻学习领会我国社会主要矛盾发生变化的新特点,才能认识关系全局的历史性变化,适应时代要求;深刻学习领会分两步走全面建设社会主义现代化国家的新目标,才能把握新时代中国特色社会主义发展的战略安排,激扬接力奋斗的精气神;深刻学习领会党的建设的新要求,才能毫不动摇地把党建设得更加坚强有力,增强坚持和发展中国特色社会主义的自觉性和坚定性。四个“深刻学习领会”为我们学懂、学好、学透党的十九大精神指明了方向和方法。

按照四个“深刻学习领会”的要求,就要熟读以党的十九大报告为主要内容的相关文件是党的十九大精神入脑入心的基础工作、第一位工作。这里主要内容有:党的十九大报告、《中国共产党章程》、十九届一中全会的决议,习近平同志系列重要讲话,以及中央其他领导同志参加审议报告时的讲话精神等。其中,党的十九大报告是一篇光辉的马克思主义纲领性文件,是中国特色社会主义新时代的宣言书和行动纲领。习近平新时代中国特色社会主义思想是报告的灵魂,新时代主要矛盾的变化是进行谋篇布局的重要依据和实践遵循。学习党的十九大报告是统领整个学习过程的。《中国共产党章程》是中国共产党的根本大法,本次代表大会对党章进行了修改,我们要认真阅读,特别是要了解增加的新内容以及新内容是如何表述的。习近平同志的重要讲话内容主要有参加报告审议时的讲话、会见中外记者的讲话、一中全会上的讲话以及在中共中央政治局第一次集体学习的讲话等。

三、要充分认识以习近平同志为核心的党中央的重大贡献

十八大以来,以习近平同志为核心的党中央在中华民族复兴方面做出了巨大的历史性贡献,体现在许多方面。

在社会主义现代化建设方面,改革开放和社会主义现代化建设取得了历史性成就,中国特色社会主义进入新的时代。党的十八大以来,以习近平同志为核心的党中央领导和团结全党全国各族人民进行具有许多新的历史特点的伟大斗争,统筹推进“五位一体”总体布局,协调推进“四个全面”战略布局,有效应对国际国内诸多风险和挑战,解决了许多长期想解决而没有解决的难题,办成了许多过去想办而没有办成的大事,取得全方位、开创性成就,创造性地把中国特色社会主义推向实现中华民族伟大复兴地发展新阶段。

在推进党的建设的伟大工程方面,为建设一个坚定的马克思主义政党进行了成功的探索。创造性地加强党的建设的伟大工程,出台了“八项规定”,坚决反对

"四风",开展党的群众路线教育实践活动和"三严三实"专题教育,推进"两学一做"学习教育常态化制度化,加强大反腐力度,创造性地推动党的自身建设,从根本上扭转党的领导弱化、党的建设缺失、从严治党不力的状况,真正体现出中国特色社会主义最本质的特征,校正了党和国家前进的航向。党的创造力、凝聚力、战斗力、领导力、号召力得到全面增强。

在理论创新方面,创立了习近平新时代中国特色社会主义思想。习近平总书记以马克思主义政治家、理论家、战略家的深刻眼光、敏锐洞察力、果敢的判断力和坚定的战略定力,提出了一系列具有开创性意义的治国理政新理念新思想新战略,为新时代中国特色社会主义思想的创立发挥了决定性作用、做出了决定性贡献。他赢得全党全军全国各族人民高度评价和衷心爱戴,成为党中央的核心、全党的核心。习近平新时代中国特色社会主义思想丰富了中国特色社会主义理论内涵,增强坚持和发展中国特色社会主义的政治定力,为实现党和国家的宏伟目标提供强大精神支撑。

开拓了强军兴军新局面,为建设一支听党指挥、能打胜仗的人民军队进行了科学的战略部署,人民军队在强军道路上迈出坚定地步伐。

此外,在外交、国家安全、国家统一等方面进行了卓有成效的探索,取得了重大成就。

四、要深刻了解党的十九大精神在世界的影响

世界对中国充满期待。当今世界格局出现显著变化,逆全球化潮流涌动。国际形势客观上需要中国在全球舞台上发挥更加积极作用,提供更好的公共产品。本次代表大会开始以来,共有 165 个国家 452 个主要政党发来 855 份贺电贺信。其中,有 814 份是国家元首、政府首脑、政党和重要组织机构领导人发来的。它表明,当今的世界对中国充满期待。

中国经济发展的经验为世界经济发展提供借鉴。人类正在走进一个新时代,新技术层出不穷,新挑战纷至沓来,各国发展水平不一致、发展机遇不平等、发展程度不均衡的问题极为突出,地缘冲突日趋尖锐。党的十八大以来,中国的显著成就有目共睹,从 2013 年至 2016 年经济平均增速达到 7.2%,对世界经济平均贡献率达到 30%,稳居世界第二大经济体。中国的发展成果,惠及世界人民;中国的发展经验,对其他国家一定会成为重要的借鉴。

中国共产党管党治党的成功经验为世界政党的建设提供参考。中国共产党以踏石留印、抓铁有痕的勇气和智慧,刮骨疗毒、壮士断腕,为世界贡献了"老虎苍蝇一起打"的反腐败新举措和新方案。这些,都证明了中国共产党在管党治党的

成功经验，昭示着习近平新时代中国特色社会主义思想对世界上其他政党的治理具有的借鉴意义。

人类命运共同体需要中国的智慧。我国倡导构建人类命运共同体，促进全球治理体系变革，国际影响力、感召力、塑造力进一步提高。人类命运共同体就是建设“持久和平、普遍安全、共同繁荣、开放包容、清洁美丽”的世界。人类命运共同体旨在解决世界面对的各种全球性挑战，建立在中华民族崇尚世界大同、人类是一家的优秀传统文明基础之上。构建人类命运共同体的提出，其实质是向世界公开表示中国希望与各国共同努力的大方向。人类命运共同体的倡议和担当对其他国家具有向心力。

新型国际关系的构建，需要中国积极参与。主张“相互尊重，公平正义，合作共赢”构建新型国际关系，这就摈弃传统的以强凌弱的丛林法则，实行国家不分大小贫富强弱一律平等的外交政策，这正是世界绝大多数国家的期盼。

世界和平与发展需要中国担当。“穷则独善其身，达则兼济天下”。中华人民共和国成立以来，中国都在致力于世界的和平与发展，并尽自己之所能勇担当、讲责任、做贡献。现在中国比过去更有能力做出更多的贡献。党的十九大报告明确强调要“坚持推动构建人类命运共同体”，“始终做世界和平的建设者、全球发展的贡献者、国际秩序的维护者”。这些，都会在世界人民心中留下美好的印记。

五、要明了现代化第三步战略的实施步骤

明了新时代实现第二个一百年目标的宏伟规划。按照三步走完成现代化战略的目标任务，高质量的小康已经进入到决胜阶段，现在开始着手第三步怎样规划的重大问题。党的十九大报告对此进行了两阶段的规划，第一阶段，从 2020 年到 2035 年，在全面建成小康社会的基础上，再奋斗十五年，基本实现社会主义现代化。第二个阶段，从 2035 年到 21 世纪中叶，在基本实现现代化的基础上，再奋斗十五年，把我国建成富强民主文明和谐美丽的社会主义现代化强国。这规划的提出，将第二个一百年目标进行了新时代的部署，夯实了人们心中的底气。

习近平总书记在会见中外记者的讲话中指出：中共十九大到二十大的 5 年，正处在实现“两个一百年”奋斗目标的历史交汇期，第一个百年目标要实现，第二个百年奋斗目标要开篇。这其中有一些重要的时间节点，是我们工作的坐标。

这些时间节点主要是：2018 年是改革开放 40 周年、2019 年是中华人民共和国成立 70 周年、2020 年是全面建成小康社会，2021 年和中国共产党成立 100 周年。这些重要时间节点的提出，它突出强调了 4 个方面的重要工作，即推进改革开放、推动经济持续健康发展、完成脱贫攻坚任务和全面从严治党。这无疑就是

对未来五年的工作做了规划,保证第一个百年的顺利实现,为第二个百年目标做好理论探索提出了任务。

党的十九大内容十分丰富,常学常新,我们要响应习近平总书记的号召,来一个大学习,在学习思考中领悟,在实践探索中贯通,在考验和磨砺中提高觉悟,做到内化于心、外化于行。

在未来的学习中,要加深学习、读懂读透文件,领会精神实质,把握好精神。学校党委将通过中心组学习、举办专题讲座、党课学习和通过易班进行知识竞赛等形式开展学习。同时加大宣传工作,加强十九大精神的学习氛围,为入脑入心打下基础。各总支(支部)要既要积极开展自身的学习,又要积极宣传学习的状况,在学习中宣传,在宣传中学习,以此提高党的十九大精神学习的质量。

学工战线教师要做大学生学习贯彻党的十九大精神的模范[①]

2017 年 11 月 15 日

同志们:大家下午好!

党的十九大是新时期中国共产党召开的具有划时代重大意义的历史性会议,犹如七大思想引领中国取得民主革命最后胜利一样,党的十九大思想必将引领中国完成现代化建设历史任务,实现中华民族伟大复兴的宏伟事业。对于当代青年,要在民族复兴的伟大征程中,有所担当,有所进步,深刻领会践行党的十九大精神就成为现实的必然要求。作为高校从事学生工作的所有工作人员,尤其是辅导员,在学习宣传践行党的十九大精神方面,要成为大学生的模范。作为教师,就要加强党的十九大精神的学习领会践行,以自己的模范言行引领学生向上发展。

为什么这样说呢? 一是,岗位职责要求。我们是社会主义大学,着眼于培养社会主义建设者和合格接班人,每一个岗位都负有学习宣传践行党的十九大精神的历史使命。学生工作岗位的教师就更有现实意义,因为大家所面对的、服务的是在校大学生,工作职责就是引导大学生向上发展。当下的大学生就是明天社会主义事业建设者和接班人,学习领会践行党的党的十九大精神对于大学生成长成才具有现实意义。学生对党的十九大精神的学习践行离不开日常朝夕相处的管理人员,尤其是辅导员教师,因此,教师党的十九大精神领会掌握的水平对学生学习领会践行党的十九大精神有直接的影响。教师只有深刻领会践行党的十九大精神才能更好地完成本职工作。

二是,党员的先进性要求使然。学工队伍的教师一般都是共产党员,先进性是党员的基本特性和要求。当下,学习践行党的十九大精神是合格共产党员最基本的要求,是学工队伍教师的基本要求。如果我们不学习、不研究党的十九大精神,我们就会在这个伟大新时代前进中落伍,就难以担当社会赋予我们的使命。

---

① 2017 年 11 月 15 日在学工队伍学习贯彻十九大精神会议上的讲话。

三是,自身的成长需要党的十九大精神引领。世界社会主义运动已经有500多年历史,现在,社会主义最具影响的是中国特色社会主义,中国特色社会主义已经进入新时代,新时代就有新任务、新追求、新使命、新担当。作为教师尤其是学生工作队伍岗位的教师们,就是要在履行这些使命中实现自身的成长。离开了深入学习宣传践行党的十九大精神,或者不了解新时代的特点,或者不了解新时代的矛盾变化,或不了解党的使命担当,自身就难以完成岗位赋予我们的责任,就会在新时代中落伍,就会被新时代淘汰。

怎样学习领会党的十九大精神?党的十九大内容非常丰富,博大精深,意义深远,我们该怎样做才能学好学透呢?

一是,学习领会党的十九大文件,这是第一步。这里主要是学习领会党的十九大报告、中国共产党章程、十九届一中全会的决议,习近平同志系列重要讲话,以及中央其他领导同志参加审议报告时的讲话精神等。其中,党的十九大报告是一篇光辉的马克思主义纲领性文件,是中国特色社会主义新时代的宣言书和行动纲领。学习十九大报告是统领整个学习过程的。中国共产党章程是中国共产党的根本大法,本次代表大会对党章进行了修改,我们要认真阅读,特别是要了解增加的新内容以及新内容是如何表述的。除此之外,还有习近平同志参加报告审议时的讲话、会见中外记者的讲话、一中全会上的讲话以及在十九届中共中央政治局第一次集体学习的讲话等。最近,刘云山、王岐山、张高丽、栗战书等中央领导同志都在人民日报发文,阐述党的十九大相关精神,这些文章都是深刻领会党的十九大精神的必读材料。

二是,要明确我们的初心和历史使命是什么?“不忘初心,牢记使命”是共产党员的神圣职责。共产党的初心就是实现共产主义的社会制度,就是为中国人民谋幸福,为中华民族谋复兴。中国共产党人的初心和使命是激励中国共产党人不断前进的根本动力。党的十九大主题是高举中国特色社会主义伟大旗帜,决胜全面建成小康社会,夺取新时代中国特色社会主义伟大胜利,为实现中华民族伟大复兴的中国梦不懈奋斗。中国特色社会主义是改革开放以来党的全部理论和实践的主题。这在几届的党代会报告中得到体现。比如,党的十二大的《全面开创社会主义现代化建设新局面》、党的十三大的《沿着有中国特色社会主义道路前进》、党的十四大的《加快改革开放和现代化建设步伐,夺取有中国特色社会主义事业的更大胜利》等。在未来的征程上,必须要高举中国特色社会主义伟大旗帜,更加自觉地增强自己在道路自信、理论自信、制度自信、文化自信的内在能力与活力,确保自己的工作始终沿着正确方向胜利前进。

三是,必须深刻领会两个决定性科学论断,那就是:习近平新时代中国特色社会主义思想是新时代民族复兴伟大事业的行动指南，是党和国家一切工作的根本指针；新时代主要矛盾的变化是进行谋篇布局的重要依据和实践遵循。我们的工作方式要随着时代的变化不断进行科学的研究和调整，以提升我们为学生成长成才服务的热情和工作效率。

四是，必须深刻了解习近平新时代中国特色社会主义思想的丰富内涵。习近平新时代中国特色社会主义思想，从理论和实践结合上系统回答了新时代坚持和发展什么样的中国特色社会主义、怎样坚持和发展中国特色社会主义这个重大时代课题，回答了新时代坚持和发展中国特色社会主义的总目标、总任务、总体布局、战略布局和发展方向、发展方式、发展动力、战略步骤、外部条件、政治保证等基本问题，涵盖改革发展稳定、内政外交国防、治党治国治军等多个方面。党的十九大报告用“8 个明确”概括了这一思想的主要内容。为贯彻落实习近平新时代中国特色社会主义思想，党的十九大报告提出新时代坚持和发展中国特色社会主义的基本方略，并概括为“14 个坚持”。“8 个明确”和“14 个坚持”就是从理论层面和实践层面科学阐释习近平新时代中国特色社会主义思想的主要内容。我们必须要深刻领会、牢记在心。

五是，要深刻领会新时代“新”在哪里？

一则，综合国力迈上新台阶。在新发展理念指导下，我国的经济总量是 80 万亿元人民币，稳居世界第二位。对世界经济增长的贡献率为 34%。在新型工业化、信息化、城镇化、农业现代化和创新型国家建设方面取得显著成效，社会主义市场经济体制进一步得到巩固和完善，我国经济已经由高速增长阶段转向高质量发展阶段。

二则，城乡居民生活实现初步繁荣。中华人民共和国成立之时，我们是一穷二白。对此，毛泽东同志把它形象地说成一张白纸。当然，我们不灰心。毛泽东同志说：一张白纸，好写最新最美的文章，好画最新最美的图画。经过中华人民共和国成立以来近 70 年的不懈奋斗，这篇文章做得不错。到现在，我国总计消除贫困人口 7 亿多，稳定解决了十几亿人的初步小康问题，目前，已经处在决胜全面建设小康社会的征程上，现代化建设迈出了坚实的步伐。目前，高质量的小康任务接近完成。现阶段矛盾已经是人民对美好生活的需要与不平衡不充分发展的矛盾，中国在民主、法治、公平、正义、安全、环境等方面取得了卓越的成绩。近 70 年的发展变化实在是太快，成绩亮点很亮，人们得到的实惠很多，城市乡村都呈现出一派初步繁荣的景象，盛唐气象就在我们眼前。

三则，引领世界发展新潮流。先进国家才能引领世界潮流。近代以来，在世界潮流向前飞跃的时候，我们落伍了。怎样才能赶上世界潮流呢？中华人民共和国成立之初,毛泽东同志曾经豪迈地指出:我们不但善于砸碎一个旧世界,我们还善于建设一个新世界!经过近70年的接续不懈奋斗,中国的成绩显著,中国创造性地找到了属于自己的发展道路。中国的成功实践拓展了发展中国家走向现代化的新途径,给世界上那些既希望加快发展又希望保持自身独立性的国家和民族提供了全新视野和经验,为解决人类问题贡献了中国智慧和中国方案。现在,中国已近走到世界舞台的中央,人类社会正在向前迈进,在建设人类命运共同体的道路上,中国起到了压舱石的伟大作用。

四则,正风肃纪的新环境正在形成。反腐败无禁区、全覆盖、零容忍。“打虎”是没得说的,要彻底打掉。“苍蝇”要不要拍啊?“老虎”离老百姓比较远,“苍蝇”就近了。“苍蝇”一天在你的面前晃来晃去,影响极坏,要坚决把它拍掉。那些侵吞国家财产的“狐狸”,跑到国外寻找避难所,怎么办?在《联合国反腐败公约》框架下,中国广泛开展国际合作。与法国、意大利等48个国家签署了引渡条约,与美加新澳等59个国家签署刑事司法协助类条约,与美加新澳等42个国家和地区签署了金融情报交换合作协议。通过“猎狐行动”,从90多个国家追回外逃人员3339人,其中,国家工作人员628人。追回赃款93.6亿元。“百名红通人员”到案46名。这些措施,既震慑那些具有腐败思想的领导干部,又教育那些意志不坚定的共产党员。现在,“打虎”“拍蝇”“猎狐”“不敢腐”的目标初步实现,“不能腐”的笼子越扎越牢,“不想腐”的堤坝正在逐步构建,反腐败斗争压倒性态势已经形成并巩固发展。逐渐完善党内法规的修订,以制度创新推进党的建设取得成效;加大派驻力度、巡视强度,实现了党的历史上首次一届任期内中央巡视全覆盖;推进国家监察体制改革,在全国3个省市先行试点,体现了党中央反腐败的坚定决心。这里强调的是,有些工作已经有了相当的成绩,如完善法规方面,党的十八大以来共修订颁布90余部党内法规;有的有了好的开头,如中央巡视组开展12轮巡视,实现巡视工作的全覆盖。这些为未来的反腐工作提供了好的氛围和借鉴。

五则,提出新目标,绘就新蓝图。按照三步走完成现代化战略的目标任务,高质量的小康已经进入决胜阶段,现在开始着手第三步怎样规划的重大问题。十九大报告对此进行了两阶段的规划,第一阶段,从2020年到2035年,在全面建成小康社会的基础上,再奋斗十五年,基本实现社会主义现代化。第二个阶段,从2035年到21世纪中叶,在基本实现现代化的基础上,再奋斗十五年,把我国建成富强民主文明和谐美丽的社会主义现代化强国。

从这个规划图看出,到2035年,基本实现现代化,将原来三步走的目标提前了15年。到新中国建国100年之时,实现富强民主文明和谐美丽的现代化强国,完成民族复兴的历史任务。

对"两个一百年"的历史交汇期进行了具体规划。习近平总书记在会见中外记者的讲话中指出:中共十九大到二十大的5年,正处在实现"两个一百年"奋斗目标的历史交汇期,第一个百年目标要实现,第二个百年奋斗目标要开篇。这其中有一些重要的时间节点,是我们工作的坐标。

这些时间节点主要是:2018年是改革开放40周年、2019年是中华人民共和国成立70周年、2020年是全面建成小康社会,2021年和中国共产党成立100周年。这些重要时间节点的提出,这无疑就是对未来五年的工作做了规划,保证第一个百年的顺利实现,为第二个百年目标做好理论探索提出了任务。

我们怎样做才能起到模范带头作用?

上面讲的学习只是一个方面。除了学习之外,我们要做好哪些工作?

首先,做好宣传和引导工作,提升学生的学习热情和理论水平。一是,引导学生学习党的十九大精神。通过班会、支部会、学生干部会议、党课等形式开展学习党的十九大精神。二是,要宣传党的十九大精神。上讲台讲解党的十九大精神,出板报宣传党的十九大精神,写文章、写心得交流学习党的十九大精神的体会。三是,参加党的十九大精神的相关活动。知识竞赛、文艺会演、歌咏比赛、观听宣讲报告会、课程学习中内化党的十九大思想等。通过这些,实现党的十九大精神入脑入心,并见之于行动。

其次,我们要亮身份。党员戴党徽,做好岗位服务工作。有人对我们佩戴党徽不以为然,说我们是搞形式。这是对我们的误解,同时与我们的宣传工作不够有关。共产党人就是要公开自己的身份,光明磊落,我们不是遮遮掩掩的。我们公开我们的政治主张和政治观点,公开我们的行为和担当的。极个别共产党员好像偷偷摸摸的,好像怕人家知道似的,这不好。是党员的就得公开自己的党员身份,要站在时代的前列。在学校,我们就是要通过党员的模范带头实现党组织工作的正常化、规范化、科学化,促进和引领学校各项工作实现跨越式发展。戴党徽就是提醒自己、规范自己、激励自己向前迈进。戴党徽就是要接受大家的监督,要通过监督起到引领作用和示范作用。

再次,我们要加强监督工作,要自觉接受监督。通过加强监督和接受监督,实现纪律自觉、服务自觉、学习自觉。这里的监督主要是党内监督、党员监督、群众监督。在学校中,群众监督就是老师监督和学生监督。我们要做到监督全覆盖、无禁区、无盲点、全天候。

最后,我们要开好民主生活会,纠正自己的缺点与不足。在民主生活会、组织生活会、党员大会上,充分利用批评和自我批评的有力武器,进行批评与自我批评,积极开展党员教育。支部会议不只是发展党员,更重要的是教育党员。党员教育跟不上,党员就会落伍。如果一个支部接受某同志成为党员后,这个同志就懈怠了、不接受教育了,那就得检查我们支部的工作。支部是促"进"的,不是促"退"的。我们要在党的十九大精神的指导下,认真清洗自己身上的各种污迹和污泥,轻装上阵,提升自己。

习近平总书记在党的十九大报告中指出:青年兴则国家兴,青年强则国家强。青年一代有理想、有本领、有担当,国家就有前途,民族就有希望。中国梦是历史的、现实的,也是未来的;是我们这一代的,更是青年一代的。可见,青年在社会主义现代化建设过程中的伟大作用和力量!青年人怎样才能健康成长,也就是怎样才能"兴"呢?从内因上讲,青年成长成才得靠青年自己。从外因上讲,青年的成长成才与我们教育战线的同志们努力分不开的,与我们学生工作战线的同志们分不开的!因此,我们责任重大、任务艰巨、使命光荣。我们要带好头、起示范,引导他们成长成才!

各位同志,在民族复兴的伟大征程上,十九大的光辉将随着时间的推进显示其伟大的光芒。作为这个时代的大学教师,我们有幸工作生活在这个伟大的时代,是非常幸运的,我们要以习近平新时代中国特色社会主义思想为引领,不忘初心,牢记使命,勇于担当,这样,我们就一定能够在自己的人生征程上谱写壮丽的诗篇!

认识新时代，宣传新时代，服务新时代[①]

2017 年 11 月 28 日

各位老师、同学们、同志们：

大家好！

党的十九大召开以来，学校党委按照中央的精神，认真部署学校各级党组织观听、宣传、学习、贯彻党的十九大精神。应该肯定：学校党的十九大精神的学习氛围浓郁，党的十九大精神学习的学习宣传形式多样，党的十九大精神的学习效果显著！党的十九大精神涵盖马克思主义哲学、政治经济学、科学社会主义多方面的内容，博大精深，内涵深刻、意义深远。因此，学习贯彻党的十九大精神是今后一个相当长时期内全党全国政治生活中的重大事情。要学好学透党的十九大精神，必须下真功夫、下实功夫，并从多角度进行剖析、提炼、深化和总结，才有可能。

习近平总书记在党的十九大报告中指出：经过长期努力，中国特色社会主义进入了新时代，这是我国发展新的历史方位。今天，我就从“新时代”这个问题着手，按照“认识新时代，宣传新时代，服务新时代”的思路，讨论学习贯彻党的十九大精神的相关问题，目的就是真正实现党的十九大精神的入脑入心，并指导学校的教育教学、学生管理、科研管理、行政管理等工作。

认识新时代

什么是时代？按照一般的理解，就是时期或者阶段，它与人的成长有关系，与人类历史发展有关系。从人的成长来说，就有少年时代、青年时代、壮年时代等；从社会发展历史来说，就有原始社会时期、奴隶社会时期、封建社会时期、资本主

① 2017 年 11 月 28 日在学校学习贯彻十九大精神推进会上的讲话。

义时期和社会主义时期等。一个时代与另一个时代相比，各自有各自明显的特点。从人的成长而言，如青年时期和少年时期相比，表现在体型发育和认知上的差异。从人类历史发展而言，不同的社会在政治、经济、文化、社会发展等方面都有各自社会不同的特点。前后两个时期相比，新时代的因素是在上一个时代中逐步孕育的，并在这些组成因素发展发生质的飞跃后，新时代才会产生。

十九大报告指出："经过长期努力，中国特色社会主义进入了新时代。"什么叫中国特色社会主义新时代？如何认识这一命题？

1. 这是承先启后，继往开来的时代。中国特色社会主义的历史发展是改革开放以来中国共产党人探索发展中国社会主义的一个阶段，在这个探索历史中，现在已经到了一个崭新的阶段，即中国特色社会主义新时代。中国特色社会主义新时代是中国特色社会主义发展阶段上的一个新时期。现在，中国经济总量占世界第二位，对世界经济增长的贡献率占34%。世界许多经济学家都一致认为中国是世界经济增长的动力源。中华人民共和国近七十年的发展，我们都是处在社会主义大道上向前迈进的发展进程中。中国特色社会主义新时代是继承中国社会主义历史发展成果的新时期。这是一个要在新的历史条件下继续夺取中国特色社会主义伟大胜利的时代。

2. 这是决胜全面建成小康社会、进而全面建设社会主义现代化强国的时代。按照中国现代化三步走战略，现在是第三步中的第一个关键时期，要完成高质量的小康目标。高质量小康目标是多少？按照现在的发展态势，人均国民生产总值估计要达到一万美元。现在，我们的人均国民生产总值达到八千美元，从八千到一万，已经很接近了。所以全民高质量的小康已经进入决胜阶段，高质量的小康目标接近完成。因此，这个时代就是为2035年基本实现社会主义现代化的历史任务打好基础的时代。

3. 这是全国各族人民团结奋斗、不断创造美好生活、逐步实现全体人民共同富裕的时代。社会主义的目标是共同富裕，是全国人民的共同富裕，不是少数人的富裕。少数人富裕多数人贫穷的社会是剥削制度下的社会。我们的国家政权是人民的国家政权，我们的社会制度是人民当家做主的社会制度，劳动者占人口的绝大多数，国家的繁荣发展，首先是要靠占人口绝大多数的劳动者的努力。离开了劳动者的辛勤努力，国家的发展、繁荣、现代化就是一句空话。共同富裕是我们坚定不移的目标。正如习近平同志所讲的：人民对美好生活的向往就是我们的奋斗目标。高质量小康生活就是现阶段人民所向往和追求的，目前这一目标已经到了决胜阶段。现在，扶贫工作进入扶贫攻坚的收官阶段，国家采取驻村第一书记制度、精准扶贫政策等都是共同富裕的现实举措，目的就是要下大力气解决少数现存的(占总人口的4%以下)贫困人口的脱贫问题,实现到2020年高质量的共同小康,在共同富裕的道路上迈出坚实的步伐。

4. 这是全体中华儿女勠力同心、奋力实现中华民族伟大复兴中国梦的时代。鸦片战争以来,由于外敌入侵,中华民族受尽了帝国主义的凌辱,中华民族贫困不堪,受到的压迫、剥削和不自由的程度是世界上罕见的。从那时起,实现中华民族伟大复兴是近代以来中华民族的伟大梦想和不懈追求。在风云变幻的八十年里,先进的人们不懈奋斗,但是收效甚微。中国共产党诞生以来,中国的面貌焕然一新。毛泽东同志曾经指出:1921年产生了中国共产党,中国就改变了方向,五千年的中国历史就改变了方向;中国共产党的成立是中国开天辟地的大事变。中国共产党的成立,中华民族复兴的伟大事业才有了坚强的领导核心,马克思主义是中华民族伟大复兴的行动指南,社会主义道路是民族复兴的必由之路。在中国共产党领导下,我们经过96年的努力奋斗,中华民族伟大复兴的光明未来已经显现在我们的眼前。今天,我们比历史上任何时期都更接近、更有信心和能力实现中华民族伟大复兴的目标。

5. 这是我国日益走近世界舞台中央、不断为人类做出更大贡献的时代。毛泽东同志在中华人民共和国成立初期就指出,中国应当对人类做出较大贡献。现在,这种作用已经日益显现。

表现在:一是世界对中国充满期待。十九大的影响可以说是世界性的。3000多名记者云集北京报道盛况,共有165个国家452个主要政党发来855份贺电贺信。其中,有814份是国家元首、政府首脑、政党和重要组织机构领导人发来的。它表明,当今的世界对中国充满期待。

二是中国经济发展的经验为世界经济发展提供借鉴。人类正在走进一个新时代,新技术层出不穷,新挑战纷至沓来,各国发展水平不一致、发展机遇不平等、发展程度不均衡的问题极为突出,地缘冲突日趋尖锐。改革开放以来,中国经济高速发展,十八大之前,中国经济增长率达到9.8%,是世界第二大经济体。十八大以来,中国改革进入攻坚克难时期,但是,中国经济增长率仍然达到7.2%,对世界经济平均贡献率达到30%。近40年,中国经济既是短跑者,更是长跑者。中国的发展经验,对其他国家一定会成为重要的借鉴。

三是,中国共产党管党治党的经验为世界政党建设提供参考。中国共产党以踏石留印、抓铁有痕的勇气和智慧,刮骨疗毒,壮士断腕,为世界贡献了"老虎苍蝇一起打"的反腐败新举措和新方案。2017年11月30日至12月3日,将在北京举办中国共产党与世界政党高层对话会。届时,将有120多个国家200多个政党和政治组织领导人参会,成为出席人数最多的全球政党领导人对话会。习近平总书记将到会做主旨演讲。这表明,世界各国政党真的对中国政党治理的经验抱有很大的信心,并有强烈的学习、借鉴愿望。

四是,人类命运共同体需要中国的智慧。中国倡导建立人类命运共同体,已经写进联合国的文件中,得到世界各国的响应。构建人类命运共同体的提出,其实质是向世界公开表示中国希望与世界各国共同努力的大方向。人类命运共同体的倡议和担当对其他国家具有向心力。

五是,新型国际关系的构建,需要中国支撑。主张"相互尊重,公平正义,合作共赢"构建新型国际关系,这就摈弃传统的以强凌弱的丛林法则,实行国家不分大小贫富强弱一律平等的外交政策,这正是世界绝大多数国家的期盼。

六是,世界和平与发展需要中国担当。"穷则独善其身,达则兼济天下"。中华人民共和国成立以来,中国都在致力于世界的和平与发展,并尽自己之所能勇担当、讲责任、做贡献。现在中国比过去更有能力做出更多的贡献。十九大报告明确强调要"坚持推动构建人类命运共同体","始终做世界和平的建设者、全球发展的贡献者、国际秩序的维护者"。这些,都会在世界人民心中留下美好的印记。

这是讲国家的,如果认真分析广外,我感觉,广外的发展与国家同期的发展同步,十八大以来学校本科教育的发展与十八大后国家的发展是同步的。2011 年通过本科办学评估,同年招生。现在,共招收了 7 届本科生。以本科生教育来说,7 年的发展,我们在教学科研学生工作方面、在党建思想政治教育领域都有成就。本科教学的最高成就就是我们为社会培养毕业了三届本科毕业生,现在学校的在校生达到 15000 人,他们正在学校接受正规的优质教育;我们的教师、学生积极参加国际性的、全国性的各种比赛,并且每赛"获大奖、获重奖"已经成为常态了;学生就业工作连续几年获得自治区先进单位;学校党建工作得到教育部、自治区高工委的肯定,学校党委多次代表民办高校作典型交流发言;学校是自治区党代会代表单位,这在自治区民办高校中,到目前为止是唯一单位;科研工作有大的进步,实现多项广西民办的"零突破"。

新时代产生的根本原因

首先,有中国共产党正确领导。中国共产党的领导是中国特色社会主义制度最本质的特征。离开了党的领导,是不可能取得这些成就的。近百年来,前后几代中国共产党人的接续奋斗,才有今天的初步繁荣局面。十八大以来,在以习近平同志为核心的党中央领导下,在建设一个坚定的马克思主义政党方面进行了成功的探索。以“八项规定”为开头，积极开展党的群众路线实践教育、“三严三实”专题教育、推进“两学一做”学习教育常态化和制度化、加大反腐力度，创造性地推动党的自身建设，从根本上扭转党的领导弱化、党的建设缺失、从严治党不力的状况，真正体现出中国特色社会主义最本质的特征，校正了党和国家前进的航向。党的创造力、凝聚力、战斗力、领导力、号召力得到全面增强。新时代的号角，就是以习近平同志为核心的党中央发出的。

其次，有中国特色社会主义制度的引领。人类社会发展到今天，经历了原始共产主义社会、奴隶主义社会、封建主义社会、资本主义社会和社会主义社会等阶段，但是，各国走的线路不尽相同。有些国家就没有经历奴隶社会、封建社会就直接走资本主义的。中国就没有经历资本主义的充分发展的阶段，而是直接从新民主主义走向社会主义道路的。这符合辩证法。因为“世界历史发展的一般规律，不仅丝毫不排斥个别发展阶段在发展的形式或顺序上表现出特殊性，反而是以此为前提的”。当然，在此之前，中国都经历了多种探索、尝试，在经历多次挫折之后，才选择社会主义的。中国社会主义 68 年的发展成就超越西方资本主义 300 多年的发展成就。现在中国已经走到世界的中央。中国社会历史发展表明：只有社会主义才能救中国，只有社会主义才能发展中国。离开了社会主义，中国就没有发展前景。

第三，有中国特色社会主义理论体系尤其是习近平新时代中国特色社会主义思想的指导。中国特色社会主义道路是在中国特色社会主义理论体系指导下，逐渐形成和发展的。党的十八大以来，在改革攻坚克难的关键时期，以习近平同志为核心的党中央正确处理了改革发展稳定、内政外交国防、治党治国治军等方面遇到的重大挑战，面对问题迎难而上，统筹推进“五位一体”总体布局，协调推进“四个全面”战略布局，有效应对国际国内诸多风险和挑战，解决了许多长期想解决而没有解决的难题，办成了许多过去想办而没有办成的大事，取得全方位、开创性成就，形成了习近平新时代中国特色社会主义思想，创造性地把中国特色社会主义推向实现中华民族伟大复兴的发展新阶段。

中国共产党的领导、中国特色社会主义制度、马克思主义指导下的中国化理论成果是推动中国社会进步发展的根本保证。中国共产党的领导是中国特色社会主义的最本质特征，中国社会主义制度是中国前进发展的制度优势，马克思主义指导下的中国化理论成果是中国发展的指针。

我们有理由自豪的是：我们处在新时代！我们是新时代的主人！

宣传新时代

只要开口讲话,人就是在做宣传工作。与别人交流,就是双方相互宣传;与其他物件接触,物件就会无意识向我们展示它的特色。

作为在新时代的主人,首先是感悟新时代,感觉新时代,享受新时代。这是新时代提供给我们的,也是新时代向我们宣示的。其次,我们都会在不知不觉中做宣传新时代的工作。因为,我们经常在与别人就新时代进行交流、谈心,把我们的思想、看法告诉别人,同时,在交流中,别人无意间也会对你做出宣传。其实我们谈话双方是在相互接听对方的感受和借鉴。再次,我们的工作使命使然。我们是做教师的,在讲台上向学生传授知识,我们的态度和想法就会流露出来。我们就是在做宣传工作。

现在的问题是:我们在宣传中,我们应该怎样做,才能真正达到宣传新时代呢?

(一)明确宣传内容。对学校而言,学校的宣传工作就是要按照新时代的内容来宣传学校贯彻中央精神的举措、宣传学校的发展,宣传学校的特点、宣传正能量。对于学校的特点和特色,我们要结合新时代的发展要求加以深层提炼。

如果从"新时代"这个历史方位的角度宣传十九大精神的话,就包含以下内容。

1. 什么是中国特色社会主义新时代。这一点,在上面已经讲了,在十九大报告中进行了三个层面的意义分析和五个方面的定位。

2. 新征程。分两步走把我国建成富强民主文明和谐美丽的社会主义现代化强国是十九大科学规划。第一步是到 2035 年完成现代化建设的基本任务,然后再用 15 年的时间建设成为社会主义现代化强国。这是对"两个一百年奋斗目标"的进一步理论阐述。结合习近平同志在十九届一中全会后会见中外记者的讲话,实际上是阐明了中国进入决胜全面建成小康社会的新征程,开启全面建设社会主义现代化国家新征程。

3. 新矛盾。主要矛盾决定主要任务,解决主要矛盾的过程就是完成主要历史任务的过程。民主革命时期,我们的主要矛盾是中华民族与帝国主义的矛盾,封建主义与人民大众的矛盾,我们的任务就是搞革命,推翻三座大山,实现民族独立和人民解放。中华人民共和国成立之后,我们的任务就是要在社会主义道路上实现现代化,实现人民的共同富裕。党的八大对国内的主要矛盾做出了分析和肯定,党的十一届六中全会进一步完善,十九大做出了适合新时代特征的新表述。从过去的“我国的主要矛盾是人民日益增长的物质文化需要同落后的社会生产之间的矛盾”到十九大的“社会主要矛盾已经转化为人民日益增长的美好生活需要和不平衡不充分的发展之间的矛盾”,这是与时俱进的新的理论表述。必须看到,我国社会主要矛盾的变化是关系全局的历史性变化,对党和国家工作提出了许多新要求。明确了“人民日益增长的美好生活需要和不平衡不充分的发展之间的矛盾”是新时代我国社会主要矛盾,这有助于准确把握我国经济社会规律性,准确把握时代前进的脉搏,更好地把“以人民为中心的发展思想”贯穿到经济社会发展各领域,不断促进经济社会发展和人自身的全面发展。

4. 新方略。十九大报告从14个方面提出了新时代坚持和发展中国特色社会主义的基本方略。基本方略的提出,为新时代如何坚持和发展中国特色社会主义提供了总体的计划及遵循。

5. 新举措。从政策制定及落实举措方面,十九大报告提出了一系列新措施。贯穿政治、经济、文化、社会生活、外交、国防和生态建设等多方面的改革发展稳定问题。对一般的要求而言,起码要了解其中涉及自己发展方向和职业发展等相关的方面内容;如果是进行宣传、研究的话,就要认真学习和掌握上述内容。

6. 新要求。十九大报告提出了新时代党的建设总要求。作为从事党的建设工作的学校党委委员和纪委委员、二级学院总支书记和副书记、各支部书记和委员、党员同志以及向上奋进的积极分子,要抽时间认真加以阅读、领会和贯彻。

“新时代”“新征程”“新矛盾”“新方略”“新举措”和“新要求”等新的内容,就是我们的宣传工作的内容,我们要将这六方面的“新”结合到学校工作中去,彰显学校的新特色。

(二)明确宣传形式。

宣传形式多种多样,每一种都有他们自身的特点和优势。

1. 是积极参与宣讲活动。这里包括两方面的内容,一方面是听宣讲报告。一说到宣讲,大家自然会想起中央、自治区组织的宣讲报告。那当然是重要的,也是高质量的。但是,上述宣讲的范围有限,我们能够现场聆听的机会不多。所以,我们更多的是自己组织宣讲工作,主要通过报告会的形式进行。报告会就容易得多了。可能宣讲的质量比起大牌教授、高级领导要差一点。但是不要紧,只要我们听报告了,我们都会有收获。这才是最重要的。因此,作为听众,学校组织的报告会,我们要认真地、积极地参与。另一方面是作为报告人,做学术宣讲报告。这里,就要求我们要听从安排、认真准备,讲出符合新时代特征、新要求的东西来,讲出符合自己学科专业特点的新东西来。这叫结合实际。教师和学生都是报告人,报告人不一定都是教师。这一次十九大的宣讲学习,许多高校的学生组织就自己组织很多切合学生实际的由学生主讲的报告会,很受欢迎。

2. 是认真开展媒体宣传工作。这里包括利用网络媒体、板报宣传、知识竞赛、各种影视和绘画等开展宣传工作。

一是,写稿子、摄影作品等宣传自己的观点和主张。写新闻稿子的主体是新闻记者、通信员。除此之外,其他同志也有写宣传报道、写新闻稿子的义务。当然,在写作数量和质量方面与专业的新闻记者有一定的差别。学校的教师,你要宣传你自己在教学、科研、学工等方面的亮点、特点、特色和优势。如果自己不写,谁来帮你写材料?我们不能认为我与宣传工作没关系!学校的宣传工作要靠大家共同来完成,学校的宣传特色要靠大家共同来打造,人人有份。

二是,通过知识竞赛的形式,开展新时代的知识竞赛活动,促进新时代思想入脑入心。在知识竞赛中,党务工作者同志,通过出题目、出答案的方式学习新时代知识;作为参赛的同志尤其是学生,积极参加各种知识竞赛活动,用心感受新时代知识的活力和魅力,为践行民族复兴工作做出贡献。

三是,用画展的形式、动漫形式宣传新时代,尤其是宣传新时代的主题。画展和动漫具有直接现实性的特点,内涵深刻、简洁明了,令人遐想。我们真诚地期望着能够通过这种形式创造出更多更好的反映新时代的新作品来。

四是,通过演唱的形式宣传新时代。作为作曲家,写出新作品,激励他人向前迈进,适应新时代;作为歌唱家,通过演唱会议,唱响新时代的主旋律,用美妙的歌声美化新时代的新生活。

3. 是上课内容中要宣传新时代思想。学校各岗位的教师都有教书育人的责任。用习近平新时代中国特色社会主义思想教育大学生是每一位教师应有之责任。不论是哪一个学科专业都不例外。在当今的中国,谁不感受新时代的气息?谁不享受新时代给你带来的好处?我听说,极个别人对学习十九大精神有意见,不仅如此,还在QQ群等上发牢骚,讲怪话。这不好!我说,老师,你要注意!你有你的专长,大家尊重你。但是不能把组织的热心工作当成你发牢骚的借口!认真学习贯彻十九大精神是时代的需要,是这个新时代所必需的。你当老师不了解新时代的精神,讲话还是老一套,怎么对得住学生?新时代的思想贯穿社会生活各领域,都在指导着中国的向前发展,如果你不跟上新时代步伐,你就会被历史所淘汰。认清形势吧!学习新时代、认识新时代、宣传新时代、丰富新时代的科学内容,正是学校教师的职责。

(三)明确宣传的原则。学习宣传十九大精神是一项严肃的工作。在各时代,时代对每一个人都是一视同仁的。但是,各人的努力程度不一样、各人的基础不一样，各人的机遇就不一样，因此，我们收获程度、我们的获得感就不完全相同。结果就会产生对时代的不同的看法。这是正常的。但是，我们从我们自己的立场看时代，就有一个范围问题，就有一个是否全面的问题，就有一个是否成熟问题。因此，作为宣传舆论阵地，尤其是教学课堂，就有一个如何宣传新时代思想的原则问题。

1. 要按照培养合格接班人的要求宣传新时代。教师在课堂上讲什么，不是由教师自己决定的，而是由社会主义事业发展的要求所决定的，是由社会主义教育方针所决定的。当下的课堂，“决不允许各种攻击诽谤党的领导、抹黑社会主义的言论在大学课堂出现”“决不允许各种违反宪法和法律的言论在大学课堂蔓延”，“决不允许教师在课堂上发牢骚、泄怨气，把各种不良情绪传导给学生”。美国资产阶级及其学者相信这样一种观点：“任何社会，为了能存在下去，……必须紧密地围绕保持其制度完整这个中心，成功地把思想方式灌输进每个成员的脑子里。”新时代合格接班人和社会主义建设者，就要用习近平新时代中国特色社会主义思想武装头脑，指导行动。因此，思想政治理论教育就是要讲好习近平新时代中国特色社会主义思想，讲好中国梦！宣传新时代新思想是必然的！

2. 以激励人们奋发向上的要求宣传新时代。进入新时代，完成新时代的任务，有赖于教师和青年的成长和发挥作用。我们的宣传工作就是要着眼于民族复兴的伟大事业，激励教师和学生积极参加社会主义现代化建设，为民族复兴添砖加瓦。

3. 宣传正能量，提高学生分辨是非的能力。在当今的课堂，“绝不能让传播西方价值观念的教材进入我们的课堂”。绝不能在课堂上宣传西方的价值观念。在当今中国，西方价值观念主要是西方资本主义国家宣扬的宪政民主、“普世价值”、新自由主义、历史虚无主义等错误政治思潮及其宣扬的西方政治价值观。在这方面，西方搞双重标准，一方面，他们从爱国主义出发，要求他们的学生爱他们自己的国家；但是，另一方面，他们却以种种恶劣手段和方式，对其他国家尤其是社会主义国家的青年灌输历史虚无主义观点，抹黑甚至颠覆这些国家。西方政治教育家们是怎样看待学校宣传意识形态的呢？尼克松说：“如果我们在意识形态领域的斗争中失利，我们所有的武器、条约、贸易、外援和文化交流将毫无意义。”可见，意识形态的斗争是复杂的、尖锐的，对此必须保持高度警惕。宣传舆论阵地上，任何负能量的东西都不能有立足之地，这是必然的。

服务新时代

作为新时代的主人,我们要在享受新时代给予我们美好生活的同时,我们要服务新时代,建设新时代,为新时代做出贡献,推动新时代向前发展,这样,我们才不辱使命,才能在时代发展中展现自己的美好人生,由此,新时代就会为我们提供更多更好的生活条件。就广西外国语学院来说,我们所从事的教育事业是新时代不可缺少的事业,广西外国语学院就是我们服务新时代的现实平台。做好了这项工作,服务好了这个平台,我们就是真正地服务新时代了。为此,我们要从以下几方面着手,服务新时代,推进学校发展。

(一)按照岗位要求,做好岗位服务工作,就是服务新时代。

1. 学校的每一岗位都是服务育人的岗位,都有服务育人的重要职责。所谓育人,就是给学生提供优良的岗位服务,热情服务学生,让学生从我们的服务态度、服务水平、服务质量中,感受到温暖、激情和方向。思政课教师、专业课教师、学工队伍、学校各职能管理岗位的老师都是立德树人的一面旗帜,关乎学生成长成才。任何一个岗位出现问题,都会影响到全校育人工作的大局。这一点是学校教职工都必须铭刻在心的。

当然,各自岗位的工作特点不尽相同,服务的重点就不尽相同,育人的方式方法就有所不同了。

2. 专业课教师是教书育人最基础的岗位。来大学学习,就是要学专业知识,增强专业能力。这就决定了专业课教师教书育人的基础地位。教书,就是传授知识和学问,把自己精深的知识和学问教给学生,让学生了解所学专业的知识和学科前沿发展态势,增加他们的知识量,这是专业课教师义不容辞的责任。育人,就是教导学生做人,做对于社会发展有用之人。某种意义上讲,育人是第一位的。只有在育人方面有成绩,专业知识的学习才有方向、才有作为。中华文明几千年历史始终强调“立德树人”,这是经验总结,是育人的方向。专业课教师应该树立“先育人、教人,然后才是专业知识的学习教育”的理念。所以专业课教师要精修业务、把握前沿、明确方向,为学生成长成才提供典范。缺乏思想政治修养的教师,以及忽视思想政治教育的教师不能成为合格的教师。

3. 思想政治理论课教师要担负起思想政治教育的主渠道和主阵地的作用。思想政治教育是管方向、管原则的。思想政治理论课的教师要在马克思主义基本原理、马克思主义中国化理论成果方面的学习上给予引导和督促,在解答社会发展过程中遇到的问题上给予解疑释惑,在践行中国特色社会主义事业中提供示范,真正发挥思想政治理论课在思想政治教育方面的主渠道和主阵地的作用。

4. 学生管理工作岗位方面的教师诸如班主任、辅导员等负责学生具体的日常事务,是学生在校的直接管理者。这些岗位的同志犹如学生的在校父母,在学生的学习方法、学习态度、行为表现、为人处世和能力培养等方面有引导和表率作用。同时,学工队伍的教师大多也担任思想政治理论课教学任务,因此,在主渠道和主阵地方面与思想政治理论课教师具有相同的职责。

5. 管理岗位是学校的服务窗口,犹如人的眼睛一般。我们的眼睛要给学生传递什么样的眼神和信息呢? 新时代要传授新思想! 怎样才能有效地传播新思想呢? 各管理岗位的同志要认真思考和示范的。因为我们代表的不只是我们自己,而是学校、是整个高等教育的窗口。

教书育人工作是一个大舞台,要靠全体教职工共同来完成,每一个教职工的责任重大、任务艰巨、使命光荣!

(二)要按照评估工作要求做好评估各项准备工作,服务新时代。现在,学校正在进行迎评的准备工作。在迎评的工作中,可谓是人人有份、人人过关。任何环节出问题,都会影响评估工作的顺利进行。为了搞好迎评工作种,在 2016 年 3 月,学校就成立评估办,全面规划评估工作。作为学校中的一份子,我们的态度、努力和贡献都会对评估工作产生影响。学校的评估工作是提高学校办学质量的必经环节和重要举措。做好了评估工作,就是做好新时代赋予广外人的神圣职责和任务。我们应该做呢?

1. 要了解评估对学校、对教师、对学生的意义。对学校而言,督促学校改善办学条件,促进学校向前发展。对教师而言,促进教师教育教学水平的提高,促进教师成长;对于学生而言,促进学生接受更好的教育,促使学生获得更多的知识,增加学生动手动脑的机会和提高动脑动手的能力,提高毕业文凭的含金量。

2. 促进学校明确自己的办学定位。办学定位是学校发展的基础和前提。一方面,我们是培养应用型人才的学校。我们的课程特点、上课方式要符合应用型的要求;另一方面,我们是外国语学院,要走外向型的办学路子,培养国际化人才。我们的教学就要有国际化特征。这也体现学校“做好国际人”的校训。办学定位的凝练,只有通过评估工作这种方式,动员全校教职工积极参与、发挥智慧,才能得到切实的解决。

3. 梳理学校的特色、特点和优势。评估的过程就是一个学习的过程。充分展示我们办学取得的成绩。对于这些成绩要总结、要凝练、要宣传,在总结、提炼、宣传中显示我们的成绩,以这些成绩来展示自己的办学优势和特色。所以,评估的过程就是总结经验、成绩、特色和优势的过程,也是发现问题、明确学校改革发展方向的过程。同时,评估又是一个学习、比较的过程。为了评估,从教师自身和学生来讲,通过学习评估知识,了解大学办学的相关知识和条件,了解国家发展所需的相关学科发展的态势,这为下一步成长成才指明方向;从学校来说,评估过程就是向其他大学学习和比较的过程。人家的特点是什么？人家是怎样做的？这些都为学校的发展寻找发展空间。

4. 要树立“我为评估做贡献”的心态,并开展切实有效地的行动。评估的各项工作就是做出来的。不仅要做,而且要做好、做实、做细;要真“做”、要做“真”。课堂教学的教师,要按照规定的要求,做好试卷、毕业论文、教案、教学计划、培养方案和各种档案等相关规范工作。行政管理岗位的,要认真审查规章的制定和完善,要提高岗位工作的服务质量和服务水平。学生方面,要按照大学生的要求,认真学习,争创优秀;要按照学校纪律的要求,严于律己,文明守法;要按照学校的特色,展示形象。比如学校富有特色的外语晨练学习,要在坚持四年不断线的情况下,亮化、美化和优化广外的晨练工程。

(三)按照服务社会要求,服务新时代。当然,把岗位工作做好,就是服务新时代。这是我们每一个人应尽的第一义务和第一责任。除此之外,我们还要做点什么,才能丰富我们的人生呢？我想这里有几个方面。

1. 争当志愿者,服务新时代。现在社会有很多大型的非固定的活动,都需要社会服务者提供服务,这种情况下,只有大家伸出志愿之手,这些工作才能有效地推进。

2. 做好日常平时性的帮扶工作,就是服务新时代。扶贫济困,帮助急需帮助者,能帮就帮,敢做善成,就是服务新时代。在学校,我感觉新生入学之时,有组织的帮助工作做得好。但是,毕业之时,有组织的帮扶工作做得不够。其实,毕业生离校工作,正需要大家帮助的。毕业生在离校时候,学校的帮助、老师的帮助、在校同学的帮助,很能激发他们更爱学校、更爱同学、更爱老师的热情,如此,他们就会带这种心情走向工作岗位,他们就会爱岗位、爱他人、爱社会,这是新时代不可或缺的。

3. 加强互相监督和激励工作。监督和激励是相互促进的和包含的。接受监督就包含有约束,约束就会产生规范,规范使人警醒,促使人激励向前。监督别人就是执行规范,促使他人按照规范要求约束他的行为,这样有利于他人和社会和谐发展。

此外,按照民族复兴大业要求,按照自己人生规划要求,端正工作态度,拓宽服务范围、服务领域和服务渠道、创新工作思路和工作方法,促进新时代社会的发展,也是我们服务新时代的责任所在。

老师们、同学们、同志们:

中国特色社会主义新时代是经过几代中国人的共同奋斗才到来的！为了这一天的到来,无数革命先烈、仁人志士都做出了贡献、付出了鲜血和生命！我们一定要永远记住他们!

现在,当我们在享受舒适的高铁实现神仙世界“日游三山五岳”的意境的时候,当我们通过网购和移动支付给我们带来生活极度便利的时候,当我们看见过去神话里的嫦娥奔月、龙宫探宝已经变成活生生现实的时候,我们每一个人的心里都感到高兴、感到骄傲、感到自豪、感到震撼,促使我们产生要为新时代做出更多奉献的冲动,这是自然的!

在新时代里,每一个人能力的大小不同,奉献的多少各异,但是,只要我们充分认识新时代、宣传新时代,在此基础上激发我们服务新时代的热情,并将这种热情、这种精神见之于行动,把自己的成长成才与国家的进步发展结合起来,与新时代奋进结合起来,做出自己力所能及的切实的奉献,这样我们就无愧于中国特色社会主义新时代!

十九大召开后,我按照“忆秦娥”的词牌要求,填了一首有关新时代的词。现在,我把它奉献给大家,也作为本次报告的结束语。

忆秦娥　新时代

新时代,
决胜小康朝前迈。
朝前迈,
步伐雄健,心悦开怀。
新思想领新征程,
锦绣中华心不改。
心不改,
百年梦想,有何难哉?